未名社科菁华·国际关系学

战略环境与国家方略

STRATEGIC ENVIRONMENT AND CHINESE GENERAL POLICY

王存刚 著

图书在版编目（CIP）数据

战略环境与国家方略/王存刚著. —北京：北京大学出版社，2016.12
（未名社科菁华·国际关系学）
ISBN 978-7-301-27526-9

Ⅰ. ①战… Ⅱ. ①王… Ⅲ. ①中外关系—研究 Ⅳ. ①D822

中国版本图书馆 CIP 数据核字（2016）第 219508 号

书　　　名	战略环境与国家方略 Zhanlüe Huanjing yu Guojia Fanglüe
著作责任者	王存刚　著
责 任 编 辑	胡利国
标 准 书 号	ISBN 978-7-301-27526-9
出 版 发 行	北京大学出版社
地　　　址	北京市海淀区成府路 205 号　100871
网　　　址	http://www.pup.cn
新 浪 微 博	@北京大学出版社　　@未名社科-北大图书
电 子 信 箱	ss@pup.pku.edu.cn
电　　　话	邮购部 62752015　发行部 62750672　编辑部 62753121
印　刷　者	三河市博文印刷有限公司
经　销　者	新华书店 730 毫米×980 毫米　16 开本　15.75 印张　210 千字 2016 年 12 月第 1 版　2016 年 12 月第 1 次印刷
定　　　价	45.00 元

未经许可，不得以任何方式复制或抄袭本书之部分或全部内容。
版权所有，侵权必究
举报电话：010-62752024　电子信箱：fd@pup.pku.edu.cn
图书如有印装质量问题，请与出版部联系，电话：010-62756370

目 录

战略环境

中国外交的全球战略环境
　　——基于力量结构、国际机制和观念互动三个维度的考察 … (3)
中国周边外交新布局与东亚的未来 …………………… (26)

价值追求

论中国外交核心价值观 ………………………………… (43)
政治文明与当代中国外交 ……………………………… (67)
社会公正与中国大战略 ………………………………… (82)

决策机制

当今中国的外交政策：谁在制定？谁在影响？
　　——基于国内行为体的视角 ………………………… (95)
公众对中国外交的参与及其影响
　　——基于2003年的三个案例的研究 ……………… (122)

外交调整

论中国外交调整
　　——基于经济发展方式转变的视角 ………………… (159)

国家发展战略对接与新型国际关系构建
　　——以中国的"一带一路"战略为例 …………………（179）

附　录

当代中国外交研究：进展与问题 ………………………（201）

后　记 ……………………………………………………（247）

战略环境

中国外交的全球战略环境
——基于力量结构、国际机制和观念互动三个维度的考察

【内容摘要】

探讨中国外交的全球战略环境具有重要的现实意义。通过力量结构、国际机制和观念互动三个维度的观察,我们可以发现:在力量结构维度上,传统大国的绝对力量和相对力量反向而行,国际地位和影响力呈进一步下降趋势,但未来存在着局部反弹的可能性;新兴大国的绝对力量和相对力量同向而行,国际地位和影响力进一步上升,但未来仍存在一些不确定性;新的国际力量结构短期内尚难定型,国家间的战略博弈日趋复杂激烈。在国际机制维度上,传统的全球治理机制面临深刻挑战,其能力赤字短期内无重大改善的可

能性；新的全球治理机制陆续产生，但数量有限，基本功能尚待完善；传统大国与新兴大国围绕国际规范展开激烈博弈，彼此互有攻守。在观念互动维度上，反思与重构是全球思想领域的两大主题；利益共同体观念凸显，人类命运共同体观念有可能形成。中国外交的全球战略环境既存在着相对稳定的方面，也的确出现了诸多变化和发展的因素，为此需要加强战略思维、战略设计和战略运筹，以塑造一个安全、有利、友善和总体可控的全球战略环境。

引言

一国外交的战略环境，是指该国所面对的主客观环境中那些宏观、长远且对外交全局产生至关重要影响的因素的总和。从构成要素及彼此间的关系看，一国外交的战略环境具有多维属性；就空间角度而言，它包括国际和国内两个方面，其中国际环境又可以区分为全球和周边两个层次；就基本属性而言，它既具有相对稳定性，也处在不断变化和发展的过程之中。

探讨一国外交的战略环境，属于广义的战略环境评估范畴。[①]这是一种具有较强主观色彩的复杂认知行为，对于外交政策制定、外交战略调整等均具有重要意义。就当下中国外交而言，之所以要进行战略环境评估，首先是基于对中国外交决策传统的继承。正如秦亚青所概括的那样，"中国文化的四个关键因素——环境性、互系性、互补性和可变性，使中国人重视'势''关系''和''变'。这些因素作用在外交决策上，表现为中国重视对大趋势的判断，主张顺势而为……"[②]其次是实现国家战略目标的需要。未来五到十年，是中国实现"两个百年"的奋斗目标、实现中华民族伟大复兴的中国梦的关键期。为此需要塑造良好的国际环境。这就需要中国外交更加有所

[①] 环境科学、企业管理等学科对"战略环境评估"有较为深入的理论研究。由于研究对象不同，本文在使用这一概念时与上述两个学科存在一定差异。

[②] 秦亚青：《中国文化及其对外交决策的影响》，载《国际问题研究》2011年第5期，第21页。

作为。而做好这一点的前提,在于"先审知天下之势,而后可与言用威惠"。倘若"不先审知其势,而徒曰我能用威,我能用惠者,未也"。"欲应天下之务,难矣!"①最后是为了中国外交调整乃至外交转型的需要。随着国家力量和国际影响力的双重提升,中国外交需要更具全球视野,更具进取意识,更具开创精神。如何在继承当代中国外交多年来形成的大政方针和优良传统的基础上,明察和用好各种资源,探索出一条具有时代特色、中国特色的大国外交之路,是中国外交亟待完成的新课题、大课题。总之,历史传统和现实需要,都要求我们必须对中国外交的战略环境进行认真的评估,并在此基础上形成恰当判断。如果不开展这些工作,或者虽然做了,但粗枝大叶,方法不对头,其结果必然是产生认知和判断上的偏差。一旦将这种认知和判断付诸实践,其结果可想而知。

基于上述认识,本文聚焦于中国外交的全球战略环境,并选取力量结构、国际机制和观念互动三个维度进行分析。②之所以选择这三个维度,与作者对国际关系的基本认知有关。我们认为,外交是国家参与国际互动的基本手段之一,而国家间的互动从来都是参与者依据对自身力量和国际力量结构的评估而进行的;在日渐频繁、日益深化的国际互动中,各种规范化和制度化因素也即国际机制渐次形成,它对国际互动参与者的激励或惩罚,为国际合作的顺利进行提供基础和保证;而国家参与国际互动又总是基于某种观念,并且会在互动中形成对他国的"看法"和"态度"。在具体研究中,我们将既考察战略环境中相对稳定的方面,又注意辨识其中变化的因素;既考察战略环境的现实状况,也注意探究其未来的发展趋势。

---

① 苏洵:《几策·审势》,载《苏洵集》,郑州:中州古籍出版社 2010 年版,第 3、5 页。
② 这三个维度的设定直接受益于秦亚青教授、李少军研究员的相关观点。参见秦亚青:《权力·制度·文化——国际关系理论与方法研究文集》,北京:北京大学出版社 2005 年版;李少军等:《国际体系——理论解释、经验事实与战略启示》,北京:中国社会科学出版社 2012 年版。

一、中国外交的全球战略环境:力量结构维度

国际力量结构是思考和运筹一国外交时需要首先面对的客观环境因素。所谓知己知彼,所谓形成均势,其实都与力量及对其的认知和判断有关。作为一个具有多重身份的新兴大国,中国在对当今国际力量结构进行分析时,应当首先关注传统大国力量的现状及其演进趋势,因为这些国家构成了当今国际力量结构的基础;其次应当分析自己身在其中的新兴大国力量的现状及其演进趋势,因为这些国家有可能成为新的国际力量结构的中坚。在此基础上,还需要对国际力量结构的未来走向作出判断,以进行恰当的战略选择。所谓"善制天下者先审其强弱以为之谋"①,就是这个道理。

1. 传统大国的绝对力量和相对力量反向而行,但未来存在着局部反弹的可能性

所谓反向而行,是指传统大国的绝对力量仍在缓慢上升,但相对力量却在继续下降。近年来先后问世的权威实证研究成果可以佐证这一判断。② 这种力量不对称的变化体现在世界政治领域,就是传统大国绝对主导国际议程、全面掌控国际机制的时代已经过去,它们不得不适应与其他类型的国家特别是新兴大国分享权力和利益的国际环境。自由主义国际秩序的坚定维护者约翰·伊肯伯里就曾用略带感伤的笔触写道:"毫无疑问,财富和权力正从西方和北方向东方和南方转移,由美国和欧洲所主导的旧秩序正日益让位于由非西方新崛起国家所共享的新秩序。"③ 深谙国际体系演变规律的巴里·布赞则预测,随着国家间权力不平等的消弭,一个去中心的全球化更有

---

① 苏洵:《几策·审势》,第3页。
② 如世界经济论坛(World Economic Forum)发布的《2012—2013年全球竞争力报告》(The Global Competitiveness Index 2012-2013), www.weforum.org/gcr;2012年底由社会科学文献出版社出版的国别和地区系列研究皮书。
③ John Ikenberry, "The Future of the Liberal World Order: Internationalism After America", http://www.foreignaffairs.com/articles/67730/g-john-ikenberry/the-future-of-the-liberal-world-order.

可能出现。在这样的一个世界中,根本没有超级大国(superpowers),顶多只会有一般意义上的普通大国(great powers)。① 当然,传统大国不会坐视这一趋势的发展而束手待毙,为此采取各种手段、运用各种方式加以阻滞。比如,通过对具有重大战略意义的当代"新边疆"——包括极地、深海、太空与网络空间等领域——的大力争夺,力图开辟新的力量增长点。又如,加大对新能源、新材料、生命科学、生物工程、航空航天、海洋工程、信息技术等领域的投入,以抢占"后危机时代"科技创新领域的制高点和发展领域的战略主动权。② 再如,加大对亚太、非洲等世界关键地区主导权的争夺。特别是在亚太地区,美国、欧盟近年来均加大了外交投入;美国所实施的"亚太再平衡战略"更是广受各方高度关注,并取得一定进展。③ 总之,护持霸权是当前和今后一个时期传统大国对外行为的核心目标;围绕该目标调整全球和地区战略,将是它们对外行为的重要特点。

当然,对传统大国相对力量的下降应有恰当的判断,为此应当重视并深入研究这些国家的某些特质和新特点、新趋势。仅就传统大国领头羊美国而言,除了依然较为强大的软力量(soft power,也译为"软实力")④和被普遍肯定的巨大创新能力外,以下两个近年来出现的新动向值得高度关注。第一,能源独立性增强。自20世纪70年代初爆发第一次石油危机以来,美国历届政府均在推行"能源独立战略"。2011年3月,奥巴马政府发布《能源安全未来蓝图》,宣称将以

---

① Barry Buzan,"A World Order without Superpowers: Decentred Globalism", *International Relations*, Vol.25, No.1, 2011, pp.3-25.
② 参见陈须隆、苏晓晖:《当前国际形势的几个新动向》,载《当代世界》2013年第8期,第34页。
③ 王存刚:《地区战略博弈:未来大国关系的重要内容》,载《中国社会科学报》2012年12月11日第B03版;贺文萍:《西方大国在非洲的新争夺》,载《当代世界》2013年第4期,第22—25页;余建华:《中南亚能源政治博弈中的大国竞合》,载《外交评论》2011年第5期,第11—27页;Aaron L. Friedberg, *A Contest for Supremacy: China, America, and the Struggle for Mastery in Asia*, MI: W. W. & Company, 2012.
④ 参见翟石磊:《国际公众对中美软实力的认知与反应——基于近十年国际主流民调数据的分析》,载《社会科学》2013年第2期,第21—31页。

新能源为主要切入点,制定能源战略规划,着力提升美国的能源生产能力,大幅削减美国石油进口量,以增强美国的能源独立性。该设想已经取得了实际进展。根据国际能源署2012年11月发布的报告,得益于包括通过水力压裂法开采的页岩油和页岩气在内的非常规油气资源,美国能源产量急剧增长。当年美国的天然气产量已经超过俄罗斯。2013年10月,美国能源信息署又宣布,当年美国将超过俄罗斯和沙特阿拉伯,成为世界最大的石油和天然气生产国。① 这些都将对美国的全球战略布局、对外行为方式乃至全球政治走向产生重大影响。第二,再工业化。所谓再工业化,就是重新重视和发展美国工业,其核心就是振兴美国的制造业。自2009年以来,奥巴马政府先后推出"购买美国货"、《制造业促进法案》等举措,力图实现所谓的"制造业回归"。在2013年初发表的国情咨文中,奥巴马总统再次强调了制造业对美国经济复苏的重要性,并宣布将在美国境内建立三个制造业创新中心,美国国防部和能源部将与进入这些中心的企业展开合作。美国重振制造业战略的实施,不仅将对美国国家力量的走向产生直接影响,还将深刻影响全球产业布局。美国商界、学界普遍认为,如果能够复苏、开发和再建制造业部门,加之能源独立性的增强,美国将再次享受繁荣。②

  从历史经验看,传统大国特别是其中的首要大国相对力量下降过快,其实并非世界福音,因为那将导致世界力量结构的突然失衡并出现世界的暂时性失序状态,从而恶化新兴大国崛起的国际环境。反之,如果传统大国特别是其中的首要大国相对力量下降较为平缓,则可以保证世界秩序转换进程的相对稳定,并在一定程度上降低新兴大国所面临的崛起风险。

---

① "U. S. Expected to be Largest Producer of Petroleum and Natural Gas Hydrocarbons in 2013", http://www.eia.gov/todayinenergy/detail.cfm? id=13251.
② 参见〔美〕利伟成:《美国制造:从离岸到回岸,如何改变世界》,蔡中为译,北京:东方出版社2012年版;Gary P. Pisano and Willy C. Shih, *Producing Prosperity*:*Why America Needs a Manufacturing Renaissance*, Boston, MA: Harvard Business Review Press, 2012。

2. 新兴大国的绝对力量和相对力量同向而行,但未来仍存在一些不确定性

所谓同向而行,是指新兴大国的绝对力量和相对力量同时增长,尽管增长幅度存在一定差别。一大批新兴市场国家走上发展快车道、几十亿人口加速走向现代化,是 21 世纪初世界体系中一个引人注目的新现象,并因此产生了不少新名词,如金砖国家(BRICS)、新钻 11 国(N-11)、展望五国(VISTA)、灵猫六国(CIVETS)等。在这一生机勃勃的群体中,若干历史悠久、文明灿烂、人口众多的国家——它们一般被人们称为新兴大国①——的成就更为引人注目。权威资料显示,由中国、俄罗斯、印度、巴西和南非组成的五个金砖国家的 GDP 的全球占比,已从 1995 年的 15% 增至 2012 年的 26%。国际货币基金组织(IMF)预计,到 2018 年,该比重将升至 30%。② 与此相对应,新兴市场国家和发展中国家在各种全球治理机制中的地位也在稳步上升。在 IMF 中,这些国家的份额已经增至 45.3%,与 2008 年份额改革时相比提高了 9.1 个百分点,几乎与传统大国平分秋色;其中中国所占份额增至 10.1%,位列美国和日本之后,居第三位;其他四个金砖国家也都进入了最有投票权的前十个国家行列。③ 在世界银行中,根据 2010 年 4 月通过的新一阶段投票权改革方案,发达国家共向发展中国家转移了 3.13 个百分点的投票权,从而使后者的整体投票权从 44.06% 提高到 47.19%;其中中国的投票权从 2.77% 提

---

① 目前对"新兴大国"(emerging great powers)一词尚无统一界定。一般认为,作为新兴大国,应具有以下特点:(1)较大的人口规模,人口位居世界前 20%;(2)一定规模的 GDP,位居世界前 20%;(3)较高的增长率和继续高速增长的潜力;(4)中高水平的人类发展指标(HDI)。目前,金砖五国最符合上述特征。

② 参见驻欧盟使团经商参处:《欧委会贸易委员德古赫特谈欧盟与新兴经济体关系》,http://www.mofcom.gov.cn/article/i/jshz/zn/201305/20130500126057.shtml。更为系统的研究,可见蔡春林、刘畅、黄学军:《金砖国家在世界经济中的地位和作用》,载《经济社会体制比较》2013 年第 1 期,第 40—50 页。

③ 《基金组织应对全球经济危机》,http://www.imf.org/external/np/exr/facts/chi/changingc.pdf。

高为4.42%,成为仅次于美国和日本的第三大股东国。① 世界银行还将在2015年继续讨论新的投票权计算方法,以保证各国更加均衡的投票份额。在联合国中,除中国、俄罗斯两个常任理事国外,巴西、印度、南非目前均已成为非常任理事国,换言之,在15个理事国席位中,新兴大国占据了1/3。可以说,继20世纪六七十年代后,发展中国家群体性崛起的一幕再次上演,"权力向新兴经济体流散"已成为一种客观事实、一种国际共识。

但也应当看到,新兴大国的力量、国际地位和影响力的上升仍存在不确定性。这与以下情况有关。第一,这类国家的经济增速未来几年将普遍放缓。新兴大国近年来较快的经济增长速度令人印象深刻。但支撑这类国家经济快速增长的内外条件具有很大的特殊性、偶然性,在很大程度上也是不可复制的。或许正是因为这一点,早在2011年,联合国在《世界经济形势和展望》报告中,既肯定了中国、印度在全球经济复苏中的优异表现,又不无忧虑地指出,由于面临通货膨胀、资产价格泡沫、货币升值、热钱流入等压力,这些国家的经济发展存在放缓的可能性。② 如果新兴大国不能很好地处理上述问题,特别是不能顺利和较快地转变经济增长方式,发展速度放缓是必然的。一旦这些国家经济低速增长的时间过长,甚至出现滞涨,它们崛起的势头肯定会受到遏制,崛起夭折也不是不可能。第二,新兴大国对全球事务的影响力总体上仍然较为有限,更谈不上主导。比如,在2010年IMF新总裁人选问题上,虽然新兴大国推举了两位重量级人物出马竞争,其中墨西哥央行行长卡斯滕斯曾任IMF副总裁,工作能力获得各方高度评价,且被认为能与华盛顿的政治圈进行良好沟通,但最终还是来自法国的拉加德胜出。尽管拉加德就职后承诺增加新

---

① 中央党校中国特色社会主义理论体系研究中心:《中国国际战略的新擘划》,载《光明日报》2013年4月15日第01版。
② 事实上,从2012年下半年开始,新兴经济体的增长势头已经趋缓。2013年,巴西、印度等国的经济增速下降了好几个百分点;拉美不少国家甚至一度濒临汇率危机,货币大幅贬值,资本外逃严重。

兴经济体在 IMF 中的发言权,并将中国经济学家朱民任命为该组织副总裁,但毕竟布雷顿森林体系的老规矩——欧洲人执掌 IMF——保住了。第三,新兴大国的软力量短期内普遍不可能有根本改观。历史经验和理论研究都表明,国家在世界体系中的崛起应是力量的整体性增长、地位和影响力的全方位提升,而不仅仅是经济力量的单方面增长,以及经济地位和经济影响力的单方面提升。如果没有政治崛起特别是文化崛起,没有国内的善治和良好的国际形象,换言之,就是缺乏强大软力量的支撑,一国经济崛起就是不稳定和不可持续的。很显然,新兴大国目前在软力量方面普遍较弱。① 虽然这类国家都已程度不同地认识到自身软力量的缺陷,并在国内和国际两个层面做出了不少努力,但受硬力量相对不足以及历史、制度和文化等多方面因素的限制,这些国家软力量偏弱的状况很难在短期内有根本改观。最后,新兴大国在诸多方面差异较大,彼此间的合作不少是议题性的。粗略地看,新兴大国确实存在不少共同点;但细究起来,它们之间的不同点也许更多一些,这在经济发展水平、基本政治和社会制度、历史文化传统等方面都可以找到例证。诸多不同点决定了这类国家在全球观、利益观等方面存在较大差异。② 它们也许可以在某些特定议题上暂时达成共识,进行短期合作,甚至建立某种形式的准结盟关系或者联合阵线,但在其他议题上则很有可能产生明显的分歧和矛盾,甚至形成尖锐的对立。不仅如此,它们在解决彼此间的分歧和矛盾时,甚至会借重一些传统大国。比如,在人民币汇率问题上,巴西与美国的立场基本一致,两国曾联手对中国施压。上述状况与传统大国基于相同意识形态和价值观念而形成的相似性有

---

① 2008 年发表的一项研究表明:中国的总体软实力仅为美国的 1/3 上下;其中,中国的文化吸引力不及美国的 1/10。2013 年发表的另一项研究仍显示:中美两国的软实力存在显著差距。参见阎学通、徐进:《中美软实力比较》,载《现代国际关系》2008 年第 1 期,第 24—29 页;翟石磊:《国际公众对中美软实力的认知与反应——基于近十年国际主流民调数据的分析》,第 21—31 页。

② 参见李君如:《中国与世界关系的新阶段》,载《文化纵横》2013 年第 2 期,第 22 页。

很大的区别。

总之,变革世界秩序、提升自身地位和影响力的宏大愿景与既有力量相对弱小的落差,将是新兴大国在较长一段时间内不得不面对的客观事实。巩固已有阵地,谨慎向外拓展,稳步向上拉升,将是这类国家对外行为的基本方式。

3. 新的力量结构短期内尚难定型,大国间的战略博弈日趋复杂激烈

当前正在发生的全球力量结构重组亦即世界格局重构,是冷战遗产之一。但正如诸多论者曾指出的那样,由于旧格局的结束不是大规模战争引发的,因此,新格局的最终形成将经历较为漫长的时间。在此期间,各种国际力量此消彼长,相互之间攻防互现,各种组合不断形成。只有当各种主要国际力量达到相对均衡状态时,新的力量结构才能定型。从目前情况看,美国无意让出权杖,"世界第一""美国领导",既是它的信念,也是它的目标;其现有力量也足以支撑这一点。① 中国无意争夺头把交椅、不争霸、不称霸,是中国的基本国策和战略选择,是中国的文化传统、社会制度属性、国家力量和战略考量综合作用的产物,也具有相当广泛的社会基础。② 陷入最长"衰退严冬"的欧盟疲于应付内部问题,其全球抱负有限。在可预见的未来,该组织将会把更多的时间和精力用于解决内部问题;间或实

---

① 根据 IMF 最新公布的数据,美国 2013 年经济规模估计值为 16.7 万亿美元,仍是世界上最大的经济体,而且遥遥领先于其他经济体,几乎相当于世界第二大经济体中国的两倍。

② 2012 年末,由卡内基国际和平基金会和中国战略文化促进会联合完成的一项调查显示:在被问及他们的国家应该在世界上发挥什么样的作用时,普通中国人中,14% 回答是"世界唯一的领导者",45% 希望"共同发挥领导作用",而 19% 希望"根本不要发挥领导作用";军队受访者中,只有 1% 的人希望中国成为唯一超级大国,84% 的人期望与美国分享权力,12% 的人希望中国不要承担全球性角色。这一调查结果与沈大伟的判断不谋而合。沈大伟认为,中国要成为真正的全球性大国要走一段很长的路,而且它永远不会统治世界。"U. S.-China Security Perceptions Survey: Findings and Implications", http://carnegieendowment. org/#/slide_544_us-china-security-perceptions-survey-findings-and-implications; David Shambaugh, *China Goes Global*: *The Partial Power*, Oxford, New York: Oxford University Press, 2013.

施的对外干预行为,也更多是基于内政的考量。俄罗斯已经明确宣布"不寻求获得超级大国的称号",但"会捍卫国际法,敦促尊重国家主权、独立和人民独特性,从而争取成为世界领袖"。① 日本、印度、巴西的大国雄心与其力量和国际认知之间形成巨大反差,二流大国也许就是这些国家的宿命。因此,在当下和未来一段时间里,世界力量仍是很不均衡的。

历史经验和现实状况均表明,全球力量结构的转换期往往也是一个矛盾积聚期、冲突高发期。这是由于传统大国、新兴大国在心态、目标和行为方式等方面相互抵牾所致。故而,转换期也常常是危险期。加之此次全球力量重组发生在大体和平的背景下,期间各大国间的关系较历史上类似阶段可能更加微妙、更加复杂,大国间的战略博弈也就更为激烈。特别是在东亚地区,由于世界主要大国云集于此,力量结构的变化十分显著,军事化程度又是最高的,而有效管控各种分歧和危机的双边或多边安全机制则相对匮乏,甚至出现了所谓的"安全禁区/准禁区"的现象。② 这一切,都对中国外交决策者的复杂思维能力、资源运用能力、想象力和灵活性提出了极高的要求。

二、中国外交的全球战略环境:国际机制维度

除力量结构外,国际机制是一国外交必须面对的另一种客观环境。随着"中国昂首步入世界经济舞台的前沿、国际政治的中央、全球安全领域的敏感地带"③,各种国际机制特别是全球性机制对中国的影响越来越大。从另一个角度看,中国与国际机制特别是全球性机制的互动状况,也是观察中国融入外部世界程度和中国国际影响

---

① 参见《普京发表年度国情咨文》,http://www.russia.org.cn/chn/3139/31298479.html。
② 参见韩彩珍、时殷弘:《东亚区域合作的瓶颈问题与中国》,载《现代国际关系》2014年第2期,第33页。
③ 参见袁鹏:《关于大时代与大战略的思考——兼论新时期中国外交需要处理的十对关系》,载《当代世界与社会主义》2012年第4期,第11页。

力大小的重要指标之一。因此,探讨中国外交的全球战略环境,必须弄清楚各种全球性机制的状况和走向。

1. 传统的全球治理机制面临深刻挑战,其能力不足短期内难有重大改善

传统的全球治理机制的典型代表,当属联合国、国际货币基金组织、世界银行和世界贸易组织。近年来,面对不断深化的全球化和社会信息化,面对日益复杂严峻的全球问题的挑战,面对全球力量结构的深刻变化,这些"仍然带有二战后建立的国际秩序的强烈印记"①的全球治理机制的治理能力严重不足已经暴露无遗,并因此饱受各方诟病。就安全领域而言,负有首要责任的联合国的履职记录遭到了很多成员国的严厉批评;特别是近年来它在利比亚、叙利亚等国际热点问题上的作为,已使得众多中小成员国深怀忧虑、深感不安。在2013年9月举行的G20首脑会议期间,南非总统祖马直言不讳地说:"如今的世界中,许多小国家越来越没有安全感。有一种明显的印象就是,更强大的国家在任何时候都可以根据自己的意愿对小国动武。"②同年10月,沙特阿拉伯外交部在拒绝接受联合国安理会非常任理事国席位的声明中指出:"安理会的工作机制和双重标准,妨碍其履行职责维护世界和平。因此,沙特阿拉伯别无选择。"稍后,拥有22个成员国的阿拉伯联盟秘书长阿拉比对沙特的举动表示支持。他认为,安理会没能履行对阿拉伯世界的责任,过去60年间,包括巴勒斯坦和叙利亚在内的阿拉伯国家因联合国的孱弱蒙受了巨大损失。③就经济领域而言,2008年爆发的国际金融危机充分表明,国际货币基金组织危机预警与防范能力严重不足,金融监督范围过于狭

---

① 参见王缉思:《全球发展趋势与中国的国际环境》,载《当代世界》2013年第1期,第4页。
② 转引自关健斌:《普京:"俄罗斯会不会帮叙利亚?会!"》,载《中国青年报》2013年9月9日,第08版。
③ 参见张红:《安理会遇危机 改革声再起》,载《人民日报》海外版,2013年10月24日,第07版。

窄,贷款援助机制无法满足发展中国家的需求。① 世界银行和世界贸易组织也存在类似治理能力不足的问题。

为解决治理能力严重不足以至于合法性下降等急迫问题,传统的全球治理机制近年来也的确在进行某些改革。比如,2009年2月召开的第63届联合国大会非正式全体会议做出决定,正式启动联合国安理会改革的谈判。该谈判将涉及以下重点问题:安理会成员种类、否决权、地区席位分配、扩大后的安理会的大小和工作方法、安理会与联大的关系。又如,在2010年秋季年会上,国际货币基金组织(IMF)推出了其成立65年来最重要的改革方案:将总份额增加一倍,即从约2384亿特别提款权(SDR)增加到约4768亿,其中约6%的份额向有活力的新兴市场和代表性不足的发展中国家转移;改革执行董事会,其成员未来将全部通过选举产生,以使其更具代表性;欧洲国家向新兴市场国家和发展中国家让出两个席位。② 但传统的全球治理机制的改革,受到以下两个因素的制约:第一,成员国在机制中的身份、利益及诉求有很大不同。因此不同国家对传统机制的态度存在不小的差别:有的主张维持现状,至多进行小修小补;有的主张大拆大建;有的甚至主张另起炉灶。因此,各方的博弈及由此产生的冲突乃至对抗无法避免,这在联合国安理会常任理事国扩大以及大国否决权问题、IMF新一轮机制改革议程等方面有极为明显的体现。第二,成员国特别是大国国内各党派政治斗争的外溢效应。以IMF为例,由于美国国内民主与共和两党相互缠斗,奥巴马总统关于永久增加美国对IMF出资额度的请求已被共和党把持的参议院拨款委员会驳回。鉴于美国是IMF最大出资国,也是2010年改革方案的主要推动者,因此,美国参议院的行为已使IMF原定于2014年1月完成的份额改革流产。为此,IMF总裁拉加德已多次向美国国会

---

① 参见谢世清:《后危机时代国际货币基金组织的职能改革》,载《国际贸易》2011年第11期,第46—58页。

② 《基金组织应对全球经济危机》,http://www.imf.org/external/np/exr/facts/chi/changingc.pdf。

发出强烈呼吁,敦促它尽快批准2010年改革方案,以更好地反映新兴经济体力量上升的现状。总之,传统的全球治理机制治理能力的提升,将是一个长期复杂的过程,其中的曲折甚至某种程度的倒退也是不难想象的。

2. 新的全球治理机制陆续产生,但数量有限,基本功能有待完善

近些年来,一些新的全球治理机制相继诞生,2009年形成的金砖国家(BRICS)就是其中最具声望的代表,但总体而言,这类机制的数量目前还很有限。此外,一些新的全球治理机制也在酝酿之中,如跨太平洋伙伴关系(TPP)、跨大西洋贸易与投资伙伴协定(TTIP)、诸边服务业协议(PSA)等。在这些新机制的创设或酝酿过程中,主导者要么是传统大国,如美国之于TPP、TTIP和PSA;要么是新兴大国,如中国之于BRICS;要么是两者的联手,如G20首脑会议。

创设主体的多样化,导致各类新的全球治理机制的宗旨存在不小的差异,有的甚至大相径庭。传统大国创设或支持新机制的最主要目的自然仍是护持霸权。这方面最典型的案例是美国主导的跨太平洋伙伴关系。正如一位中国前亚太经合组织高官所言:"TPP要超越茂物目标、甚至WTO,企图按照它的价值观和'市场标准',占领新的'制高点。'"[1]此外,美欧启动的TTIP、美日欧启动的PSA、欧日启动的"经济伙伴协定"(EPA),也有类似的战略意图。[2] 新兴大国创设全球治理机制则是为了变革既有的世界秩序,提升自身的国际地位和影响力,并体现新的国际力量对比状况。2006年,时任印度总理的曼莫汉·辛格就指出,为适应亚洲崛起这一新的现实,"现有的全球机构和合作框架必须不断发展和变革。对联合国和联合国安理会的改革以及恢复联合国的权威来说是如此,对多边贸易体系的管

---

[1] 参见王嵎生:《新的选择与魅力》,载《光明日报》2013年9月30日第08版。
[2] 参见陈须隆、苏晓晖:《当前国际形势的几个新动向》,载《当代世界》2013年第8期第33页。

理、全球环境保护或者世界能源供给的安全来说也是如此"。① 巴西总统迪尔马·罗塞夫在2012年金砖国家领导人第四次峰会上也表示,联合国安理会及主要国际金融机构都需要改革,以适应当前新兴市场国家不断繁荣的新形势。就此而言,金砖国家在2010年G20财长和央行行长会议上的决定、在2011—2014年间四次峰会上所发出的各种信号,具有历史性意义;这些国家在金融领域已经和即将采取的集体行动,如建立金砖国家开发银行和应急储备机制、大力推动建设全球发展伙伴关系、共同参与国际发展议程的制定等,有可能撼动既有全球经济秩序的支柱。

当然,受机制成长周期及多种因素的影响,新的全球治理机制的功能有待增强,组织化程度也有待提高。比如,G20首脑会议作为最主要的全球经济治理平台,虽经五年磨合,但在机制化方面并无多大进展,目前仍停留在"临时性政治俱乐部"阶段,没有常设机构,没有理事会、秘书处;期间甚至出现个别传统大国用本国关切左右年度会议议题的极端案例。有学者认为:"G20机制的生命力正在经受考验。它可能作为一个突出金融、经济议题的论坛得以维持,但难以发展为一个包括政治议题的、有一定权威的常设机构。"②因此,提升治理功能、完善组织结构,将是各种新的全球治理机制亟待解决的共同课题。

3. 传统大国与新兴大国围绕国际规范展开激烈博弈,彼此互有攻守

按照斯蒂芬·克拉斯纳的定义,规范(norm)是国际机制的重要组成部分。③ 由于力量、利益和国际地位的差异,不同国家对传统国际规范体系的态度存在明显的差别。作为传统国际规范体系的创制

---

① 转引自〔新加坡〕马凯硕:《亚洲半球:势不可挡的全球权力转移》,刘春波、丁兆国译,北京:当代中国出版社2010年版,第215页。
② 参见王缉思:《全球发展趋势与中国的国际环境》,第4页。
③ See Stephen D. Krasner,"Structural Causes and Regime Consequences: Regimes as Intervening Variables", *International Organization*, Vol.36, No.2, Spring 1982, p.186.

者和护持者,传统大国一方面尽最大努力维护该体系——特别是其中的核心规范——的稳定,并迫使新兴国家继续遵守这些规范,从而继续享有"规范红利";另一方面又力图抓住构建新国际规范的主导权,并试图弱化新兴大国构建新国际规范的努力,或者尽可能地限制它们在这方面的作用和影响,以构建"新的利益增长点"。希拉里·克林顿在担任美国国务卿期间提出的"建立以规则为基础的秩序"的构想,①就是这方面的集中体现。她在不同场合反复提到的规则(rules),其实既包括传统国际规则即传统国际规范,也包括新国际规则即新国际规范。对于传统大国的上述做法,新兴国家特别是新兴大国当然是不认同和不接受的。尽管它们中间的任何一个国家目前都还无力改变传统大国主导既有国际规范体系的局面,特别是无力挑战其中的核心规范,但它们对传统国际规范体系的不满众所周知;它们也越来越不掩饰自己在这方面的态度,并勇于提出自己的见解和方案。新兴大国在变革传统国际规范体系特别是经济、社会规范方面携手合作,互为支援,步步为营,不断增强同传统大国在相关领域讨价还价的力量和资本。这在2012—1014年间的金砖国家和G20分别举行的三次领导人峰会都有非常引人注目的体现。

全球治理机制对中国外交的影响是十分复杂的,中国对不同机制的态度也存在一定的差别。作为世界上128个国家的最大贸易伙伴,增长最快的主要出口市场,最被看好的主要投资目的地,以及能源资源产品的主要进口国②,中国"将坚定不移地做和平发展的实践者、共同发展的推动者、多边贸易体制的维护者、全球经济治理的参与者",简言之,就是做"当代国际秩序和公认国际关系准则的维护者"③。与此同时,作为一个发展中的社会主义大国,中国也希望变

---

① 集中体现这一构想的文献是:Hillary Rodham Clinton,"America's Pacific Century", *Foreign Affairs*,October 2011,pp.1-14。

② 参见王毅:《探索中国特色大国外交之路——在第二届世界和平论坛午餐会上的演讲》,http://www.fmprc.gov.cn/mfa_chn/ziliao_611306/zyjh_611308/t1053901.shtml。

③ 实际上,"中国已经基本认可了当今国际体系中几乎所有重要的国际机制",参见王杰主编:《国际机制论》,北京:新华出版社2002年版,第452页。

革和完善全球治理机制，以使其更加公平公正，并为世界的和平与发展提供制度保障。因此，如何处理与传统的全球治理机制的关系、如何参与和推动新的全球治理机制的建设，特别是贡献中国智慧、提出中国方案，将是未来中国外交必须认真完成的重要任务。

三、中国外交的全球战略环境：观念互动维度

观念及其互动所产生的主体间（intersubjective）世界所形成的共有文化，是国家实施对外行为时必须面对的主观环境。它与前文所讨论的两种客观环境相互交织，形成一种复合体，共同对国家的对外行为施加影响。按照建构主义的术语和理论，这样一种环境是构成性（constitutive）的，它不是通过外在约束影响或者改变具有既定偏好的国家的对外行为，而是通过改变偏好来改变国家的对外行为。中国外交如何在这种也许更为复杂微妙的环境中稳健自处并且积极有为，也是一门必须努力做好的重要功课。

1. 反思与重塑是当今全球思想领域的两大主题

自近代以降，随着全球化进程的逐步展开，特别是随着交通和通信技术的巨大进步，人类不同群体在思想领域互动的频度和深度不断增加，并间或伴有血与火的洗礼。可以说，本质上是观念互动而形成的全球思想领域从来都是不平静的。2008年爆发的国际金融危机的巨大破坏性，既是当今人类不同发展模式的困局所致，更意味着现代文明深层次的文化危机，由此引发全球思想领域的反思浪潮也是顺理成章。从实际进展看，这场反思的内容已经大大超出金融和经济范畴，涉及政治、安全和文化等极为广泛的领域。由于受危机影响的程度不同，不同国家反思的内容、指向和深度存在明显差异，即使是文化相近、社会制度相同的国家也不完全一样。比如，美国人的反思与欧洲人的反思就很不同，美国人与中国人的反思更是大相径庭。除此之外，在同一国家内部，不同阶层、不同政治信仰的人们的反思也很不一致。比如，西方左翼学者对全球治理理论、权力转移理

论、民主理论的反思,与这些国家的新自由主义者就有着明显的差别。① 中国创新马克思主义者、新自由主义者、新左派、新儒家、民族主义者等对国际金融危机的思考、对"华盛顿共识"和"中国模式"的认知,在很多方面都是尖锐对立的。② 不同反思之间的相互激荡,构成了当今国际思潮的基本态势。③ 这是任何一个国家的决策者都不能不认真面对、谨慎处理的事实。

思想史的演进历程显示,人类每一次对自身所面临的危机乃至困局的深刻反思,都预示着可能的观念创新和理论进步,从而在不同程度上重塑全球思想生态。这一幕已经在当下的世界上演。而全球思想生态的变化将直接或间接地影响人的观念、国家的观念,而"观念所体现出的原则化或因果性的信念""为行为者提供了路线图,使其对目标或目的—手段关系更加清晰"。④ 简言之,国家将在人类思想领域的反思和重塑的大背景下形成新的观念,采取新的行为方式。不同国家基于新观念和新行为方式的互动,将在一定程度上改变国际关系的既有面貌,并衍生出新的国际规则、国际规范乃至新的国际机制。

2. 利益共同体观念日益凸显,命运共同体观念有可能形成

之所以如此,与国家间相互依赖日益加深的世界大趋势直接相关。在导致相互依赖加深的诸多因素中,最为突出也最为直观的是经济领域。从一定意义上说,各国在经济领域日益加深的相互依赖

---

① 参见刘志明:《国际关系三大思潮的西方反思》,载《人民论坛》2012年第18期,第70—72页。

② 参见刘建军、梁海森:《当代中国政治思潮的演进与面向》,《人民论坛》2012年第15期;吴沁雨:《当前中国政治思潮发展镜像》,载《人民论坛》2011年第36期;马静、刘广为:《2012中外十大思潮的特点与走向——本年度十大思潮调查结果与简要分析》,载《人民论坛》2013年第3期。

③ 关于当今国际思潮的新趋势,参见朱立群、卢静:《金融危机后国际思潮的新变化及其对中国外交的影响》,载《国际关系学院学报》2012年第4期。

④ 参见〔美〕朱迪斯·戈尔茨坦、罗伯特·基欧汉编:《观念与外交政策》,刘东国、于军译,北京:北京大学出版社2005年版,第3页。

是最近几十年来特别是冷战结束以后国际关系发展的显著特点。①尽管自2008年国际金融危机爆发以来,某些地区的一体化进程严重受挫,贸易保护主义在全球范围内有所抬头,国家间的贸易摩擦有所增多,一些国家的政治内向化、保守化倾向有所加剧,但这些都没有从根本上改变各国经济相互依赖日益加深的大趋势。以多样化最为显著的亚洲为例,权威数据显示,该地区商品贸易依存度2007年为53.4%,2010年增至54.9%,2011年虽有回落,但仍维持在54.1%的高位。亚洲经济体区内直接投资依存度2008年为23%,2011年增至29%。尽管由于诸多因素的影响,亚洲经济体2012年的国际贸易和投资出现了些许波动,但该经济体内部各成员之间在贸易、投资等领域仍保持稳定的高依存度。正在进行的中日韩自由贸易区谈判、区域全面经济伙伴建设(RCEP),将进一步加快亚洲贸易一体化进程。②

罗伯特·基欧汉和约瑟夫·奈曾指出,"相互依赖影响着世界政治和国家行为"。③ 其实,考虑到世界政治是行为体互动的结果、国家行为总是要受到某种观念支配等事实,可以说,相互依赖的现实改变或建构着人、国家的观念。其中一个重要的方面,就是"利益共同体"观念日益凸显。人们可以清楚地观察到,在当今这个高度相互依赖的世界上,国家可以超越文化传统、意识形态、社会制度和发展水平等方面的差异,在发展彼此合作的进程中建构"利益共同体"。比

---

① 据统计,1820—2003年间,世界出口依存度从1%上升到20.8%。其中,1820—1950年的130年间仅仅上升了6个百分点,而在1950—2003年的53年间却上升了近14个百分点。转引自刘力:《贸易依存度的国际比较》,载《学习时报》2005年3月14日第3版。
② 参见博鳌亚洲论坛研究院:《博鳌亚洲论坛亚洲经济一体化进程2013年度报告》,北京:对外经贸大学出版社2013年版。
③ 参见〔美〕罗伯特·基欧汉、约瑟夫·奈:《权力与相互依赖(第3版)》,门洪华译,北京:北京大学出版社2002年版,第6页。

如,尽管中美之间存在严重的战略互疑①,但希拉里·克林顿在美国国务卿任上曾多次使用"同舟共济"这一典型的中国成语,描述2008年国际金融危机爆发后的中美关系。王毅在就任中国外交部长后多次强调:"中美之间乃至全球各国之间已是日趋紧密的利益共同体。"②IMF总裁拉加德在2013年全球央行年会上也指出:"没有哪个国家是孤岛……在这个相互联系的世界,国内政策的溢出效应——包括非常规货币政策——会很快流回发源地。让我们来研究其更广泛的影响,因为这关乎我们自身的利益,也关乎所有人的利益。"③

但是,利益共同体毕竟是以"利益"为基础的,而不同国家的利益范围、利益内容和利益观念是不断变化的。汉斯·摩根索就发现:"在一个特定的历史时期之内,哪种利益能够决定政治行为,要视制定外交政策时所处的政治和文化的环境而定。"④玛莎·费丽莫的研究也表明:"国家利益的再定义常常不是外部威胁和国内集团要求的结果,而是国际共享的规范和价值所塑造的,规范和价值构造国际政治生活并赋予其意义。"⑤因此,利益共同体即便能够形成,也是不稳定的——各方利益高度重合则共同体兴,各方利益严重冲突则共同体衰。这方面的案例可以说是屡见不鲜。而要从这种不稳定中摆脱

---

① 王缉思和李侃如合著的《中美战略互疑:解析与应对》(北京:社会科学文献出版社2013年)对此进行了精彩解读。由卡内基国际和平基金会和中国战略文化促进会于2013年12月12日联合发布的《中美安全关注联合报告》(U. S. -China Security Perceptions Survey:Findings and Implications)也宣称:中美关系基本积极,但彼此的信任程度较低,http://carnegieendowment.org/#/slide_544_us-china-security-perceptions-survey-findings-and-implications。

② 王毅:《如何构建中美新型大国关系——在布鲁金斯学会的演讲》,http://www.fmprc.gov.cn/mfa_chn/zyxw_602251/t1078765.shtml。

③ Christine Lagarde,"The Global Calculus of Unconventional Monetary Policies", http://www.imf.org/external/np/speeches/2013/082313.htm。

④ 〔美〕汉斯·摩根索:《国家间政治:权力斗争与和平(第7版)》,徐昕、郝望、李保平译,王缉思校,北京:北京大学出版社2006年版,第35页。

⑤ 〔美〕玛莎·费丽莫:《国际社会中的国家利益》,袁正清译,杭州:浙江人民出版社2001年版,第3页。

出来,需要建构一种稳定性特别是涵盖性更强、也更易于为人类不同群体所接受的观念。"命运共同体"就是这样的一种观念。它根植于利益共同体观念,但远高于这一观念;在践行前者的过程中可能形成的命运共同体,不是既有的各种利益共同体的机械组合,而是后者的涅槃重生。可以预计,随着有关国家的倡导、实践的推动、认知的调整,命运共同体观念一定能够成为一种全球共有观念,一种具有普遍意义的文化。

按照建构主义理论,"观念不仅是指导行动的路线图,观念还具有建构功能,可以建构行为体的利益。"①据此可以推断,"利益共同体"观念的强化,"人类命运共同体"观念的形成,将有助于影响当代国家的偏好,引导它们在处理对外关系时采取更多的合作行为,在追求本国利益的同时兼顾他国的合理关切,在谋求本国发展的进程中促进各国的共同发展,从而进一步强化"一荣俱荣、一损俱损"的连带效应。中国拥有悠久的和合观念和天下观念,愿意把自身的发展与世界的发展紧密联系起来,愿意与世界各国良性互动与合作共赢,因此是可以对命运共同体观念的形成和相关实践的展开做出独特贡献的。

3. 传统安全观的影响式微,新型安全观逐渐成型

安全是国家追求的基本目标之一,也是国家发展的重要条件。在制定和实施安全战略的过程中,国家所依据的安全观有着很大的差别。传统安全观以权力政治理论为基础,以最大限度地增强自身力量、减损他国力量为手段,以绝对安全为目标,热衷于组建对抗性的军事联盟。这种安全观曾经广为流行,并于冷战期间最为兴盛;间或出现的新安全观念——如卡尔·多伊奇提出的"安全共同体"(security community)——往往被束之高阁。其结果是军备竞赛盛行,安全困境频现。随着全球化发展而造成的相互依赖逐渐加深,非传统

---

① 秦亚青主编:《文化与国际社会:建构主义国际关系理论研究》,北京:世界知识出版社 2006 年版,第 26 页。

安全问题广泛生成,传统安全观所面临的挑战日趋严峻,创新安全观念成为必要。1979 年,勃兰特委员会关于"要对安全提出一种新的、更全面的理解"的倡议,开启了系统创建新安全观的思想之旅。① 1982 年,O. 帕尔梅领衔的"裁军与安全问题独立委员会"第一次提出了"共同安全"(common security)这一崭新概念,并确立了涵盖广泛的六项原则。② 此后,各种新的安全观念不断产生。比如,布鲁金斯学会提出的"合作安全"(cooperative security);日本政府提出的"综合安全"(comprehensive security);联合国开发计划署提出的"人类安全"(human security);中国政府提出的"可持续安全"(sustainable security)等等。据此,以相互依赖为现实基础、以安全合作为主要方式、以人类的普遍安全为最终目标、渗透着命运共同体意识的新型安全观逐渐成型并日益完善。这种与传统安全观迥异的新型安全观具有多层次和多维度的显著特点,它倡导安全的普遍性、相互性、共同性和包容性,追求在安全领域的共建、共享和共赢。新型安全观的成型与完善,标志着人类对自身与他者关系的认识达到了新高度。③

新型安全观已经并被越来越多的国际行为体所认同。一个显著的例证是,冷战结束以后,作为全球最大也是最具代表性的国际组织,联合国完成了从传统安全观到新型安全观的转化,"'人类安全''全球安全'等概念已在联合国文献中频繁出现"。④ 尽管传统安全观的影响尚未被彻底根除,个别大国仍然固守"零和博弈"的旧思维,但越来越多国家的确基于对安全的新认知而不同程度地调整了安全战略,统筹国家安全与国际安全、自身安全与共同安全、传统安全与非传统安全,越来越成为国际安全领域的主流。由此,新型国际安全关系日益形成,新型安全机制不断涌现。这一切都为坚持总体国家

---

① V. Brandt, *North-South, A Program for Survival*: Report of the Independent Commission on International Development Issues, Cambridge, Mass.: MIT Press, 1980.
② See *Our Global Neighborhood*: the Report of the Commission on Global Governance, Oxford: Oxford University Press, 1995, pp. 79-80.
③ 安全是社会关系的衍生物。只有存在社会互动,才会产生安全问题。
④ 李东燕:《联合国的安全观与非传统安全》,载《世界经济与政治》2004 年第 8 期。

安全观、积极倡导亚洲安全观的中国提供了良好的条件。

结语

前文对中国外交的全球战略环境进行了大致的分析和判断。受分析框架限制,一些因素尚未涉及。综合已探讨的各种因素,本文认为,中国外交的全球战略环境既存在相对稳定的方面,也的确出现了诸多变化和发展的因素。两相比较,后者可能更为突出。虽然那种认为"当前的世界政治正在变得越来越不可预期、越来越充满不确定性、越来越具有危险性"①的观点有点言过其实,但无论如何,当今世界的确发生了复杂深刻的变化。与此相关联,中国外交所面对的全球战略环境也较以往更为复杂。

全球战略环境的不同方面,对于中国外交有着不同的意义和价值。其中相对稳定的方面构成了中国外交的支点,可以保证中国外交大政方针的稳定性和连续性,保证中国对外行为的总体可预期性。其中变化和发展的方面则构成中国外交调整乃至外交转型的外在动因,在相当大程度上影响甚至决定着中国外交调整乃至外交转型的方向、内容和目标。中国外交应当在细致观察、深入理解这些"大势"的基础上,加强战略思维,加强战略设计,加强战略运筹,努力塑造一个安全、有利、友善和总体可控的全球战略环境。

本文原载于《外交评论》2014 年第 1 期。全文被译成英文,发表于 *Foreign Affairs Review 2014*。论文在调整后全文收入中国社会科学院国际研究学部集刊第八卷《新安全观与新安全体系构建》(张蕴岭主编,社会科学文献出版社 2015 年)。

---

① 〔德〕汉斯·W.摩尔:《处于乱流中的世界政治》,夏庆宇译,《国际资料信息》2012 年第 1 期,第 1 页。

中国周边外交新布局与东亚的未来

【内容摘要】

　　2013年以来,中国新一届中央领导集体在外交调整中空前提升了对周边外交的重视程度,构建了一个类似汉字"介"的新布局:其中的一撇,是"丝绸之路经济带";其中的一捺,是"21世纪海上丝绸之路";其中的两竖,分别是"中巴经济走廊"和"中印缅孟经济走廊"。这一新布局以经济外交为主线,体现了包容互鉴、合作共赢的外交价值观,践行了统筹两个大局的战略理念,展现了"更加有所作为"的外交新姿态。值得注意的是,东亚未出现在中国周边外交新布局中。之所以如此,与该地区复杂严峻的地缘形势及中国对此的认知有关。未来只有不断提升东亚的整体信任水平,构建相对完整的地区性制度体系,形成新的地区共有观念,才能提升中国在东亚的舒适度和安全感,使其重拾对该地区的信心并加大外交投入。而这一切都将有助于东亚的和平与繁荣。

2013年以来,中国新一届中央领导集体以积极进取的姿态进行外交调整,空前提升对周边外交的重视程度①,特别是召开了1949年以来的首次周边外交工作座谈会,提出了"要更加奋发有为地推进周边外交"的新理念,确定了今后5—10年周边外交工作的战略目标、基本方针,明确了解决周边外交面临的重大问题的工作思路和实施方案,中国周边外交新布局基本成型。这一具有诸多新特点的外交布局将对地区格局乃至全球格局产生深远影响,因此应予以高度关注和深入研究。

一、中国周边外交的"介"字型新布局

目前,中国周边外交已经形成了一个类似汉字"介"的新布局。其中的一撇是"丝绸之路经济带",对于这一经济带的"带长"和"带宽",国内外学术界有不同的解读。按照中国社会科学院中国边疆史地研究中心主任邢广程的说法:"'丝绸之路经济带'应以中国为出发点,以俄罗斯和中亚地区为桥梁和纽带,以欧洲为落脚点,以北部非洲为延长线,在欧亚大陆形成一个比较畅通的交通网络和比较便捷的贸易通道。"②其中的一捺是"21世纪海上丝绸之路",至于它的"路长"和"路宽",迄今没有一个权威的说法。大体说来,"21世纪海上丝绸之路"以中国为起点,中经东南亚、南亚和海湾地区,西抵南部非洲。其中的两竖,分别是"中国、巴基斯坦经济走廊"(简称"中巴经济走廊")和"中国、印度、缅甸、孟加拉经济走廊"(简称"中印缅孟

---

① 习近平主席在周边外交工作会议上指出,无论从地理方位、自然环境还是相互关系看,周边对我国都具有<u>极为重要的战略意义</u>。党的十八大以来,党中央在保持外交大政方针延续性和稳定性的基础上,积极运筹外交全局,<u>突出周边在我国发展大局和外交全局中重要作用</u>,开展了一系列重大外交行动。参见《为我国发展争取良好周边环境 推动我国发展更多惠及周边国家》,《光明日报》2013年10月26日第1版。下划线为作者所加。

② 邢广程:《"丝绸之路经济带"与欧亚地缘格局》,载《光明日报》2014年1月12日第8版。

经济走廊")。这两个走廊涵盖了南亚次大陆的主要国家,并与"一路""一带"存在某种重合。

中国周边外交新布局大体有以下五个方面的特点:

第一,构想宏阔,潜力巨大。粗略估算,中国周边外交的这一新布局涵盖的国家数目超过 30 个,人口总数超过 35 亿。它聚焦于中国周边,但又不仅限于此。它由点成线,又以线控面。它立足亚洲,远眺欧陆。与其可能形成的平台对照,迄今为止在全球范围所运行的任何一种地区性合作机制都相形见绌。

第二,以经济外交①为主线。一路、一带、两廊,三个直接以"经济"一词命名,一个虽未明确包含"经济"一词,但隐含强烈的"经济"意味。由此可以看出,中国周边外交新布局主打的是"经济牌"。这与当下中国外交的总体取向完全一致。自 1978 年进行改革开放以来,中国外交始终坚守的目标之一,就是为经济建设服务,经济外交在中国总体外交中拥有独立的身份和独特的地位。② 中共十八大以来,中国经济外交的重要性进一步凸显,经济外交的形式进一步丰富。中国周边外交的"介"字型新布局以经济外交为抓手,可以更好地使外交服务于国家发展的根本目标,对保持中国经济的可持续发展具有重要意义。

第三,体现了包容互鉴、合作共赢的外交价值观。崛起的中国需要有自己的外交价值观,并在实践中切实加以践行,以赢得国际社会的认同和尊重。包容互鉴、合作共赢,是中共十八大报告所概括的十二字中国外交价值观的重要组成部分,它与习近平主席在中国周边外交工作座谈会上所强调的"惠""容"二字在精神实质上是一致的,并在中国周边外交新布局中得到了充分体现。国务委员杨洁篪近期

---

① 学术界对"经济外交"的内涵与外延尚未达成共识。本文大体认可以下界定:经济外交是"一国政府在对外交往中主观能动地通过战略、策略与制度设计等方式实现财富与权力之间相互转化的行为、艺术以及转化过程"。参见张晓通:《中国经济外交理论构建:一项初步的尝试》,载《外交评论》2013 年第 6 期,第 50—51 页、第 53 页。

② 崔绍忠:《论中国经济外交》,载《思想战线》2012 年第 1 期,第 80 页。

曾指出:"一路一带"是开放的合作倡议,不搞封闭性的集团,不妨碍既有的多边合作机制。亚洲过去的沧桑历史与丝绸之路的兴衰紧密相连,亚洲未来的整体振兴与丝绸之路的复兴交融并进。"一路一带"是亚洲大家庭的事,希望有关国家和中国共同商量、共同建设、共同受益。①

第四,践行了统筹两个大局的战略理念。统筹国内发展和对外开放两个大局,是当代中国大战略的基本原则。就国内发展而言,中国西部大开发战略虽然已经行之有年,但受制于多方面因素,特别是缺少强有力的外部支点,成效并不显著。中国东部地区经过多年高速发展之后,虽然取得了举世瞩目的辉煌成就,但也面临既往发展模式边际效应递减、新的发展方式艰难孕育的巨大挑战。而中国周边外交的"介"字型新布局,将西部省份、东部省份特别是东南诸省与数量众多、具有巨大发展潜力的周边国家有机地联系起来,其战略意义十分重大。② 目前,地方政府已经积极谋求将自身发展与国家新的周边外交布局相对接。比如,乌鲁木齐市正在规划"亚欧经济合作实验区",该计划一旦获批,将使中国与中亚国家在非油贸易领域的合作实现更大突破。福州市政府与中国国家开发银行和中非发展基金联手推动设立100亿元人民币的基金,计划在东南亚和印度洋沿岸国家建设港口,以进一步加强中国与相关国家的海上联系。云南省政府制定了《加快建设面向西南开放重要桥头堡总体规划》。甘肃、陕西两省分别提出了建设黄金带和新起点的构想。宁夏计划打造"四大平台":中阿空中丝绸之路、中阿互联网经济试验区、中阿金融

---

① 《博鳌亚洲论坛举办"丝绸之路"分论坛 杨洁篪呼吁弘扬丝绸之路精神》,http://www.fmprc.gov.cn/mfa_chn/zyxw_602251/t1145902.shtml。此外,王毅、刘振民、刘建超等中国外交部主要官员在多个场合也表达了类似的看法。

② 根据中国国家发展与改革委员会和外交部于2013年12月14日联合召开的"推进丝绸之路经济带和海上丝绸之路建设座谈会"透露出的信息。一路、一带涉及陕西、甘肃、青海、宁夏和新疆等西北部5个省市自治区,重庆、四川、云南、广西等4个西南部省市自治区,江苏、浙江、福建等5个东部省市。还有一些省市积极谋求加入其中。参见《发展改革委召开推进海、陆丝绸之路建设座谈会》,http://www.gov.cn/gzdt/2013--12/16/content_2548965.htm。

合作试验区、中阿博览会战略平台。① 由此,中国新一轮对外开放格局逐渐成型。而这对于推动全球经济恢复性增长大有助益。

第五,展现了"更加有所作为"的外交新姿态。自20世纪90年代以来,中国外交长期秉持"韬光养晦、有所作为"的战略方针,并以相应姿态加以展现。虽然这一战略方针及相应姿态饱受争议,但在实践中取得巨大成绩也是不争的事实。当然,随着全球和地区格局的复杂演进,随着中国综合国力的不断上升和国际影响力的持续增强,中国与外部世界的关系已经发生历史性的变化,中国外交的战略方针确实需要做出调整。至于这一调整的基本方向,目前同样存在不小的争论。② 一系列迹象充分显示,当下的中国外交是在坚持"韬光养晦"即谦虚谨慎原则的基础上,更加强调有所作为,更加强调主动参与,更加强调主动塑造。中国周边外交的"介"字型新布局,就是这一外交姿态最新也是最鲜明的体现。

中国周边外交的"介"字型新布局,是自1949年以来中国周边外交最为重要的战略设计。③ 它立意高远,目标明确,内涵丰富,侧重点突出,特色鲜明。可以预计,这一新布局的全面展开和深入推进,将对中国外交的整体走向,进而将对地区格局乃至全球格局的走向,产生极为深远的影响。

二、东亚④为什么会消失?

细察中国周边外交的"介"字型新布局,人们不禁产生这样的疑

---

① 徐运平、朱磊、周志忠:《宁夏:打造"丝绸之路经济带"战略支点》,载《人民日报》2014年3月5日第22版。

② 王存刚:《论中国外交调整——基于经济发展方式转变的视角》,载《世界经济与政治》2012年第11期。

③ 关于1949年以来中国周边外交在中国总体外交中的地位、作用的演进状况,可参见石源华:《论新中国周边外交政策的历史演变》,载《当代中国史研究》2000年第5期;《周边外交将处于中国外交布局的首要地位》,http://www.guancha.cn/shi-yuan-hua/2012_06_25_80822.shtml。

④ 在各种正式或非正式文本中,"东亚"一词的使用比较混乱。本文中所指的东亚包括中国、日本、韩国、朝鲜和蒙古5个国家。

问:中亚、东南亚、南亚甚至是西亚都涉及了,东亚哪里去了?

东亚确实不见了。

东亚在中国周边外交"介"字型新布局中的消失虽然让人惊讶,但深究起来,个中原因并不难理解。它可能与当下东亚复杂严峻的地缘形势及中国对此的认知有关。

第一,东亚对中国的经济价值下降。东亚曾在中国对外开放总布局中具有特殊重要的地位;日本曾连续数年位居中国最大贸易伙伴国①。但近年来由于诸多因素的综合作用,这一点正在发生变化。作为东亚第二大经济体和全球第三大经济体,日本经济虽然经过"安倍经济学"的强刺激而有了一些起色,但其中短期的前景并不被各方看好。"如果不进行彻底的结构性改革,走出长达20年的滞胀,实现经济增长,其量与质并重的超宽松货币政策可能随时引爆日本债务危机。"②虽然韩国经济总体状况良好,但也面临一些不确定因素。③朝鲜经济模式陈旧,发展动力匮乏,加之受到联合国制裁行动的影响,短期内不可能有大的起色,未来出现经济崩溃也并非不可能。蒙古经济体量较小,其运行好坏对本地区整体经济格局影响不大。④就双边经贸关系而言,自安倍晋三政府执政以来,中日经贸关系持续恶化。2012年,中日双边贸易额大幅回落,"日本退居欧盟、美国、东盟和中国香港之后,仅为中国第5大贸易伙伴";⑤2013年,中日双边贸易额持续下降,相互投资也出现负增长,中日互购国债与人民币直接交易受挫,中日韩自贸区谈判无实质性进展,"政冷经冷"的态势越

---

① 薛敬孝:《1980年以来中日经济关系的演变——从贸易新伙伴、中国因素到中国特需》,载《现代日本经济》2005年第1期;姜跃春:《钓鱼岛争端对中日经济的影响》,载《中日关系史研究》2013年第4期,第40页。

② 赵瑾:《安倍经济学与日本主权债务危机:风险与前景》,载《财贸研究》2013年第10期,第5页。

③ 孙振硕:《穆迪:韩国经济基本面坚实》,http://cnnews.chosun.com/site/data/html_dir/2014/06/10/20140610000010.html。

④ 2013年,蒙古GDP总量115亿美元。"蒙古国家概况",http://www.fmprc.gov.cn/mfa_chn/gjhdq_603914/gj_603916/yz_603918/1206_604450/。

⑤ 姜跃春:《钓鱼岛争端对中日经济的影响》,第40—48页。

来越明显,中日经贸关系陷入邦交正常化以来的最低点。① 初步摆脱意识形态羁绊的中朝经贸关系,"正从战略安全导向型向市场驱动型转变,面对朝鲜'经济建设和核武建设并行发展'战略,中国对朝经贸关系与防扩散责任间的张力越来越大"。② 中韩双边贸易额虽然超过2000亿美元,但贸易关系严重失衡,中国所得远小于韩国。③ 中蒙双边贸易额仅有60亿美元,且与中韩经贸关系一样呈现出严重的不对称状况。④ 此外,东亚区域经济合作机制建设目前尚无大的突破,出现了具体领域"制度过剩"与整体性区域"制度匮乏"这样一种特殊格局。由此产生的后果是:既无法实现区域内部经济的深度整合,又"难以采取集体行动,共同应对来自外部的各种经济风险和冲击"。⑤ 因此,东亚在经济上对中国的重要性和吸引力下降。

第二,东亚政治格局静态化特征短期可能无法改变。造成这一状况的原因同样是多方面的。首先,由于具有极端民族主义倾向、亟欲摆脱战后国际秩序束缚的日本现任首相安倍晋三在国内很受欢迎,他在未来几年内可能继续执政,日本也将在所谓的"积极和平主义"的旗帜下朝着政治、军事大国的目标狂奔。这自然会引起中国、韩国的高度警觉、强烈反感乃至有力抵制。因此,中日、韩日的紧张状况短期内均不可能有大的改观,甚至有可能在某些偶发因素的刺激下骤然加剧,爆发所谓的"黑天鹅事件"(black swan event)。其次,

---

① 王洛林主编:《日本经济蓝皮书(2014)》,北京:社会科学文献出版社2014年版。
② 雷墨:《中朝经贸面临转型挑战》,载《南风窗》2014年第1期,第74页。
③ 目前,中国是韩国的最大出口对象国和最大投资国,韩国则是中国最大贸易逆差国。建交21年来,韩国在对华贸易方面从未有过逆差。参见《2013年韩国货物贸易及中韩双边贸易状况》,http://countryreport.mofcom.gov.cn/record/view110209.asp?news_id=38041;〔韩〕车在福:《韩中建交二十一年:论充实、拓展韩中关系与学术交流的重要性》,载《现代韩国》2014年第1期,第34页;董向荣:《中韩经济关系:不对称依赖及其前景》,载《国际经济评论》2013年第2期,第100—107页。
④ 《中蒙经贸合作法律环境研讨会举行》,http://world.people.com.cn/n/2014/0612/c1002-25141709.html;周梅芳等:《蒙古国经济发展及中蒙经贸关系的可持续性》,载《财经理论研究》2013年第1期,第96—105页。
⑤ 李巍:《东亚经济地区主义的终结?——制度过剩与经济整合的困境》,载《当代亚太》2011年第4期,第6页。

由于朝鲜现任领导人金正恩在核武器问题上所持的强硬立场以及在处理周边关系方面不合常理的做法,朝韩关系短期内难以解冻,朝中关系有可能继续降温。① 再次,由于存在短期内难以调和的结构性矛盾,有斗有和、斗而不破,仍是未来中美关系、美俄关系的最突出特点。在这一意义上,东亚政治格局呈现静态化的特征。除非有重大事变发生并引发本地区国家周边外交政策的重大调整,否则,这种状况不会有大的改变。

第三,东亚安全形势有可能进一步恶化。东亚地区是当今世界军事化程度最高的地区,且这一特征有进一步强化的趋势。在该地区安全格局中,至少显著地存在着四种对抗性的双边关系:其中两对属于域内国家间的对抗,即中国与日本、韩国与朝鲜;一对属于域内国家与域外国家间的对抗,即中国与美国;还有一对完全属于域外国家间的对抗,但却对东亚的安全形势产生重要影响,那就是美国与俄罗斯。在可预见的将来,这些对抗关系同样不会有实质性的改变;在某种状况下,一些双边关系的对抗程度同样有可能急剧上升,爆发严重武装冲突也并非不可能。② 考虑到美国实施"重返亚太"战略后对其在东亚地区军力部署的调整、日本解禁集体自卫权所产生的后续影响以及该地区国家正在进行的海军和空军的军备竞赛等多方面因素,这种可能性进一步提升。更为关键的是,本地区缺乏成熟的集体

---

① 2012 年金正恩就任朝鲜最高领导人后,除了朝鲜人民军总政治局局长崔龙海访华(2013 年 5 月)、中国国家副主席李源潮访朝(2013 年 7 月)外,中朝双方高层几乎没有来往。2014 年 7 月,中国国家主席习近平打破惯例访问韩国。在中国发布习近平访韩信息的前后三天里,朝鲜两次发射导弹。国际舆论和中国的研究者普遍认为,朝鲜此举是在向中国发泄不满情绪。

② 美国著名智库国际与战略研究中心(CSIS)新近完成的对 11 个国家和地区的 402 名"战略精英"的一项调查显示,东亚地区尚未解决的领土争端和历史问题,有可能导致相关国家的军事冲突。Michael J. Green, Nicholas Szechenyi, Power and Order in Asia: A Survey of Regional Expectation, http://csis.org/event/power-and-order-asia-survey-regional-expectations. 国际危机组织(ICG)新近发布的报告称:"中国与日本之间的敌意正在恶化为似乎越来越难以通过外交途径化解的对抗。" Old Scores and New Grudges: Evolving Sino-Japanese Tensions, http://www.crisisgroup.org/en/regions/asia/north-east-asia/china/258-old-scores-and-new-grudges-evolving-sino-japanese-tensions.aspx.

安全机制来有效管控可能出现的各种危机,甚至出现了所谓的"安全禁区/准禁区"的现象。①因此,有悲观主义者就认为:"该地区(指东亚——引者注)可能正在朝传统的两极对抗局面发展,遏制、阵营和军事威慑是焦点。"②

第四,东亚各种亚文化之间的冲突也有可能进一步加剧。虽然东亚5个国家均属于所谓的"汉文化圈",中国还是汉文化的发源地,理论上似乎这些国家更容易形成共有观念,建构共同身份,但现实状况却并非如此。康灿雄(David Kang)就发现:"虽然受到中国文化和思想的深刻影响,但这些文化和思想被嫁接于本土文化和社会之上,两者并没有完全融为一体,而是共生共存的。"他还指出:"东亚一直存在着多元传统,佛教、儒学以及本土理念在混合互动中演变,但很少会完全融合为一体。"③既然各种亚文化无法融为一体,那就意味着它们之间的冲突是客观存在的。在全球化和信息化快速发展的大背景下,由于民族主义特别是极端民族主义的勃兴④,由于社会主义意识形态与资本主义意识形态的隐然对立无法消除,东亚文化之间的冲突还有可能进一步加剧。比如,中韩"两国网民围绕向联合国教科文组织申报非物质文化遗产而展开的激烈争执"就是"文化领域中具有代表性的纠纷事件"。⑤

---

① 韩彩珍、时殷弘:《东亚区域合作的瓶颈问题与中国》,载《现代国际关系》2014年第2期,第33页。

② David Kang, A Looming Arms Race in East Asia, May 14, 2015, http://nationalinterest.org/feature/looming-arms-race-east-asia-10461？page = 4.

③ 〔美〕康灿雄:《中国影响下的文明与国家的形成》,载〔美〕彼得·卡赞斯坦主编:《世界政治中的文明:多元多维的视角》,秦亚青等译,上海:上海世纪出版集团2012年版,第117—118页。

④ 归泳涛认为:"人们对民族尊严的渴望以及这种渴望不能实现时产生的不安和焦虑,构成了近年来东亚一系列民族主义现象的动因。"他还指出,民族主义既是中日韩"三国近代历史观得以形成的共同思想基础,也是造成三国历史认识相互冲突的重要根源"。归泳涛:《东亚民族主义勃兴与中国周边关系的转型》,载《国际安全研究》2013年第2期,第77页;《民族主义与中日韩三国近代的历史观》,载《国际政治研究》2007年第2期,第167页。

⑤ 〔韩〕车在福:《韩中建交二十一年:论充实、拓展韩中关系与学术交流的重要性》,载《当代韩国》2014年第1期,第38页。

从以上简要分析可以看出,当下的东亚地缘形势十分复杂,未来走向更是存在诸多不确定性。对中国而言,这样一种地缘形势总体来说是不安全的,甚至是十分严峻的。对此,中国的战略人士忧心忡忡。中国国际问题研究所在与美国大西洋理事会共同撰写的研究报告中认为:"尚未解决的领土争端……由于历史上的相互不满而升级,并给东北亚……带来持续的紧张……北京和华盛顿有被卷入地区危机的风险。"①解放军国际关系学院国际安全研究中心主任在一篇总结2013年国际安全形势的报告中写道:"东北亚地区以日本安倍政府安全战略思维的大倒退和朝鲜核问题走入僵局为代表,以中日钓鱼岛争端为焦点,凸显和平发展与发展的安全困局。"②CSIS的报告也显示,在接受调查的中国大陆战略人士中,有40%的人认为,历史问题有可能导致相关国家军事上的冲突。这一比例在所有受访对象国家或地区中最高。③ 从这一意义上讲,当下的中国周边外交总体上"西倾"或者说是"西进",其隐含的认知和背后的逻辑就是可以理解的了。"介"字型新布局,应当就是这种认知和逻辑的具体体现。

三、东亚的未来如何才能不黯淡?

中国周边外交的"介"字型新布局虽然不包含东亚,但这并不意味着中国在周边外交中彻底放弃了东亚。毕竟,中国不可能离开东亚,也无法自主地选择东方邻国。因此,期盼本地区的稳定和繁荣,一直是中国的真诚愿望和现实需要,只是这种愿望和需要得不到有效满足而已。要使中国的良好愿景得以实现,并提升其在本地区的

---

① 中美联合工作组:《中美合作:全球未来的关键》,载《国际问题研究》2013年第6期,第13页。

② 刘强:《发展悖论弥漫的混沌世界——纵论2013年国际安全形势》,载《世界经济与政治论坛》2014年第1期,第10页。

③ Michael J. Green, Nicholas Szechenyi, Power and Order in Asia: A Survey of Regional Expectation, http://csis.org/event/power-and-order-asia-survey-regional-expectations, 2014-06-27.

安全感和舒适度,至少需要具备以下三个条件:

第一,本地区的整体信任水平特别是中国受信任的程度不断得到提升。虽然"'信'在东方价值观中具有重要地位",①但"信任赤字"却是东亚国际关系长期存在的基本特点之一。中日、韩日、朝日等国间的互不信任可以说是由来已久;即使是中韩两个目前关系较为友好的国家之间,彼此的信任程度也并非表面上看起来的那样高②。这也是导致东亚地区局势持续不稳定的重要原因之一。要削减乃至消除"信任赤字",域内各国的执政者在处理彼此间关系的过程中,就必须不断地释放诚意和善意,尽量避免采取加剧周边国家疑惧的行为,并且通过扩大公共外交、人文交流等方式,不断夯实国家关系发展的社会基础。域内其他国家的政治精英、文化精英还应当更深入地研究中国的历史和文化,更深入地研究中国共产党的执政理念,进一步理解中国走和平发展道路的坚定决心,进一步理解中国在周边外交中秉持"亲、诚、惠、容"理念的真诚意愿;特别是日本的政治精英、文化精英必须从情感和理智上接受中国崛起的事实,对新形势下的东亚地缘形势形成新的认知,对中日关系形成新的定位,而不是固守业已过时的理念和判断,千方百计地阻挠中国的崛起③,并且在历史问题上采取正确的态度和切实行动以取得包括中国在内的域内相关国家的谅解,否则它必将成为东亚地缘形势新变化的最大输家。此外,东亚特殊的地缘结构,还使得该地区信任水平的提升,受

---

① 习近平:《风好正扬帆》,http://www.fmprc.gov.cn/mfa_chn/zyxw_602251/t1171068.shtml。

② 韩国最重要的无党派智库峨山政策研究院2014年6月24日发布的题为《韩中关系舆论调查》显示,60%—70%的韩国人把中国的军事和经济崛起视为"威胁"。该机构同月发布的一篇分析报告指出:"虽然中国是韩国最亲密的经济伙伴,我们对中国的认知远没有达到战略信任的程度。"http://en.asaninst.org/contents/arirang-tv-60-70-of-koreans-feel-threatened-by-chinas-military-economic-growth/;另见 Han Sukhee, China's Charm Offensive to Korea: A New Approach to Extend the Strategic Buffer, http://www.theasanforum.org/chinas-charm-offensive-to-korea-a-new-approach-to-extend-the-strategic-buffer/。

③ 前引CSIS的调查报告显示,在接受调查的专家中,日本专家对中国崛起将带来的影响显得最为担心。

到某些域外大国的直接影响,其中美国对中国的信任度是一个至关重要的变量。中美两个大国之所以长期存在战略互疑,特别是在东亚地区存在直接冲突的可能性,虽然是因为不同的政治传统、价值体系和文化等多方面因素所致①,但晚近的最根本原因,还在于美国基于西方经验即所谓的"修昔底德陷阱""大国政治的悲剧"而形成的"历史宿命论",对中国崛起可能造成的地区和全球影响产生种种并非必要的疑虑和恐惧。在这方面,美国应当有所作为,并且是顺势而为,而不是逆势而动;应当是心口一致,而不是口是心非;"应当保持战略耐心,不为一事所惑,不为一言所扰……"②

第二,相对完整的地区性国际制度体系得以构建。"机制赤字"是东亚国际关系的另一个重要特点。而有效且覆盖域内所有成员的地区机制匮乏,是导致该地区成员国之间冲突频发、未来存在诸多不确定性的又一个重要原因。因此,未来各方应当采取积极态度、运用适当方式,努力构建相对完整的地区性国际制度体系。这一体系至少应当涵盖安全、经济和政治等重要领域,可以采取改造、升级、新建三种方式。具体地说,首先是将朝核六方会谈机制改造成为一个仅包含本地区成员国的集体安全机制,切实提升某些成员国的安全感,激发它们参与塑造地区安全共同体的愿望。其次,在中韩自贸区(FTA)谈判取得突破性进展的基础上,稳步推进本地区多边经济合作机制的建设工作特别是成员的扩容,实现本地区成员的互利与共赢;坚持开放地区主义立场,妥善处理域内多边经济合作机制与域外多边经济合作机制——如《跨太平洋伙伴关系协定》(TPP)和《区域全面经济伙伴关系协定》(RCEP)——的关系,尽可能地降低外部因素的消极影响。再次,积极推进本地区国家领导人政治对话机制的建设,改变现在"借场唱戏"的状况,让他们在只有域内成员的多边场

---

① 王缉思、李侃如:《中美战略互疑:解析与应对》,北京:社会科学文献出版社 2013 年版,第 39 页。
② 习近平:《努力构建中美新型大国关系——在第六轮中美战略与经济对话和第五轮中美人文交流高层磋商联合开幕式上的致辞》,载《光明日报》2014 年 7 月 10 日第 2 版。

合定期会面、深度沟通、增进了解、建立(或者厚植)友谊,实现"东亚的事情由东亚人自己来处理"的目标。与此同时,美国应该从全局和战略高度看待东亚地缘形势的种种变化,适时调整、恰当处理自己与东亚诸国的关系。为此,它应当有效地约束日本的冒险行为,减少后者对地区安全和政治关系可能造成的负面影响;以新的理念改造美日同盟、美韩同盟,使两者的存在有助于东亚的安全和稳定,化解中国和俄罗斯对它们的疑虑;以善意心态和建设性方式发展与蒙古的关系,不使后者产生错误知觉及在此基础上制定和实施不适当的对外政策;积极发展与中国的新型大国关系,减轻东亚其他国家选边站的压力,支持中国在地区安全问题上扮演更加富有建设性的角色,支持区域性合作机制的建立,从而加强东亚国家之间的联系、维护地区稳定。①

第三,新的地区共有观念能够形成。尽管东亚地区存在文化多样性的特点,但在历史上,该地区的确存在着某些共有观念,并在维持地区秩序的过程中发挥了重要作用。② 近代以来特别是冷战结束以后,由于多种因素的综合作用,尤其是域外大国的深度介入和刻意搅局,这些共有观念逐渐被侵蚀、被消融。在新的历史背景下,东亚国家需要尽力抵御民族主义的诱惑,彻底超越意识形态的分歧,有效管控各种突发性危机,努力发掘彼此文化上的共同点,不断扩大彼此利益的交互点,积极塑造与21世纪国际关系发展趋势相契合的新的地区共有观念。这些观念大体应包括:共同、综合、合作、可持续的安全观念,利益共同体、命运共同体的观念,包容互鉴、共生共容的观念。在塑造新的地区共有观念的过程中,逐步减低"信任赤字"和"制度赤字",化解事实上存在的"安全困境"。在这方面,可以借鉴

---

① See Michael J. Green, Nicholas Szechenyi, Power and Order in Asia: A Survey of Regional Expectation, http://csis.org/event/power-and-order-asia-survey-regional-expectations.

② 参见王存刚、刘涵:《朝贡体系下古代东亚秩序形成与维系的内在逻辑——批判地借鉴英国学派的分析方法》,载《国际安全研究》2013年第4期,第145—155页。

地理毗邻且文化相近的东南亚国家联盟的成功经验①,也可以在某些方面借鉴"欧洲整合的历史经验"②。在这方面,本地区其实已有成功的先例,比如中日韩三国学者、教师与市民共同编写了《东亚三国的近现代史》③,东北亚名人会推出《中日韩共同常用八百汉字表》,只是数量仍然较为有限。

基于前文研究,本文认为,如果上述条件能够大体具备,如果本地区其他国家能够在创造上述条件的过程与中国携手并肩,相向而行。那么,中国也将重拾对东亚地区的信心,提升对该地区的重视度,并扩大在该地区的外交投入。而这一切都将助于东亚的和平与繁荣。当然,达到这一目标的道路是崎岖而漫长的。为此,各方应当保持足够的耐心。

本文原载刘德斌主编:《中国与世界》(第四辑),中国社会科学出版社2015年版。

---

① 阿查亚(Amitav Acharya)的研究显示,在东盟(ASEAN)发展过程中,包括不干涉、不使用武力、区域自治、避免集体防务等一系列规范发挥了重要作用。这些规范构成了东盟成员所宣称的解决冲突和政策的"特殊文化的"和社会学的方式,即"东盟方式"。它在说服东盟外部对话伙伴从东盟的立场上看待问题等方面是非常有用的,在消除分歧的实质性方面也是有用的。〔加拿大〕阿米塔·阿查亚:《建构安全共同体:东盟与地区秩序》,王正毅、冯怀信译,王正毅校,上海:上海人民出版社2004年版,第284页。

② 〔韩〕具天书:《"东亚共同体"建设的障碍与出路:韩国的视角》,载《当代亚太》2012年第1期,第99页;谢立中:《走向东亚共同体:东亚社会面临的困境与出路》,载《社会学评论》2013年第5期,第10页。

③ 该书共同编写委员会在序言中写道:"在三年的编写过程中,我们有过许多的意见分歧,但是通过对话与讨论,逐渐达成了共有的历史认识,以至于现在能够在中、日、韩三国同时出版这本书。"《东亚三国的近现代史》共同编写委员会:《东亚三国的近现代史》,北京:社会科学文献出版社2005年版,序言,第2页。

价值追求

论中国外交核心价值观

【内容摘要】

外交核心价值观是国家行为体对国际关系的本质、规律和走向,外交的宗旨和原则,国家身份与国家利益等外交事务中的重大问题的核心信念、根本主张和基本态度,也是其实施外交行为的基本准则和评价其他外交行为的是非标准。构建中国外交核心价值观具有重要的学理价值和重大的现实意义。中国外交核心价值观应以当代中国外交实践和当代国际关系发展、中国优秀传统文化和人类共同价值体系、中国特色社会主义制度和当代国际制度为基本依据,具有鲜明的中国特色、中国风格和中国气派,且可见、可行、可依循。据此,宜将共存、共享、共治、共赢、共进五个内涵丰富且呈递进关系的方面,确立为中国外交核心价值观。中国外交应当大力弘扬这些核心价值观,同时学习和借鉴其他国家的外交核心价值观,以增进外部世界对中国外交政策和对外行为的理解和支持,提升中国的国际影响力特别是道义感召力,展现中国特色大国外交风范,推动新型国际关系的构建。

引言

研究中国外交核心价值观具有重要的学理价值和重大的现实意义。它有助于丰富和发展中国特色外交理论,可以为探索中国特色大国外交之路提供智力支持;有助于化解因中国与外部世界的关系发生历史性变化而在中国外交实践和研究领域引发的价值困惑,增进外部世界对中国外交政策和对外行为的理解和支持,提升中国的国际影响力,特别是道义感召力,并有效应对发达国家对中国实施的"价值观外交"。但迄今为止,学术界尚未对中国外交核心价值观展开专门研究①,仅有少量成果聚焦中国外交价值观问题,并就其基本内涵、思想来源、构建路径以及如何践履等主题,提出了一些富有启发性的观点和研究思路②,为开展中国外交核心价值观研究奠定了初步基础。

本文将在已有研究基础上,首先界定"外交核心价值观"这一核心概念,并对与之相近的若干概念进行辨析;进而探讨构建中国外交核心价值观的实践基础和思想源泉;重点阐述中国外交核心价值观

---

① 中国外交部长王毅在2013年发表的题为《坚持正确义利观 积极发挥负责任大国作用——深刻领会习近平同志关于外交工作的重要讲话精神》(载《人民日报》2013年9月10日第7版)的文章中,首次使用了"中国外交的核心价值观"这一概念,但在此后的文章和讲话中,他未再使用。这一事实可能影响了国内学者对该问题关注程度。笔者曾用"中国外交核心价值观"为关键词,在中国知网和国家哲学社会科学学术期刊数据库中进行搜索,结果均为零。

② 参见《伦理与价值:当代中国外交的困惑》,载《国际政治研究》2007年第3期;阎学通:《公平正义的价值观与合作共赢的外交原则》,载《国际问题研究》2013年第1期;俞新天:《中国价值观的世界意义》,载《国际问题研究》2013年第4期;王红续:《新中国外交的价值取向与战略选择》,载《国际关系学院学报》2011年第6期;李景治:《试析中国外交的价值取向》,载《教学与研究》2008年第10期;郭学堂:《国际主义与中国外交的价值回归》,载《国际观察》2005年第1期。

的基本内容;最后将就如何践履中国外交核心价值观提出原则性建议。本文主要采用诠释和比较两种研究方法。

一、外交核心价值观的概念界定

(一)何谓"外交核心价值观"

外交核心价值观是国家行为体对国际关系的本质、规律和走向,外交的宗旨和原则,国家身份与国家利益等外交事务的重大问题的核心信念、根本主张和基本态度,也是其实施外交行为的基本准则和评价其他外交行为的是非标准。一国的外交核心价值观是其外交价值体系中地位最重要、影响最广泛同时也是形态最稳定的部分,是后者的高度凝练和集中表达。它根植于该国的历史文化传统、社会基本制度和具体外交实践,并受制于国际关系的客观现实和国际社会的基本价值。它引领着一国外交战略和外交政策的制定,体现在该国的对外行为之中。

外交核心价值观有别于"外交哲学"(diplomatic philosophy)。对于何谓外交哲学,迄今学界尚未形成共识。本文认为,基于"外交"和"哲学"两个词的特定含义,可以将"外交哲学"定义为外交行为体——通常是指主权国家——有关外交和国际关系的本体论、认识论、方法论和价值观的总和。外交哲学中的价值观部分涉及外交核心价值观。换言之,外交核心价值观是外交哲学的组成部分。

外交核心价值观也有别于"外交伦理"(diplomatic ethics)。这种区别主要源于价值(value)与伦理(ethics)这两个概念之间的差异。所谓价值,一般是指"(某物某事)用途或积极作用";所谓伦理,则是指"人与人相处的各种道德准则"。① 由此可以推断:前者既涉及人—人关系,也涉及人—物关系,而后者仅涉及人—人关系。也就是说,两者所涉及的关系领域并不一致,由此导致两者的内容存在差异。具体到外交领域,"外交伦理即指主权国家及外交活动主体在外

---

① 《现代汉语词典》(第6版),北京:商务印书馆2012年版,第625页、第852页。

交活动中依据社会道德交往原则和国际交往准则等建立起来的道德关系及道德规范的总和"。① 它是包括主权国家在内的外交行为体在跨国互动中对国际道德准则和本国道德价值观的践履和展现。因此,外交核心价值观高于外交伦理,并对后者的内容发挥着规约的作用。

外交核心价值观还有别于"外交准则"(diplomatic norms)。外交准则是外交学的一个基本概念,并且是外交事务中被频繁使用的几个"热词"之一。所谓外交准则,是指为国际社会所公认、构成外交基础且由外交行为体在从事外交活动时必须遵守的基本原则。② 外交准则与外交核心价值观虽然同属外交哲学范畴,但前者的形成和践履更具有外在性、强制性。此外,两者的形成虽然都需要以共识为前提,但前者偏重国际,后者偏重国内。③

(二)中国外交核心价值观是社会主义核心价值观在外交领域的延伸和体现

从理论上讲,一国的外交核心价值观是其外交价值体系的主要部分,也是该国主流价值体系特别是核心价值观在其外交领域的延伸和体现。这是因为,后者是该国的国家制度得以构成、扩展和延续的灵魂,属于国家意识形态范畴。它构成国家制度的道义基础和合法性依据,形塑其在国际社会中的形象;它为相应国家制度的建构提供基本思路,并影响其调整和改革的基本方向;它奠定相关社会的主导价值,决定一定历史条件下的主流民意。④ 因此,偏离或者完全背离本国主流价值体系特别是核心价值观的外交核心价值观根本就不可能产生,即使勉强为之,也最终难逃被抛弃的命运。据此,我们认为,中国外交核心价值观应当是社会主义核心价值观在中国外交领

---

① 唐建文:《外交伦理浅论》,载《伦理学研究》2012年第2期,第129页。
② 参见金正昆:《外交学》,北京:中国人民大学出版社2004年版,第71页。
③ 感谢刘涵博士在这一问题上的建议。
④ 参见侯惠勤:《关于提炼社会主义核心价值观的几个问题》,载《中国社会科学报》2012年5月7日第A7版。

域的延伸和体现,属于如何运用社会主义核心价值观处理中国外交事务的范畴。构建中国外交核心价值观是践履和弘扬社会主义核心价值的重要方式;在一定意义上,它也可以被视为丰富和发展社会主义核心价值观的一种途径。

二、中国外交核心价值观的构建依据

构建中国外交核心价值观是中国外交的一项重要基础工作。作为一种观念范畴,中国外交核心价值观应当具有自己的实践基础和思想源泉,也就是构建依据。本文认为,中国外交核心价值观的构建依据至少应当包括以下三个方面。

(一)实践依据

1. 当代中国外交实践

自1949年以来,中华人民共和国外交波澜壮阔,成果丰硕。这种成果既体现在维护世界和平、促进人类发展、构建中国国家发展的良好外部环境等宏观方面,也体现在较为微观却也相当广泛的观念领域。关于中国外交在观念领域所取得的成果,王毅做了如下扼要的总结:"新中国外交走过了六十多年不平凡的历程,在实践中逐渐形成了一系列重大的外交政策主张和战略思想,包括独立自主的和平外交政策,坚持和平共处五项原则,高举和平、发展、合作、共赢的旗帜,坚持和平发展道路,推动建设和谐世界等等。这些成功的外交实践和理论,继续是中国外交前进的动力和指南。"①本文认同这个总结,并且认为在构建中国外交核心价值观的过程中应当充分继承当代中国外交的优良传统,结合新形势、新目标、新任务,有所发展,有所创新。②

---

① 王毅:《探索中国特色大国外交之路——在第二届世界和平论坛午餐会上的演讲》,http://www.fmprc.gov.cn/mfa_chn/zyxw_602251/t1053901.shtml。
② 在周边外交工作座谈会上,习近平提出"推进外交工作改革创新"的总要求。在中央外事工作会议上,习近平又指出:"我们要在总结实践经验的基础上,丰富和发展对外工作理念,使我国对外工作有鲜明的中国特色、中国风格、中国气派。"本文认为,构建中国外交核心价值观,是外交创新的应有之义。

2. 当代国际关系发展

中国是世界的中国,中国发展是人类整体发展的一部分。中国不可能也绝不会背离世界发展的整体方向和基本规律,摒弃人类文明发展的基本成果,而在国际舞台上自行其是。因此,世界发展的整体方向和基本规律、人类文明发展的基本成果,对中国发展起着一定的规约作用。就中国外交而言,除了前述两种更为宏大的因素外,当代国际关系发展是一种相对微观但也最为直接的结构性因素。可以说,当代中国外交就是在应对这种复杂多变的结构性因素中发展起来的。当代国际关系发展尽管波澜起伏甚至出现过重大挫折,其间屡见暴力、战争、干涉、侵略等现象,但世界的总体和平与国际秩序的基本稳定仍然得以维持,人类文明还是结出了丰硕成果。尽管"中国没有也不可能完全认同国际社会的主流价值与行为规则,中国与国际社会的关系在今后相当长的时间里,依然会表现为积极融入又被动适应、甚至试图改变现状的矛盾过程"①,但毫无疑问的是:既有国际关系现实是当代中国开展对外交往的基本前提,是中国外交核心价值观得以孕育和体现的外部实践基础。构建中国外交核心价值观必须正视和理解这一前提和基础,并主动顺应其发展潮流。

(二) 文化依据

1. 中国优秀传统文化

一国外交是该国国内事务的延续,因此,支配该国处理国内事务的观念和行为方式自然而然地会在其处理对外事务中体现出来,学界已有的研究业已证明了这一点。② 中国拥有世界上历史最为悠

---

① 张小明:《中国与国际社会的价值和规则》,载《国际政治研究》2007 年第 3 期,第 8 页。

② 详见 Michael H. Hunt, *Ideology and U. S. Foreign Policy*, New Haven and London: Yale University Press, 1987; Tony Blair, A Battle for Global Values, http://www.foreignaffairs.com/articles/62271/tony-blair/a-battle-for-global-values;王晓德:《美国文化与外交》,北京:世界知识出版社 2000 年;邢悦:《文化如何影响对外政策:以美国为个案的研究》,北京:北京大学出版社 2011 年版;尚会鹏、刘曙琴:《文化与日本外交》,载《日本学刊》2003 年第 3 期,第 76—89 页;杨逢珉:《和平与安全:欧盟对外政策的基本价值理念》,载《欧洲研究》2008 年第 3 期,第 143—154 页。

久、风格极为独特的文化体系。这一文化体系构成了亿万中国人的集体记忆和身份认同的基础,深刻影响着中国人的思维方式和行为方式,自然也会在中国外交决策和对外行为上打下鲜明的烙印。①构建中国外交核心价值观,不可能离开中国文化特别是优秀传统文化这一基础。实际上,构建中国外交核心价值观的文化资源异常丰厚,"和为贵"、尊"王道"反"霸道"、"天人合一"等优秀思想文化传统与人类根本需求是完全一致的。我们应当运用现代观念、现代表述方式和表现形式去阐释、激活中国优秀文化传统。②

2. 人类共同价值体系③

中国外交是中国与世界其他国家互动的主要方式,也是中国融入国际社会并对其产生影响的重要渠道。互动需要基础,融入需要条件。中国外交要更好地服务于全面建成小康社会、实现中华民族伟大复兴中国梦的战略大局,其核心价值观逻辑上必须契合人类共同价值体系。④应当承认,人类共同价值体系是客观存在的,它是人类不同群体的重叠共识(overlapping consensus)。联合国教科文组织(UNESCO)的一份经典文献就指出:"即使在纷繁复杂的文化多样性

---

① 参见秦亚青:《中国文化及其对外交决策的影响》,载《国际问题研究》2011年第5期。

② 参见石斌:《重建"世界之中国"的核心价值观》,载《国际政治研究》2007年第3期;余潇枫:《"和合主义":中国外交的伦理价值取向》,载《国际政治研究》2007年第3期;阎学通:《公平正义的价值观与合作共赢的外交原则》载《国际问题研究》2013年第1期。

③ 王毅在《坚持正确义利观 积极发挥负责任大国作用——深刻领会习近平同志关于外交工作的重要讲话精神》一文中,曾使用"人类共同价值宝库"这一提法。本文借鉴了这一提法。

④ 人类共同价值是客观存在的。相关论述可见:〔英〕赫德利·布尔:《无政府社会——世界政治中的秩序研究》,张小明译,上海:上海世纪出版集团2015年版,第17—18页;时殷弘:《现代国际社会共同价值观念——从基督教国际社会到当代全球国际社会》,载《国际论坛》2002年第1期;袁祖社:《"全球公民社会"的形成及文化意义——兼论"世界公民人格"与全球"公共价值"意识的内蕴》,载《北京大学学报》(哲学社会科学版)2007年第7期;徐进:《国际社会的发育与国际社会核心价值观的确立》,载《国际关系学院学报》2008年第5期;杨洁勉:《中国外交理论创新的三重历史使命》,载《国际展望》2013年第1期。

之中,也有统一性存在。"①中国国家主席习近平在阐述"迈向命运共同体"这一重大命题时,曾引用东南亚、非洲、欧洲和中国的不同谚语,认为它们"说的都是一个道理",即"只有合作共赢才能办大事、办好事、办长久之事"。②从实践层面看,如果缺少共同价值体系,人类不同群体之间的对话与交流几乎难以进行;如果不承认共同价值体系的存在,人类在精神领域取得的整体性进步也难以获得合理解释。共同价值体系是全人类的共同财富,是世界不同文明体共同参与创造的。人类共同价值体系所代表的方向就是我们通常所说的"世界潮流"。构建中国外交核心价值观必须顺应这一潮流,善待人类共同价值遗产。③

这里应当特别强调的是,人类共同价值体系绝不是所谓的"西方价值体系"。两者虽然存在些许交集,但在很大部分上并不重合。那种把"西方价值体系"视为人类共同价值体系的观念,要么是一厢情愿,要么是颟顸无知。西方国家虽然在近代以来主导过世界体系(这只是人类漫长历史进程中的短暂一瞬),"西方价值体系"虽然曾经因此而溢出欧陆扩展至全球大部分地区,但它从来没有也绝不可能完全取代其他价值体系而一家独大,只是在绵延不断的价值冲突和价值整合中取得了暂时性的比较优势。随着西方国家整体实力的相对衰落,"西方价值体系"终究会回归到它在全球价值体系中的适当位置。我们并不一味排斥"西方价值体系",承认并愿意借鉴"西方价值体系"的合理成分,但坚决反对神话、绝对化"西方价值体系"的观念,坚决抵制凭借暴力手段强行传播这种价值体系的文化帝国主

---

① 联合国教科文组织、世界文化与发展委员会:《文化多样性与人类全面发展——世界文化与发展委员会报告》(张玉国译),广州:广东人民出版社2006年,内容提要,第2页。

② 参见习近平:《迈向命运共同体 开创亚洲新未来——在博鳌亚洲论坛2015年年会上的主旨演讲》,载《光明日报》2015年3月29日第3版。

③ 章百家认为,近代以来的最重要经验是,中国"伦理价值的取向要与世界潮流相一致,我们尚未解决的问题是如何善待在悠久历史中形成的伦理价值遗产,并使之与现代社会的需要和世界的潮流相结合"。章百家:《从历史发展的角度看困惑》,载《国际政治研究》2007年第3期。

义行为。

（三）制度依据

1. 中国特色社会主义制度

一国的社会制度构成该国外交的主要内部制度环境。中国是社会主义国家，中国外交属于社会主义外交范畴，它判然有别于以霸权主义和强权政治为底色的资本主义外交，也与历史上一度存在的某些社会主义国家外交存在明显的区别。邓小平曾指出："我们搞的是有中国特色的社会主义，是不断发展社会生产力的社会主义，是主张和平的社会主义。"①王毅则强调："中国外交的特色根植于中国坚持的社会主义理念。我们坚持的中国特色社会主义，根植于中国这块土地，符合中国自身的发展规律，引领着中国的发展和进步，得到广大中国人民的坚决拥护，是经过实践反复检验的正确道路。"②既然坚持实行中国特色社会主义制度，那么我们在外交领域就必须弘扬和践履社会主义核心价值观，就必须形成具有社会主义特色的外交核心价值观。

2. 当代国际制度

所谓国际制度（international institutions），按照罗伯特·基欧汉（Robert O. Keohane）的解释，是指"规定行为职责、行动限制以及影响行为体期望的持久且互为联系的一组正式或非正式的规则"。③它构成了一国外交的主要外部制度环境，融入了国际社会共同价值体系。尽管由于历史原因，当代国际制度具有较为浓重的西方色彩，且被一些传统大国假借全球利益之名而嵌入本国的一己私利，存在明显的不公正、不合理之处，但也应当承认，它对于实现国际合作、维

---

① 邓小平：《社会主义的中国谁也动摇不了》，载《邓小平文选》第3卷，北京：人民出版社1993年版，第328页。
② 王毅：《探索中国特色大国外交之路——在第二届世界和平论坛午餐会上的演讲》。
③ Robert O. Keohane, *International Institutions and State Power*, Boulder: Westview, 1989, p.3.

护世界秩序的相对稳定、促进人类的发展与进步还是发挥了积极作用的。也正是因为这一点,中国自20世纪90年代以来始终强调要遵守《联合国宪章》和国际法准则,宣示要做国际制度建设性的参与者和维护者,而不是像既往的外交实践那样做挑战者和革命者。①在第二次世界大战胜利70周年之际,中国发起召开维护国际和平与安全公开辩论会,主要目的就是维护当代国际制度的权威性。主持此次辩论会的外交部部长王毅明确指出:"《联合国宪章》宣示了国际社会消弭战祸、永保和平的坚定信念,确立了当代国际关系的基本准则,建立了止战维和的保障机制。70年后的今天,《联合国宪章》并没有过时。我们不仅应当重温《宪章》的精神,还应结合当今时代潮流和实际需要,不断丰富《宪章》内涵,赋予其新的生机与活力。"②这段话是中国政府对于当代国际制度态度的权威表达,也是我们构建中国外交核心价值观的基本依据之一。

三、中国外交核心价值观的构成

中国外交核心价值观应当在前述构建依据的基础上,贯通全球、地区和双边三个层次,具有鲜明的中国特色、中国风格和中国气派,可见、可行、可依循,且在语言表达方面准确、凝练、明快。据此,本文将共存、共享、共治、共赢、共进五个内涵丰富且呈递进关系的方面确立为中国外交的核心价值观。

(一) 共存

所谓共存,就是共同存在。作为一种外交核心价值观,共存是指中国承认其他国家的存在及其合理性,尊重和维护它们基于国际法

---

① 习近平主席在中共十八届中央政治局第三次集体学习时就强调:中国"将坚定不移做和平发展的实践者、共同发展的推动者、多边贸易体制的维护者、全球经济治理的参与者"。参见《更好统筹国内国际两个大局　夯实走和平发展道路的基础》,http://politics.people.com.cn/n/2013/0130/c1001-20367778.html。
② 《王毅主持安理会维护国际和平与安全公开辩论会》,http://www.fmprc.gov.cn/mfa_chn/zyxw_602251/t1239901.shtml。

而拥有的基本权利,愿意在此基础上与这些国家展开良性互动。和平共处,即国家间不发生实际使用或威胁使用暴力的状况,是共存的最低要求;和谐共生,即国家间融洽友爱、协调一致、共同成长,是共存的理想状态。①

奉行共存价值观具有客观必要性。不承认他国与本国共存的客观事实,一国外交将因失去互动对象而无法展开,实际上也无所谓外交。奉行共存价值观具有重要实践意义。追溯国际关系史特别是外交史,我们不难发现:如果一个国家特别是大国(全球性或地区性)否定其他国家存在的合法性,就必然会通过暴力等方式干涉相关国家的内政,或者改变这些国家的政权并使之臣服于自己,或者对其领土进行肢解以达到地缘政治的目的,或者干脆吞并了事。这样做的后果通常是:对象国的民众惨遭涂炭,国际社会不得安宁,世界和平难以维护,实施干涉行为的国家自身也难以获得持久安全和真正自由。奉行共存价值之所以可能,关键在于人类所生活的物理世界在空间上的广延性,以及由此产生的满足人类基本生存条件的可能性。正如习近平主席反复强调的那样:"天空足够大,地球足够大,世界也足够大,容得下各国共同繁荣发展。"②

奉行共存这一外交核心价值观具有以下意涵。首先,中国必须坚持主权平等原则。主权是"每一个可以被归为国家的政治社会的本质属性"③,是国家独立的根本标志,也是国家利益的根本体现和可靠保证。关于主权,国际法至少有两条基本原则:一是主权不容侵犯,任何形式的侵犯主权行为都应当被禁止。对此,联合国大会已经宣布:"任何国家,不论为任何理由,均无权直接或间接干涉任何其他国家之内政、外交,故武装干涉及其他任何方式之干涉或对于一国人

---

① "共存""共处""共生"词义差别细微。本文认为,"共存"更具根本性,理由是:存在(存)高于相处(处)和成长(生)。
② 习近平:《弘扬和平共处五项原则 建设合作共赢美好世界——在和平共处五项原则发表60周年纪念大会上的讲话》,载《光明日报》2014年6月29日第2版。
③ 〔美〕小查尔斯·爱德华·梅里亚姆:《卢梭以来的主权学说史》,毕洪海译,北京:法律出版社2006年版,第103页。

格或其政治、经济及文化事宜之威胁企图,均在谴责之列。"①国际法的这一基本原则使得国家共处有了可能性。二是主权平等原则,国家不因大小、强弱、贫富而在主权上有所差异。国际法的这一基本原则为各国平等参与国际事务、应对各种外部挑战提供了法律依据。中国始终主张各国都是国际社会的平等成员,都有平等参与国际事务的权利,各国的事务应该由各国人民自己来管,国际上的事情由大家商量着办;始终主张"要尊重各国自主选择的社会制度和发展道路,反对出于一己之利或一己之见,采用非法手段颠覆别国合法政权"。②

其次,中国必须恪守并践履新安全观。在国际无政府状态下,安全困境(security dilemma)是客观存在的。理论家们对此的认知千差万别,③各国的破解之道也不尽相同。自20世纪90年代以来,中国大力倡导并切实践履包括共同安全、综合安全、合作安全和可持续安全在内的新安全观。在中国看来,安全应该是普遍的。各国都有平等参与国际和地区安全事务的权利,也都有维护国际和地区安全的责任。中国反对国际安全领域的自私自利行为,强调不能一个国家安全而其他国家不安全,一部分国家安全而另一部分国家不安全,更不能牺牲别国安全谋求自身所谓绝对安全。为此,要加强国际和地区合作,共同应对日益增多的非传统安全威胁,对待国家间存在的分歧和争端,要坚持通过对话协商以和平方式解决,以对话增互信,以

---

① 《关于各国内政不容干涉及其独立与主权之保护宣言》,http://daccess-dds-ny.un.org/doc/RESOLUTION/GEN/NR0/217/69/IMG/NR021769.pdf?OpenElement。
② 习近平:《弘扬和平共处五项原则 建设合作共赢美好世界——在和平共处五项原则发表60周年纪念大会上的讲话》。
③ 国际关系的现实主义、自由主义和建构主义三大主流理论对"安全困境"的不同解读,可见 John H. Herz, *International Politics in the Atomic Age*, New York: Columbia University Press, 1959;〔美〕肯尼思·华尔兹:《国际政治理论》,信强译,上海:上海人民出版社2008年版;〔美〕小约瑟夫·奈、〔加〕戴维·韦尔奇:《理解全球冲突与合作:理论与历史》(第九版),张小明译,上海:上海世纪出版集团2012年版;〔美〕亚历山大·温特:《国际政治的社会理论》,秦亚青译,上海:上海人民出版社2000年版。

对话解纷争,以对话促安全,不能动辄诉诸武力或以武力相威胁。①

最后,中国必须尊重和维护世界多样性。世界多样性是一种客观事实,也是人类发展的不竭动力。不过,基于历史文化传统和现实原因,各国对待世界多样性却有不同的态度。中国拥有"兼容并包"的悠久历史传统。"和实生物,同则不继""天下一致而百虑,同归而殊途""万物并育而不相害,道并行而不相悖"是亿万中国人耳熟能详的经典话语。当代中国政治领袖汲取先贤的思想精髓,主张尊重人类文明、社会制度、发展道路等多样性。毛泽东就曾指出:"地球上有27亿人,如果唱一种曲子是不行的。无论东方西方,各民族都要有自己的东西。"②江泽民、胡锦涛反复强调,人类文明没有高低优劣之分。习近平则进一步指出:"我们要尊重文明多样性,推动不同文明交流对话、和平共处、和谐共生,不能唯我独尊、贬低其他文明和民族。人类历史告诉我们,企图建立单一文明的一统天下,只是一种不切实际的幻想……我们要倡导交流互鉴,注重汲取不同国家、不同民族创造的优秀文明成果,取长补短,兼收并蓄,共同绘就人类文明美好画卷。"③习近平还特别强调了"容"在中国外交中的重要性。所谓"容",就是开放包容,求同存异。当代中国政治领袖的上述主张与国际共同价值观是一致的。比如,2009年签署的《联合国千年宣言》就将"容忍"(tolerance)列为21世纪国际关系必不可少的基本价值(fundamental values)。前述联合国教科文组织发布的报告则将"培育对其他文化的尊重"确立为"一个最基本的原则,只要我们所尊重的这种文化的价值观包含对他人的宽容"。该报告还指出:"尊重超越了宽容,它意味着对他人的一种更积极的态度,要为别的民族所创

---

① 参见习近平:《弘扬和平共处五项原则 建设合作共赢美好世界——在和平共处五项原则发表60周年纪念大会上的讲话》。
② 转引自叶自成:《新中国外交思想:从毛泽东到邓小平》,北京:北京大学出版社2001年版,第315—316页。
③ 习近平:《弘扬和平共处五项原则 建设合作共赢美好世界——在和平共处五项原则发表60周年纪念大会上的讲话》。

造的灿烂文化而鼓舞喝彩。"①

(二) 共享

所谓共享,就是共同享有。作为一种外交核心价值观,共享是指中国愿意与其他国家共同享有物质财富和精神财富,是一种对存量资源的处置方式。这里的物质财富包括自然和人造两种形式;精神财富则包括人类共有文化和个体文化两种类型。共享其实是一种权利共享,而"权利共享表达了人类理性精神处理人类自身事务的基本价值取向,它是正义性基础上平等性的确立"。②

共享的前提是共存。没有对共存这一价值观的坚守,共享无从谈起。共存决定了共享的客观可能性和必要性。就物质财富而言,共享已经成为事实,全球市场的形成、资源在全球范围的配置已经充分体现了这一点。就精神财富而言,人类在文化领域的互学、互赏、互鉴,在全球或地区范围内形成的各种共识,就是精神财富共享最常见的几种形式。即使在最有可能产生纷争的价值观领域,也存在着共享的事实。比如,2009 年 9 月,由 189 个国家签署的《联合国千年宣言》在第一部分"价值和原则"中就宣称:某些基本价值(fundamental values)对 21 世纪的国际关系是必不可少的,包括自由(freedom)、平等(equality)、团结(solidarity)、容忍(tolerance)、尊重大自然(respect for nature)和共同承担责任(shared responsibility)。由北京大学教授关世杰领衔的课题组在美国、德国、俄罗斯、日本、印度开展的"中国文化印象"问卷调查,也验证了共享价值观(shared values)的存在。③ 实际上,当代中国并非像有些人描述的那样过分强调自己的特殊性,固守类似"美国例外论"那样的"中国例外论"。《中国的和

---

① 联合国教科文组织、世界文化与发展委员会:《文化多样性与人类全面发展——世界文化与发展委员会报告》,张玉国译,第 4 页。
② 余潇枫:《从危态对抗到优态生存——广义安全观与非传统安全战略的价值定位》,载《世界经济与政治》2004 年第 2 期。
③ 参见关世杰:《对外传播中的共享性中华核心价值观》,载《学术前沿》2012 年第 11 期下。

平发展》白皮书已经承认"人类共同利益和共同价值"的存在,并宣示"寻求人类共同利益和共同价值的新内涵"。① 这一观念已经在中国外交实践中得到多方面的具体体现。

奉行共享这一外交核心价值观具有以下意涵。首先,中国必须把自身发展与外部世界的发展联系起来,坚持对外开放,在统筹国内发展和对外开放两个大局、实现国内和国际两种机遇相互转化的前提下,把自身与其他国家的发展战略对接和利益融合提升到更高水平,编织更加紧密的共同利益网络。"中国乐见并支持越来越多的发展中国家改变自身命运,也乐见和支持发达国家继续繁荣发展"。② 中国也将从这些国家的发展中获得裨益和助力。

其次,中国必须以积极的姿态参与国际事务,与其他国家一道共同应对各种全球性、地区性和双边领域的挑战,奉献中国智慧,发出中国倡议,提供中国方案。全球性、地区性和双边性的各种挑战影响着世界的和平与发展,影响着国际关系的现实状况和未来走向。惟有化解挑战,走出困局,方能结出和平与发展之果。作为国际社会负责任的大国,中国认真履行应尽的国际责任,"以积极姿态参与国际体系变革和国际规则制定,参与全球性问题治理,支持发展中国家发展,维护世界和平稳定……随着综合国力的不断增强,中国将力所能及地承担更多国际责任"。③

最后,中国必须坚定地维护国际正义。正义是人类社会的基本价值之一,约翰·罗尔斯(John Rawls)甚至将其视为"社会制度的首要价值"。④ 所谓"国际(international)正义或国家间(interstate)正

---

① 中华人民共和国国务院新闻办公室:《中国的和平发展》(2011年9月),北京:人民出版社2011年版,第24页。
② 同上书,第26页。
③ 同上书,第19页。
④ 参见〔美〕约翰·罗尔斯:《正义论》,何怀宏等译,北京:社会科学文献出版社2009年版,第1页。

义,指的是那些赋予国家和民族以权利与义务的道义规则"①,具有交换正义(commutative justice)和分配正义(distributive justice)两种基本形式。国际正义对于世界和平与国际秩序的影响是深刻和直接的。肯·布斯(Ken Booth)曾指出,"对于人民、国家和全球共同体而言,没有正义,就不会有可预见的和平"。② 对中国来说,维护国际正义既有社会历史原因,也有文化心理原因。由于在近代以来的国际体系中曾长期遭受不公正的待遇,并一度沦为西方大国蚕食和欺凌的对象,中国因此对国际正义有着敏锐的感觉和强烈的追求;而"义以为上"③的悠久传统,也使中国维护国际正义的主张和行动有着深厚的历史文化基础。20世纪90年代以来,中国共产党的四次④全国代表大会报告中出现了"正义"一词,中共十八报告更是明确强调要"共同维护国际公平正义"。中国积极倡导建立以和平共处五项原则为基础的公正合理的国际新秩序;主张每个国家在谋求自身发展的同时,要积极促进其他各国共同发展;反对把世界长期发展建立在一批国家越来越富裕而另一批国家却长期贫穷落后的基础之上。⑤ 中国已经在维护国际正义方面做出了重要贡献,得到了国际社会的广泛肯定。

(三) 共治

所谓共治,就是共同治理。作为一种外交核心价值观,共治是指中国与其他国际行为体共同参与跨国事务的治理,化解各种跨国挑战。共治的对象可能涉及双边事务,也可能涉及更为广泛的地区乃

---

① 〔英〕赫德利·布尔:《无政府社会——世界政治中的秩序研究》,张小明译,第69页。

② Ken Booth, *New Thinking about Strategy and International Security*, London: Harpercollins, 1991, p.342.

③ 《论语·阳货》。对于"义"的内在价值,朱熹做了进一步论证:"义者,天理之所宜。"由此,义被赋予了至上性。参见〔宋〕朱熹:《四书章句》,济南:齐鲁书社1991年版,第35页。

④ 分别为十四大、十六大、十七大和十八大。

⑤ 罗尔斯曾指出,公正是社会合作的产物。参见〔美〕约翰·罗尔斯:《正义论》,何怀宏等译,第2—3页。

至全球事务。

共治的前提是共存和共享。没有国际行为体的共存和共享,就产生不了双边或多边的跨国互动,以及作为这种互动逻辑后果的跨国事务和跨国挑战,共治也就因为失去对象而没有了必要性。共治的可能性在于卷入某一跨国事务、面临共同跨国挑战的国际行为体对治理过程公正性的关注和对治理收益的期待。从外交实践看,除非存在难以抗拒的外部压力,否则没有任何一个国际行为体会自愿放弃与自己切身利益有关的跨国事务的参与权和某种程度上的控制权。在事关相关各方利益的"国际公地"问题上,国际行为体一味采取搭便车行为(free-rider),既不经济,也不名誉。

奉行共治这一外交核心价值观具有以下意涵。首先,中国必须始终坚持并积极发展国际合作。国际合作是国际行为体为达到某种目标而采取的跨国联合或协调行为。跨国事务和跨国挑战所具有的鲜明关联性以及一国应对这类事务和挑战的能力的相对有限性,逻辑上要求各国应当将国际合作作为自己处理跨国事务的基本政策取向,创造和运用合作工具,努力提升与合作对象的信任度。[①] 当代中国始终将合作写在自己的外交旗帜上,主张在政治、经济、安全等广泛领域发展形式多样的国际合作,不断创新国际合作的工具和方式。中国发起成立的金砖国家银行、倡议成立的亚洲基础设施投资银行就是这方面最新的例证。

其次,中国必须推动国际关系民主化。民主(democracy)就其本来含义而言,是一种以行为体广泛参与为主要特点的共治方式;它与独裁(dictatorship)或者寡头政治(oligarchy)在治理主体的广泛性和治理运行机制等方面泾渭分明,在性质上更是判若云泥。在国际关系领域,推动并最终实现国际关系民主化,是实现真正意义上的"全

---

① 对于信任是否为国际合作实现的必要条件或充分条件,学术界存在不同看法。很多学者认为,国际合作并不一定建立在国家间相互信任的基础上,而是建立在博弈试验的基础上。参见尹继武:《社会认知与联盟信任形成》,上海:上海人民出版社 2009 年版,第 114—115 页。

球治理"(global governance)的必要条件,它意味"世界的命运必须由各国人民共同掌握,世界上的事情应该由各国政府和人民共同商量来办"。① 国际关系民主化与霸权主义和强权政治等国际关系领域的独裁或者寡头政治是根本对立的。中国坚决反对各种形式的霸权主义和强权政治。中国认为,在多个发展中心在世界各地区逐渐形成、国际力量对比已经发生重大变化的今天,"垄断国际事务的想法是落后于时代的,垄断国际事务的行动也肯定是不能成功的"。②

最后,中国必须推动国际关系的法治化。所谓国际关系的法治化,主要是指在国际关系中应该适用国际法的原则和制度而非依据实力原则来处理和解决各种跨国问题,并长期予以遵守和执行。国际关系的法治化有助国际关系行为体在跨国互动中形成稳定预期,采取理性行为。国际关系的法治化需要以国际法的形成为前提,而国际法这一调节国际关系的重要工具③若要得到有效实施,需以广泛的国际认同(或默许,或承认,或接受)为基础。④ "坚持国际法治是新中国一贯的外交实践","坚持国际法治是中国走和平发展道路的必然要求"。⑤ 作为一个负责任大国,中国始终高度重视和积极遵守国际法,愿意"推动各方在国际关系中遵守国际法和公认的国际关系基本原则,用统一适用的规则来明是非、促和平、谋发展……适用法律不能有双重标准。我们应该共同维护国际法和国际秩序的权威性和严肃性,各国都应该依法行使权利,反对歪曲国际法,反对以'法

---

① 习近平:《弘扬和平共处五项原则 建设合作共赢美好世界——在和平共处五项原则发表60周年纪念大会上的讲话》。

② 同上。

③ 关于国际法与国际关系的关系,王铁崖曾做过经典阐述。他指出:"国际法的出现,是因为国际关系的发展中产生了将国家间某些关系中的处理方式,需要固定为法规和法则,需要按照法律的规范性来加以对待。"王铁崖主编:《国际法》,北京:法律出版社1995年,第3页。

④ 参见〔美〕路易斯·亨金:《国际法:政治与价值》,张乃根等译,张乃根校,北京:中国政法大学出版社2005年版,第35—36页。

⑤ 王毅:《中国是国际法治的坚定维护者和建设者》,载《光明日报》2014年10月24日第2版。

治'之名行侵害他国正当权益、破坏和平稳定之实"。①

(四) 共赢

所谓共赢,就是共同获利。作为一种外交核心价值观,共赢是指中国与他国在国际互动中共同受益,是一种对增量资源的获取和处置方式。

共赢是共存、共享、共治的必然要求和客观结果。共赢具有必要性。国际关系实践已经充分表明,如果国际行为体在一次跨国互动中无法获益——不管是绝对收益(absolute gains)还是相对收益(relative gains),它通常会拒绝再次参与类似的互动。如果该国在国际互动中长期无法获益,它或者成为国际体系的消极参与者,甚至自愿变成"国际社会的孤儿";或者试图部分改变不利于己的国际规范,甚至彻底摧毁既有国际体系,以满足自身的利益诉求。而这些都将对国家共存状况——也就是国家的生存利益、安全利益——构成严重威胁。因此,共赢实际上是维护国家安全、维持世界稳定的有效方式。共赢的可能性在于国际关系本质上的非零和性。罗伯特·阿克塞尔罗德(Robert Axelrod)通过对合作的产生和进化的深入研究后发现:尽管存在"囚徒困境"的博弈格局,但"在长时间的'重复囚徒困境'中,其他人的成功是你自己成功的前提"。② "即使在噪音③存在的时候,互惠性仍然起着作用"。④ 运用这一理论观察国际关系,我们是不难得出"国际互动存在共赢可能"这一结论的。

奉行共赢这一外交核心价值观具有以下意涵。首先,中国要大力倡导双赢、多赢的新思维,主张彻底摒弃你输我赢、赢者通吃的旧

---

① 习近平:《弘扬和平共处五项原则 建设合作共赢美好世界——在和平共处五项原则发表60周年纪念大会上的讲话》。
② 〔美〕罗伯特·阿克塞尔罗德:《合作的进化》(修订版),吴坚忠译,上海:上海世纪出版集团2007年版,第79页。
③ 这里所谓的噪声,是指行为体实施选择行为过程中的随机错误。
④ 〔美〕罗伯特·阿克塞尔罗德:《合作的复杂性:基于参与者竞争与合作的模型》,梁捷、高笑梅等译,梁捷校,上海:上海世纪出版集团2008年版,第40页。

思维。① 在国际关系领域,"你输我赢、赢者通吃"这种旧思维的形成,是传统的以主权国家为基本单位、以国家利益最大化为主要诉求的"原子式国际社会"运行的必然结果;"丛林法则"是它的理论基础,"修昔底德陷阱"则是它在大国关系上的思想形态。然而,在国家间的相互联系和相互依存程度空前加深、彼此间的利益复杂交织的大背景下,世界的整体性空前凸显,人类不同群体"一荣俱荣、一损俱损"。因此,零和思维已经大大落后于时代;一国如果依然基于这种思维处理对外事务,必然招致外交失败甚至"外交崩溃",国家利益也势必因此受到程度不等的损害。因此,我们必须跟上时代前进步伐,更新思维方式,"不能身体已进入二十一世纪,而脑袋还停留在过去,停留在殖民扩张的旧时代,停留在冷战思维、零和博弈老框框内"。②

其次,中国主张处理好国家利益与国际利益的关系。国家利益与国际利益的矛盾是客观存在的。面对这一矛盾,不同国家的处理方式存在很大差别。有些国家特别是一些传统大国在处理对外关系的过程中追求国家利益最大化,不顾及他国的正当关切和合法利益,不惜损人利己、以邻为壑,当然它们也因此遭到其他国家的强烈反对和坚决抵制。作为一个拥有"义以为上"价值的文明古国和国际主义传统的社会主义大国,中国一方面把"坚决维护国家的核心利益"确立为"中国外交的神圣使命",宣示"任何外国不要指望我们会拿自己的核心利益做交易,不要指望我们会吞下损害我国主权、安全、发展利益的苦果","在涉及我国核心利益问题上,我们要敢于划出红线,亮明底线";③另一方面,中国又充分尊重其他国家维护本国合法利益的正当权利,找寻和扩大彼此利益的共同点和交互点,积极维护世界各国的共同利益,并将其与本国利益结合起来,编织紧密的共同

---

① 参见习近平:《弘扬和平共处五项原则 建设合作共赢美好世界——在和平共处五项原则发表60周年纪念大会上的讲话》。
② 习近平:《顺应时代前进潮流 促进世界和平发展——在莫斯科国际关系学院的演讲》,载《光明日报》2013年3月24日第2版。
③ 中华人民共和国国务院新闻办公室:《中国的和平发展》(2011年9月),第18页。

利益网络,打造利益共同体。中国坚持正确义利观,重义轻利甚至舍利取义,在与那些长期对华友好且自身发展任务艰巨的周边国家和其他发展中国家的交往中,更多考虑对方利益,多予少取或只予不取,而不是唯利是图,锱铢必较。这方面的最新体现,就是中国周边外交的"惠"理念、对非外交的"实"字诀、面向加勒比友好国家设立优惠贷款和基础设施建设专项贷款的行动、为太平洋岛国中最不发达国家97%税目的输华商品提供零关税待遇。

(五)共进

所谓共进,就是共同进步。作为一种外交核心价值观,共进是指中国愿意与世界各国共同向前发展,不赞成把世界长期发展建立在一些国家越来越富裕而另一些国家却长期贫穷落后的基础之上。共进的近期目标是建立公正合理的国际新秩序,远期目标是建成持久和平、共同繁荣的和谐世界;而发展合作共赢的新型国际关系、构建利益共同体和命运共同体,则是实现共进的基本途径。

共进是共赢的逻辑延伸和必然结果。各国在国际互动中共同获益,将在整体上提升人类共同福祉的水平,体现为人类在物质和精神两个维度上不同程度的进步。共进也是当今时代的基本特征之一。著名国际法学家易显河曾从国际法角度阐述过这一点。他认为,在不同时代,国际法在主体、形成、内容以及执行等方面是不同的;某一时代的国际法主题是时代精神的体现。在后冷战时期的今天,国际法的主题是共进。共进国际法(international law of Co-progressiveness)包罗万象,因而是"共同的"(Co);在促进道德或伦理进步方面比在其他方面更为专注,且以人类繁荣为其终极目标,所以它又是"进步的"(progressiveness)。[1]

奉行共进这一核心外交价值观具有以下意涵。首先,中国将与其他发展中国家共同进步。发展中国家占全球国家的总数超过三分之二,是影响世界和平与发展的关键力量。中国明确地将自身定位

---

[1] 参见易显河:《向国际共进法迈进》,载《西安政治学院学报》2007年第1期。

为发展中的社会主义大国,并确认"广大发展中国家是我国走和平发展道路的同路人"①,据此,中国愿意不断"加强同广大发展中国家的团结合作,共同维护发展中国家正当权益,支持扩大发展中国家在国际事务中的代表权和发言权,永远做发展中国家可靠朋友和真诚伙伴"。② 中国与其他发展中国家的共同进步,将进一步提升发展中国家的整体实力,使世界力量对比更加均衡化;将进一步促进发展模式的多样化,使世界经济发展更加可持续。而这一切都将有利于世界的整体稳定与共同繁荣。

其次,中国愿意与发达国家共同进步。发达国家特别是其中的大国,是影响世界和平与发展的重要力量。中国与发达国家共同进步,意味着世界稳定有了压舱石,世界发展有了助推器。中国有与发达国家共同进步的强烈诉求和切实行动。美国是当今世界的首要大国,中国希望与美国走出一条不同于历史上大国冲突对抗的新路,共同致力于构建不冲突不对抗、相互尊重、合作共赢的新型大国关系。近年来,中美两国携手应对国际金融危机的影响,努力推动世界经济复苏;围绕有关双边、地区以及全球性问题开展密切协调,合力应对攸关人类前途命运的挑战;深化双边各领域的务实交流合作。欧洲是"西方文明"的发祥地,也是多极化世界的重要一极;欧盟是中国第一大贸易伙伴,中国则是欧盟第二大贸易伙伴,双方互为最重要的市场。中国始终高度重视欧洲在和平与发展中的重要地位和作用,努力将中欧两大力量、两大市场、两大文明结合起来,共同打造中欧和平、增长、改革、文明四大伙伴关系,不断提升中欧全面战略伙伴关系的全球影响力。俄罗斯在地缘政治和全球事务中均具有重要影响,"中俄关系是世界上最重要的一组双边关系,更是最好的一组大国关

---

① 中共中央宣传部:《习近平总书记系列重要讲话读本》,北京:学习出版社、人民出版社2014年版,第150页。

② 胡锦涛:《坚定不移沿着中国特色社会主义道路前进 为全面建成小康社会而奋斗——在中国共产党第十八次全国代表大会上的报告》,北京:人民出版社2012年版,第48页。

系。一个高水平、强有力的中俄关系,不仅符合中俄双方利益,也是维护国际战略平衡和世界和平稳定的重要保障"。① 两国领导人宣誓要永做好邻居、好朋友、好伙伴,并以实际行动坚定支持对方维护本国核心利益,坚定支持对方发展复兴,坚定支持对方走符合本国国情的发展道路,坚定支持对方办好自己的事情。中国与各大国的共同进步将深刻改变世界的整体面貌。

结语

本文在对"外交核心价值观"这一概念进行界定,并对中国外交核心价值观的构建依据进行分析的基础上,将"共存、共享、共治、共赢、共进"确立为中国外交核心价值观,并认为它们构成中国外交价值体系的内核,其中,共存是价值基础,共享、共治、共赢是价值准则,共进则是价值目标。中国外交核心价值观是社会主义核心价值观在外交领域的延伸和体现。它们汲取中国优秀传统文化精髓,承继中国外交优良传统,反映中国社会制度特点,顺应国际关系发展潮流,契合人类共同价值体系。它们向古老的外交领域贡献了新鲜的"中国智慧",向纷乱的全球治理事务发出了简洁的"中国倡议",向宏大的构建新型国际关系行动提供了具体的"中国路径"。中国外交应当在深刻理解内外环境新变化、新特点、新趋势的基础上,全方位、多领域、多层次地培育和践履这些核心价值观,并进行体制、机制和观念的创新,从而走出一条前无古人的新型大国外交之路,并为维护世界和平稳定、促进人类共同进步不断做出新贡献。

需要强调的是,中国在践履上述外交核心价值观的实践中,应当采取积极而不失审慎的态度,学习和借鉴其他国家的外交核心价值观。世界各国均有自己的外交核心价值观,这是它们在国际社会中生存和发展的精神支点,也是影响它们处理包括对华关系在内的所

---

① 习近平:《顺应时代前进潮流 促进世界和平发展——在莫斯科国际关系学院的演讲》。

有对外关系、应对各种全球性挑战的深层次原因。各国外交核心价值观由于构建依据的影响,既存在明显差异,也确有某些交汇点。我们应当运用利益共同体和命运共同体的新视角,秉持同舟共济、合作共赢的新理念,全面审视中国与他国的外交核心价值观的关系,努力寻找和扩大彼此的交汇点,以共识促共存、共治、共享、共赢,并在此基础上实现共进。

本文原载《世界经济与政治》2015年第5期,收入本书时对个别地方的文字做了修改。

政治文明与当代中国外交

【内容摘要】

　　一国国内政治文明的状况会直接或间接地反映在其外交活动中,而一国在外交活动中习得的经验,增长的见识,所感受到的实在或潜在的压力,又有可能转化为推动本国政治文明发展的动力。1949年以来中国政治文明发展与外交事务存在明显的互动关系。中国的政治文明愈发展,外交政策就愈理性,公众对外交事务的参与就愈深入。而中国外交的发展也对国内政治文明发展起到积极的推动作用。未来应大力培养公民健康的政治心态,不断提升公民的政治理性;高度重视制度建构,进一步疏通和规范普通公民参与外交活动的渠道,充分发挥各种非政府组织在中国总体外交中的作用。

目前,政治文明研究是国内学术界的一个热点。但笔者在研读有关著述时发现,绝大部分学者是在国内政治意义上来讨论这一问题的。至于政治文明建设对中国外交的影响,目前仅有个别国际关系学者有所涉及。如,王逸舟研究员曾从市民社会成长及其作用的角度,透视了当代中国外交的若干进步及其动因;① 刘建飞教授认为,"着眼于战略机遇期后的中美关系发展和中国外部环境营造,中国必须加快民主政治建设的步伐。民主政治建设是影响未来中美关系的最重要的结构性因素"。② 但囿于研究的重心,前述研究涉及的只是政治文明中的个别方面与外交的关系。因此,研究的角度、研究的内容均有待进一步拓展。基于此,本文拟在规范研究的基础上,系统回顾1949年以来中国政治文明与外交的互动状况,对其基本特点进行初步总结,并为我国未来处理政治文明和外交的关系提供一些建设性思路。

一、政治文明与外交的关系:逻辑分析

要把握政治文明与外交之间关系,应当从分析两个概念的内涵入手。

首先看一下"政治文明"的内涵。关于"政治文明"一词的含义,学术界已多有论述。笔者认为,政治文明反映了人类在政治领域的进步状态,是人类在改造自然和改造社会中所获得的全部政治成果的总和。它包括三个方面的内容:一是制度文明,即政治制度与政治体制、法律制度与法律体制的文明;二是行为文明,即政治行为和法律行为的文明;三是观念文明,即政治意识和法律意识的文明。某一政治文明的形成与发展,受制于特定社会(国家)的政治环境、历史传统、民族性格等因素。而政治环境中的一定阶级关系状况尤其具有决定性影响。因此,政治文明具有鲜明的阶级性。这种阶级性具体

---

① 参见王逸舟:《市民社会与中国外交》,载《中国社会科学》2000年第3期。
② 刘建飞:《中国民主政治建设与中美关系》,载《战略与管理》2003年第2期。

表现为：一国政治文明的现状、发展方向，总是与该国统治阶级的政治思想、政治意志和利益诉求密切相关。

接下来，我们再探讨一下"外交"的内涵。自1796年伯克首次使用"diplomacy"（外交）一词以来的两个多世纪中，政治家和学者对"外交"一词做了各种各样的解释。在笔者看来，外交是主权国家使用和平方式处理国家间关系、参与国际事务的全部活动，是其对外行使主权的行为。外交活动的主体是主权国家（通过它的正式代表机构与人员进行）；外交活动的对象是各国政府及其当权者；外交活动的出发点和最终目的是实现、扩展或维护国家利益。尽管当今外交已经是总体外交，外交活动可以采取官方、半官方、民间等形式，但外交问题的真正解决必须通过官方的正式活动。

从上述两个基本概念的内涵可以推断，一国国内政治文明的状况会直接或间接地反映在其外交活动中——选择外交活动的方式，界定外交活动的目的，进而影响外交活动结果的分配。这已为近代以来的外交实践所证实。例如，民族国家诞生后的很长一段时间里，秘密外交盛行，帝国主义和强权政治猖獗，由此导致一场又一场血腥的战争，给人类带来了巨大的灾难。第一次世界大战结束以后，时任美国总统W.威尔逊明确提出废除秘密外交，积极倡议建立集体安全体系，以维护世界的和平与秩序。又如，近代以来，沙俄政府在对外关系中一直奉行侵略和扩张政策。但在十月革命胜利后的第二天，新生的苏维埃政权即颁布《和平法令》，谴责帝国主义战争的非正义性，呼吁立即终止正在进行的战争，进行正义的民主的谈判，缔结不兼并不赔款的和平条约。稍后，苏维埃政府又陆续宣布放弃沙俄政府对东方各民族的帝国主义政策，放弃沙俄政府强迫中国签订的一切不平等条约，废除对伊朗和土耳其的一切秘密条约以及俄普奥三国瓜分波兰的条约。

不仅如此，一国在外交活动中习得的经验，增长的见识，所感受到的实在或潜在的压力，又有可能转化为推动本国政治文明发展的动力。例如,近年来,随着国家间相互交往程度的进一步深入,加之信息技术的快速发展,国际政治生活的透明度日益增强,加强国际合作、推进国际关系民主化已成为客观趋势和大多数主权国家的强烈要求。国际关系民主化倾向日益凸显。2000年6月通过的《走向民主社会的华沙宣言》,有106个国家签署,占联合国会员国总数(189个)的一半以上。国际关系民主化不仅对各国外交活动是一种有力的约束,而且对各国国内的政治发展程度不同地产生了积极的影响。在当今世界,一国政府侵犯本国公民民主权利的行为不仅必然遭到国际社会的广泛谴责,甚至有可能招致严厉的制裁,因此,一些独裁者不得不在国内政治活动中适当地约束自己的行为,以维护自己的统治地位。

总之,一国政治文明状况与其外交存在密切的互动关系。了解这一点,对于我们认识和把握两者各自的发展、处理彼此之间的关系具有重要意义。

二、1949年以来中国政治文明与外交的关系:概况及基本特点

1949年新中国的成立,无论对中国的政治文明而言,还是对中国外交来说,都具有里程碑的意义。就政治文明而言,代表中国最广大人民根本利益的中国共产党执掌了国家政权;广大民众在政治上翻了身,"中国的命运"已经"操在人民自己的手里"①;社会主义意识形态成为中国的主导意识形态。政治领域的这种变化反映在外交领域,就是新中国外交与旧中国外交有了根本的区别。关于旧中国外交的实质,周恩来曾作过精辟的阐述。他说:"中国的反动分子在外交上一贯是神经衰弱怕帝国主义的。清朝的西太后,北洋政府的袁世凯,国民党的蒋介石,哪一个不是跪倒在地上办外交呢?中国100

---

① 《毛泽东选集》第4卷,北京:人民出版社1991年版,第1467页。

年来的外交史是一部屈辱的外交史。"①而自1949年以来的50多年间,"不管国际风云如何变幻,我们始终不渝地奉行独立自主的和平外交政策"。②

(一) 1949年以来中国政治文明与外交的关系的概况

1. 新中国成立之初到20世纪50年代中期

新中国成立之初,中国共产党人是在借鉴苏联模式、总结根据地政权建设经验的基础上来构建新的政治文明的。这一时期的前半段实行的是新民主主义政治,其中最突出的例证,就是成立了包括各民主党派在内的联合政府,多位民主党派人士在中央政府担任要职。而在1953年过渡时期总路线提出后,中国共产党的一元化领导体制形成,国家和社会的权力逐渐横向集中于党组织,纵向集中于党中央。这一点从中央政府组成人员的政党归属上可以清楚地看出来。在1954年产生的新一届政府中,国家主席和副主席、国务院总理和副总理均是共产党员。民主党派在国家政治生活中的地位和作用较此前明显下降。虽然在这一时期,党政不分、以党代政、以言代法的弊端已经显现,但由于此时中国共产党内部的民主空气总体上是浓厚的,党的团结也比较好,党的领导层在政策上和工作中的一些分歧,尚能经过党内正常的讨论,达到意见的协调或认识的一致,因此,国内政治局面大体良好。

上述政治局面,保证了这一时期中国外交路线、方针和政策的正确性。新中国成立伊始,两极对峙的世界格局已经形成;美国对控制中国大陆的新生共产党政权实施遏制和封锁政策,苏联则向新政权伸出了援助之手。有鉴于此,新中国在外交领域实行"一边倒"和集中力量反美的国际战略是很自然的事情。在50年代中期以前,新中国致力于解决同周边国家的历史遗留问题,积极参与亚非会议等做

---

① 转引自周溢潢:《学习毛泽东关于独立自主的外交思想与实践》,载裴坚章主编:《毛泽东外交思想研究》,北京:世界知识出版社1994年版,第140页。

② 中共中央宣传部:《"三个代表"重要思想学习纲要》,北京:学习出版社2003年,第96页。

法,展现了国际主义与爱国主义相结合的社会主义对外政策的特点;在处理国家间矛盾时表现出的高度原则性和高度灵活性,在国际上敢于展开必要斗争和支持正义事业的行动,体现了独立自主的和平外交本质和说话算数的外交风格。总之,在"另起炉灶"基础上开始的新中国外交在比较短的时间内就打开了一定的局面,取得了一定的成就。

当然,我们也应当看到,由于"一边倒"战略所凸显的是意识形态认同,中国外交在这一时期丧失了某些灵活性。这在与南斯拉夫的关系中有明显的体现。此外,由于两极冷战对峙,意识形态的深刻分歧,这一时期的中国领导人对意识形态认同与国家利益的关系产生了误解,对国际关系的本质或有所失察或认识不充分。①

在这一时期,普通中国公民对国家的外交活动是没有什么影响的。如果说有什么影响的话,也仅限于出现在由官方组织的与外交活动有关的重大政治集会上。在这一时期颇有成就的"民间外交"实际上是另一种形式的官方外交,这可以从开辟民间外交渠道的目的和从事民间外交的活跃人士的身份两个方面很明显地看出来。普通中国公民一般对党和政府的外交路线、方针、政策的正确性坚信不移。这一方面是由于外交领域的特殊性使得普通公民无从知晓外交活动的秘密,同时也是由于中国共产党的巨大政治权威发挥了强有力的辐射作用。

2. 20 世纪 50 年代中期到 1978 年

20 世纪 50 年代中期以后,"左"倾思想在中国日益泛滥,最高领导人的权威不正常地膨胀,中国政治文明随之也出现了不正常状态,并于"文化大革命"期间达到顶点。在 1966 年至 1975 年的 8 年时间里,全国人民代表大会及其常委会没有举行过一次会议——实际上

---

① 参见刘建平:《新中国的原点》,北京:西苑出版社 1999 年版,第 99 页;阎学通:《中国国家利益分析》,天津:天津人民出版社 1996 年版,第 255—256 页。

已经名存实亡,完全失去了最高权力机关的作用。① 国家元首制度也遭到严重破坏,国家主席一职曾长期空缺。"75宪法"干脆取消了国家主席这一重要建制,但又未明确规定谁是国家元首以及谁对内外代表国家,原先属于国家主席行使的一些主要职权分由几个部门行使。② 这一时期普通中国公民参与政治的最主要途径,就是以群众直接批判广大干部为基本形式的所谓的最革命的"大民主"。

国内政治中的严重混乱局面直接波及了外交领域。这一时期的中国外交可谓问题多多。

1956年匈牙利事件爆发以后,中国共产党的最高领导层对国际形势的判断开始出现偏差。1964年中苏关系破裂后,中国结束了前一时期按社会制度划线来处理国家关系的做法;但与此同时,一种更加"革命化"的意识形态因素却广泛地渗入到了外交活动中,外交工作被明确地要求为"世界革命"服务。"文化大革命"期间,中国外交决策权高度集中的体制甚至一度遭到破坏。由此造成中国外交出现了不少失误和失态——其中最典型、国际影响也最坏的,是1967年7、8月间在北京发生的"三砸一烧"事件③。种种严重有违国际法和国际惯例的举动,极大地损害了中国的国际形象,导致一些国家同中国的关系疏远。④ 以至于1969年3月毛泽东在一次谈话中不无忧虑地说:我们现在孤立了,没有人理我们了。⑤ 正是这种孤立感,加之苏联此时给中国国家安全所造成的现实威胁,促使毛泽东重新思考中国外交的基本战略,做出了打开中美关系大门、同日本正式建交等

---

① 参见陈永亮:《中国全国人民代表大会的外交职能》,载肖佳灵、唐贤兴主编:《大国外交——理论·决策·挑战》下册,北京:时事出版社2003年版,第403—404页。

② 参见侯颖:《中国国家主席的外交职能变迁》,载肖佳灵、唐贤兴主编:《大国外交——理论·决策·挑战》下册,第427—429页。

③ 所谓"三砸",就是砸印度、缅甸和印度尼西亚驻华使馆;"一烧"就是火烧英国驻华代办处。

④ 在"文化大革命"开始后的一年多时间里,中国同建交和半建交的40多个国家中的近30个先后发生了外交纠纷,个别使领馆被迫关闭,与一些国家的外交关系降了格。参见谢益显主编:《中国当代外交史》,北京:中国青年出版社1997年版,第268页。

⑤ 参见刘建平:《新中国的原点》,第160页。

重大决断,①中国外交由此走出困境,并为后来邓小平发起的改革开放奠定了坚实的基础。但是,我们在赞许毛泽东远见卓识的同时,不能不特别指出的是,20世纪70年代初中国发生的外交革命,主要导源于毛泽东的个人因素。这一点在放弃对日战争赔偿这一事关中国国家利益的重大问题上体现得最为明显。虽然这一决断使得历史问题没有成为发展中日关系的绊脚石,但它体现的仍是毛泽东的个人意愿,而不是国家最高权力机构——全国人民代表大会(如前所述,此时该机构处于瘫痪状态)——的意志。因此,客观事实是,毛泽东个人凌驾于国家最高权力机构之上了。

3. 1978年至2003年

1978年以来,中国进入以改革开放为主题的新的历史时期,中国政治文明随之也进入一个新的发展阶段。从这时候起,中国共产党在保持现行政治体制相对稳定的情况下,承认这一体制存在某些弊端,并开始认真探索改革的最佳路径和模式。1980年邓小平发表著名的《党和国家领导制度的改革》的讲话,拉开政治体制改革的帷幕。是年,全国人民代表大会做出决议,废除"75宪法"中肯定"大鸣、大放、大辩论、大字报"的条款。1986年邓小平连续发表讲话,力倡政治体制改革。1987年召开的中国共产党第十三次全国代表大会把政治体制改革提到了空前的高度,并初步规划了这一改革的蓝图。但1989年在北京等地发生的"政治风波",使中国政治体制改革的步伐有所放慢。20世纪90年代中期,鉴于国内形势的好转和外部环境的松动,中国政治体制改革进程开始加速。中国共产党第十五次全国代表大会报告提出了依法治国、建立社会主义法治国家的口号;第十六次全国代表大会报告则明确提出了建设社会主义政治文明的新概念,并将其列为全面建设小康社会的重要目标。

在外交领域,这一时期,营造一个有利于现代化建设的和平国际

---

① 时殷弘认为,1972年尼克松访华就是中美两国在这个意义上的"外交革命",参见时殷弘:《中日接近与"外交革命"》,载《战略与管理》2003年第2期,第74页。

环境特别是良好周边环境成为国内各界的共识。结合对国际形势新的乐观的估计,中国政府对外交政策作了重大调整,开始奉行"不结盟,不对抗,不以意识形态划线"的方针,更加强调和平友好、广交朋友、平等互利、相互依存。中国外交进入一个崭新的发展阶段,即"告别了以往那种带着浓重意识形态色彩的理想主义的'革命外交',以积极主动的姿态自觉地朝着全面融入现存国际体系的道路前进"。①在同发达国家的关系进一步发展的同时,同社会主义国家的关系全面改善。1989年,邓小平同来访的戈尔巴乔夫举行了以"结束过去、开辟未来"为主题的最高级会晤。这是继1972年尼克松访华后中国的第二次"外交革命"。1989年至1991年间,面对东欧剧变、苏联解体的严峻局面,中国表示尊重这些国家人民的选择,并很快同俄罗斯等前社会主义国家建立了正常关系。在此期间,中国还顶住了西方七国的集体制裁。90年代中后期,中国与各主要大国建立了一系列新型伙伴关系。1996年,中国发起"上海五国"(后衍化为"上海合作组织")。2000年,中国加入世界贸易组织。2001年"9·11"事件发生以后,中国加强了同包括美国在内的世界各国在反恐领域的合作,但在阿富汗、伊拉克两大问题上却采取了极为审慎的态度。2003年7月,中国应邀首次参加"八国首脑会议"。几乎与此同时,中国还积极斡旋朝鲜核危机,并进行了首次"穿梭外交"。实践表明,对自己的经济和政治实力显得很自信的"中国已经成为国际舞台上一个越来越老练和成熟的角色,一个越来越看重能够保持经济强势发展的实用外交路线的大国"。在一系列重大问题上,"中国采取的是最终将国家利益置于国际社会这个大环境之内而非国际社会之外的建设性政策"。②

在这一时期,虽然中国共产党仍是中国外交政策的制定者和实

---

① 章百家:《改变自己、影响世界——20世纪中国外交基本线索刍议》,载《中国社会科学》2002年第1期,第16页。
② 《美刊评论:中国已成为国际舞台老练成熟的角色》,http://www.china.com.cn/chinese/HIAW/430557.htm。

施者,但由于国内政治文明的进步,民主制度的完善,特别是在中国因加入世界贸易组织、申办奥运会成功而更深地融入外部世界之后,普通中国公民对国家外交活动的关注程度呈逐渐上升之势,参与意识不断增强,对中国外交的实际影响较以往有所增加。1996年,在中美关系因"台海危机"而跌入低谷之际,由北京的几位大学教师、记者和自由撰稿人合作完成的《中国可以说"不"》一书曾风靡一时,几至洛阳纸贵。2002年底,由《人民日报》新闻评论员马立诚撰写的《对日关系新思维——中日民间之忧》(刊载于《战略与管理》2002年第6期)一文引发的关于中国对日政策的大范围的激烈辩论,至今余波未平。2003年春天,在伊拉克战争爆发前夕,韩德强、余杰等北京学者和葛红兵、朱学勤等上海学者通过发表声明和文章、发起网上签名等方式,就战争的性质及应采取的态度展开针锋相对的论战,并试图影响中国政府的相关政策。同年7月,在京沪高速铁路到底选用日、德、法哪一个国家的技术的讨论中,由爱国者同盟网发起的"反对使用日本新干线技术"的网上签名,得到了8万多人的积极响应。

在这一时期,普通中国公民参与和影响中国外交有两个值得注意的情况:

第一,国内媒体对中国外交的关注和影响程度逐渐加深,并呈现出一些与以往不同的特点:一是媒体言论出现多样化。那些具有民间色彩的媒体自不待言,即使是历来步调一致的官方媒体也开始有了某些差异性。一些官方媒体、半官方媒体,或组织对敏感和热门话题的讨论,或发表一些与政府正在实施的外交政策主旨有所不同的文章,如《世界知识》杂志有关时代主题的讨论、《人民日报》副刊《环球时报》的有关论坛所刊发的文章就是如此。二是具有开放和便捷等特性的互联网,已成为普通中国公民获取国际事务和中国外交信息的重要渠道以及发表相关看法的大平台。

第二,非政府组织(NGO)对外交的影响加深。自改革开放以来,随着政府的权力下放、市场力量的增强以及公民社会的成长,我国非政府组织的数量激增。① 除了一些具有官方色彩的非政府组织继续从事宣传和维护中国政府的外交政策、承担政府的一些对外人道主义援助职能的活动外,②有些比较纯粹的非政府组织还通过以下两种方式影响中国外交:一是为中央政府的外交决策提供信息和咨询。例如,1990年代后期以来,一些独立的研究机构对国家利益、国家安全和全球化等问题的探讨,影响甚至改变了中国外交决策者的基本看法,并反映到了中国的具体外交政策中去。中国政府和领导人近年来大力倡导的国际关系民主化、新安全观等就是如此。③ 二是改造和培育普通中国公民的观念和意识。比如,近年来,普通中国公民对环境、人权、核武器和艾滋病等全球问题的认识在整体上有所进步,有关非政府组织的努力功不可没。而这种观念和意识构成了中国外交决策者在制定政策时不能不考虑的内部变量。

对普通公民参与外交的热情及有关活动,中国官方的反应虽仍有"不如人意之处",但"的确较过去更加开明和接近国际标准"。④ 1999年5月,在因中国驻南斯拉夫大使馆被炸而爆发的大规模抗议活动进行2天之后,时任国家副主席的胡锦涛发表电视讲话,一方面肯定了抗议活动中所表现出来的爱国热情,另一方面又呼吁广大民众以大局为重保持克制。唐家璇在外交部长任内也曾多次表示,欢迎普通公民对中国外交发表意见。此外,外交部在自己的网站上开通了"中国外交论坛",通过嘉宾访谈、公告板等形式,提供各方发表的意见和见解;包括现任外交部长李肇星在内的外交部高级官员还多次通过网络直接与网民就国际事务和中国外交中的重大问题交换

---

① 在我国,这类组织通常被称为"社会团体",简称"社团"。参见王名等编:《中国社团的兴起》,北京:社会科学文献出版社2001年版。

② 参见杨阳:《中国的非政府组织与中国外交》,载肖佳灵、唐贤兴主编:《大国外交——理论·决策·挑战》下册,第676—678页。

③ 外交部副部长王毅在外交部读书学习会上就说过,现在学术界思路非常开阔,外交部讲的新安全观从学者的论述中得到启发。参见王逸舟:《中国国际关系理论:对成就与缺失的几点感受》,载《世界经济与政治》2003年年第4期,第11页。

④ 王逸舟:《市民社会与中国外交》,第30页。

看法。近日,外交部还首次设立了"公众开放日",成立了公众外交处,开放了部分外交档案。

(二)关于1949年以来中国政治文明与外交的关系的简短总结

第一,社会主义制度在中国的确立,为中国政治文明的发展开辟了广阔空间;而政治文明的进步又为新中国外交的健康成长奠定了坚实基础。

第二,政治文明和中国外交存在着明显的互动关系。中国政治文明越发展,政治文明的程度越高,中国外交政策就越理性,外交活动方式就越符合国际惯例,中国的国际形象就越好,发展的外部环境就越理想,外交的自信心也就越强。反过来,中国外交的发展,对外交往范围的扩大和程度的加深,大大拓展了包括政治领袖在内的广大中国公民的视野,人们已经确立这样一些理念:没有民主就没有社会主义;依法治国,建立社会主义法治国家;尊重人的尊严与价值;等等。这些无疑对中国政治文明建设(无论是观念层面,还是行为层面、制度层面)具有积极的推动作用。

第三,随着中国融入国际社会的程度加深,国际社会的状况对中国国内社会的影响增大,普通中国公民对外交的关注程度呈逐步上升之势,并试图对政府的外交活动施加某种影响,且确实产生了一些影响。但限于多方面的原因,迄今为止,这种影响还十分有限。

第四,普通中国公民对外交的参与具有明显的层次差异。表现在文化层次上,就是受过高等教育的公民明显高于其他教育程度的公民;表现有地域上,就是发达的中心城市特别是北京、上海等地的公民明显高于其他地区的公民;表现在职业上,就是就职于教育、研究机构的公民明显高于其他职业群体。

三、在政治文明建设中推动中国外交的发展

毫无疑问,无论是中国的政治文明,还是中国外交,在21世纪前期都将有比较大的发展。而这两者对于中国全面建设小康社会乃至

基本实现社会主义现代化都具有十分重要的意义。笔者认为要发展社会主义政治文明,搞好中国外交,未来至少还必须做好以下几个方面的工作。

1. 大力培养公民健康的政治心态,不断提升公民的政治理性

社会主义政治文明建设的一个重要内容,是公民现代政治观念、态度的培养和提升。而要做到这一点,需要从对外和对内两个方面着手。

对外,就是培养开放性的健康心态。近代以来,中国在外交活动中曾饱受列强欺凌。即使在当代,面对某些大国的强权政治和霸权行径,中国外交也不得不在有所作为中强调韬光养晦。这对以拥有五千年悠久文明而自豪的中国人来说,不能不在心理上造成一种压抑感甚至出现某种扭曲。这方面的一个重要表现,就是自卑与自豪交织,自尊与敏感相伴。这对中国外交活动已经产生了某些不利的影响。要进一步提升中国外交的质量,我们就必须在对外交往中努力培养一种开放性的健康心态,平等对待所有民族和文明。而做到这一点的前提,就是承认并尊重文明的多样性。"各国文明的多样性,是人类社会的基本特征,也是人类文明进步的动力。"①世界上的任何一种文明,都包含许多真知灼见,都是人类聪明才智的凝结。在中国日益融入全球化进程并在国际事务中日益发挥重要作用的大背景下,我们应当培养一种海纳百川的胸襟和气度。以世界人民的根本利益为重,不计较社会制度和意识形态的差别,在和平共处五项原则的基础上,努力扩大与其他国家共同利益的汇合点,妥善解决彼此的分歧。

对内,就是培养公民理性地对待本国政府的外交政策和行为、在宪法和法律的范围内行使自己的参与权利的意识。必须使普通公民明确:外交活动具有很强的技术性,需要专门的知识、技能和经验,有时这种活动甚至需要秘密进行。由于在信息占有、处理等方面的明

---

① 中共中央宣传部:《"三个代表"重要思想学习纲要》,第95页。

显劣势,普通公民对外交事务的见解往往失之偏颇。在一个民主和法治的社会中,公民当然有权通过发表意见、提出建议甚至通过组织集会和游行示威等方式,以期对本国外交施加某种影响,但这些行动都必须以遵守宪法和法律为前提,不能颠覆现存的合法产生的行政体系的正常运行。

2. 重视制度建构,进一步疏通和规范普通公民参与外交活动的渠道

加强制度建设,实现民主政治的制度化、规范化和程序化,是政治文明建设的必然要求。而扩大政治参与则是政治文明建设的重要途径。在社会主义社会,"人民群众是先进生产力和先进文化的创造主体,也是实现自身利益的根本力量。"①基于这一逻辑,人民群众也是社会主义民主建设的主体。人民当家作主的地位集中体现在政治参与的广度和深度上。而现阶段普通中国公民政治参与的状况与此还有相当大的差距。我们的政府应当认识到:"在一个民主的国家中,没有公众的理解和支持,外交政策就不可能成功地执行。"②因此,政府必须依法建立制度性的渠道,将普通公民参与外交的活动纳入制度化、法治化的轨道。

3. 充分发挥各种非政府组织(NGO)在中国总体外交中的作用

非政府组织是现代政治文明发展的结果;而众多非政府组织对国内政治参与程度的提高和对外交问题讨论的广泛和深入,又必将有力地推动政治文明的发展。可以预计,随着政治文明建设的深入,市场经济的进一步发展,将有数量和种类更多的NGO在我国出现。面对这一趋势,我国政府除了继续发挥这类组织在国内政治生活中的桥梁、纽带作用外,还要注意发挥那些具有外向型特点的NGO在

---

① 江泽民:《在庆祝中国共产党成立八十周年大会上的讲话》,载《论"三个代表"》,北京:中央文献出版社2001年,第163页。
② 〔美〕H.摩根索:《国家间政治——为权力与和平而斗争》,杨歧鸣等译,北京:商务印书馆1993年版,第658页。

多边外交中的作用。① 政府应当鼓励组织机构健全和有涉外能力的 NGO 到联合国经济及社会理事会去申请咨商地位,加强中国在世界 NGO 运动中的声音,同时放手让我国的 NGO 到民间多边外交舞台上去锻炼和学习,从而丰富中国外交的手段,拓展外交活动的领域。

本文原载《国际观察》2004 年第 3 期。收入本书时,标题及内容有一定的修改。

---

① 囿于多方面的原因,目前我国外向型非政府组织的数量还很少。在联合国经社理事会获得咨商地位的 1350 个非政府组织中,中国只有 4 家,且其咨商地位获得的时间都不长,工作局面还有待打开。参见杨冠群:《关注蓄势待发的世界非政府组织运动》,载《国际问题研究》2001 年第 3 期,第 57 页。

战略环境与国家方略

社会公正与中国大战略

【内容摘要】

构建和谐社会与构建和谐世界,是当代中国大战略的两翼。要有效实施这一大战略并达到预期目标,必须在国内大力倡导社会公正这一基本价值,并积极构筑起相应的机制和体制。这是因为,没有社会公正,就无法构建起真正意义上的社会主义和谐社会;没有国内和谐社会这一支点,中国倡导的和谐世界理念就不可能在全球范围内得到广泛传播和普遍认同,相应的实践也就无法产生预期效果。

一、构建和谐社会与和谐世界是当代中国的大战略

大战略(grand strategy)又称总体战略、国家总战略或国家大战略,它包含国际战略或曰"对外战略"、

国内战略或曰"内政发展战略"两个方面。① 至于如何看待和处理两者之间的关系,国际关系学界是存在分歧的。按照在大战略研究领域具有重要影响的结构现实主义的观点,一国大战略的选择应当不受国内制约因素的妨碍,一个国家如果允许其国内政治因素左右其大战略的制定,那么不久它就会发现其国际地位受到了伤害。② 而理查德·罗斯克兰斯(Richard Rosecrance)和阿瑟·斯坦(Arthur A. Stein)等学者则认为,一国大战略的制定和实施,主要取决于其国内的各种因素,包括政治、经济和观念三个方面,而不能仅仅考虑国际体系结构的制约。③

谋求在和平发展中实现民族复兴的当代中国,无疑需要有一个统筹考量、内外兼顾的大战略;否则,国家将无法有效地使用既有的各种资源,并在内外行动上保持统一、协调与连续,从而也就不可能顺利克服国家发展过程中遇到的各种困难和问题。

迄今为止,对于当今中国是否拥有自己的大战略,各方仍存在不小的分歧;中国的执政党和中央政府的确也未发布过任何官方文件对此加以阐述。但正如王缉思教授所提示的那样,我们可以从近年来中国共产党和中国政府所倡导的理论、观念和实施的政策中,推导出对这一问题的基本看法。④ 笔者认为,当今中国已经有了自己的大战略,尽管其仍然只是一个有待完善的基本框架。这一大战略的两翼分别是构建和谐社会与构建和谐世界;前者是国内战略,后者则属于国际战略的范畴。就两种战略的相互关系及各自对国家大战略的影响而言,笔者同意上述两位美国学者的观点,即前者的地位更为重要,影响也更大。具体地说,中国构建和谐社会的努力与绩效,是其倡导并践履和谐世界理念、实施构建和谐世界战略的支点。而这

---

① 参见叶自成:《中国大战略》,北京:中国社会科学出版社2003年版,第1页。
② 参见〔美〕理查德·罗斯克兰斯、阿瑟·斯坦主编:《大战略的国内基础》,刘东国译,北京:北京大学出版社2005年版,第6,8页。
③ 同上书,第11—14页。
④ See Wang Jisi, "China's Search for A Grand Strategy", *Foreign Affairs*, March/April, 2011.

一内容十分广泛、操作上极为复杂的社会实践能否最终取得成功,所需要的国内条件当然很多,但其中一个至关重要的方面,就是社会公正这一基本价值的倡导与践履。

二、构建和谐社会是构建和谐世界的支点

中国构建和谐社会的实践是在全球化深入发展、国与国之间相互依存程度空前增强、自身坚持对外政策的大背景下展开的。这就使得构建和谐社会的诸多努力具有直接或间接的外部效应,同时也使得构建和谐社会对于构建和谐世界具有重要意义。

1. 中国能否保持国内经济持续稳定的发展,对世界经济的整体发展态势具有十分重要的影响

根据唯物史观,和谐社会需要坚实的物质基础,这一物质基础的形成与巩固有赖于中国经济持续而稳定的发展。而以往的实践表明,中国经济发展的良好态势在给自身带来多方面巨大收益的同时,也为国际社会其他成员提供了良好的发展机遇,从而大有益于整个世界经济稳定、健康的发展。① 不仅如此,中国为保持经济可持续发展而进行的各种形式的体制、机制创新,不仅有助于降低自身在经济安全方面所面临的各种威胁,摆脱可能陷入的发展困境,消除国际社会的种种忧虑和疑惧,而且可以为世界经济的整体转型提供经验、创造条件。由此可以推断,如果中国经济发展出现较长时期的停滞或者遭遇重大挫折,在体制、机制创新方面进展甚微甚至无所作为,不仅极有可能导致国内社会和政治领域出现严重问题,也肯定会对外部世界——首先是世界经济——产生严重不利的影响。近期国际社会对中国宏观经济未来几年走势的担忧,已经初步验证了这一判断。

---

① 相关权威数据,详见中华人民共和国国务院新闻办公室:《中国的对外贸易》白皮书(2011年12月)。

2. 中国民主政治的发展状况,对于能否实现中国与外部世界的良性互动同样有着十分重要的影响

胡锦涛曾指出,我们"要通过发展社会主义民主政治来不断加强和谐社会建设的政治保障"。① 这是对民主政治与和谐社会之间关系的准确概括。实际上,我们很难想象,一个政治体制不健全、人民的民主权利得不到保障的国家,能够有效应对、妥善处理各种复杂的社会矛盾,实现国内不同利益群体间的真正和谐共处,进而实现社会的高质量稳定和经济的可持续发展。而一国政治体制的不断完善、人民民主权利保障程度的不断提高,对其与外部世界之间良性互动局面的形成有正面的促进作用。笔者的一项研究显示,1949年以来,随着中国政治文明的进步,中国的国际战略和对外政策行为所体现的理性程度也在逐步提高。比如,在过去很长一段时间里,中国将自己摆在现存国际体系挑战者的位置上,并以此自诩,结果吃了不少苦头,且并未达到预期目标。冷战结束以后特别是进入21世纪以来,中国逐步认识到,自己实际上是现存国际体系的受益者,应当扮演该体系参与者和维护者的角色。至于该体系的种种不公正、不合理之处,应当用改革的办法来逐步克服,而不是用暴烈的手段遽然去打破它、颠覆它。② 这一认识也正是中国形成"做负责任的大国"理念的思想基础,与此相关的实践也已经得到国际社会的广泛赞许。总之,中国发展民主政治不仅具有十分重要的国内政治意义,在国际政治领域也有十分重要的影响。"中国可以不做西方式的民主国家,但中国一定要做一个非西方式的具有东方特点的民主国家"。③

3. 中国在构建和谐社会的进程中对传统文化优秀成分的充分发掘,可以为构建和谐世界提供有价值的思想资源

马克思曾指出,"人们创造自己的历史,但是他们并不是随心所

---

① 李慎明主编:《马克思主义国际问题基本原理》下卷,北京:社会科学文献出版社2008年版,第1286页。
② 参见王存刚:《政治文明与中国外交》,载《国际观察》2004年第3期,第39页。
③ 叶自成:《中国大战略》,第118页。

欲地创造,并不是在他们自己选定的条件下创造,而是在直接碰到的、既定的、从过去承继下来的条件下创造。"①而在这些制约人类创造历史的诸多条件中,文化是极为重要的一个方面,这与它的性质、内容及作用有着直接的关系。"作为规范的文化,它是一套对人们社会行动起指引和限制作用的规约,目的在于保障社会形成秩序和有效运转。"②因此,在文化全球化不断发展、跨文化传播成为常态、各种思想观念相互激荡的大背景下构建和谐社会,我们必然面临如何处理各种文化之间的关系——特别是如何处理历史悠久、内容驳杂的中国传统文化——的问题。而解决这一问题的关键,在于深入挖掘中国传统文化的优秀成分,并结合当代实践进行创造性转换,以实现有积极意义的"古为今用"。舍此,就无法进行广泛而有效的社会动员,并凝聚起全民族的意志和力量。研究表明,中国传统文化蕴涵的优秀成分俯拾皆是,诸如"和合"思想、"兼爱"思想、"天人合一"思想、"以人为本"思想等等。这些思想可以在构建和谐社会的进程中发挥积极而重要的作用。相关研究还显示,上述中国传统文化的优秀成分与当今世界所普遍认同的许多价值理念是相互吻合或者基本一致的。联合国教科文组织、世界文化与发展文员会联合发布的一份报告就指出:中国古代儒学大师孟子所说的"人皆有不忍人之心"的观点,像所有伟大文化传统一样,反映了人类"寻求安全、减轻痛苦的本能",从而构成全球伦理(global ethics)的第一个来源。③ 这一论断在一定程度上表明:中国传统文化的优秀成分是具有普适性的,可以为其他国家和民族所共享,从而成为一种全球范围内的集体认同(group identity)。而根据建构主义国际关系理论,集体认同一旦确立,就"具有因果力量,诱使行为体把他者的利益定义为自我利益的

---

① 《马克思恩格斯选集》第1卷,北京:人民出版社1995年版,第585页。
② 苏国勋、张旅平、夏光:《全球化:文化冲突与共生》,北京:社会科学文献出版社2006年版,第6页。
③ 参见联合国教科文组织、世界文化与发展文员会:《文化多样性与人类全面发展——世界文化与发展委员会报告》,张玉国译,广州:广东人民出版社2006年版,第3页。

一部分",①从而有效地降低各种国际行为体之间发生冲突的概率和烈度,促进彼此之间和谐关系的形成。

4. 中国营造良好外部环境的需要和努力,有利于维护和促进世界和平

基于国内社会和国际社会存在着日益频繁的互动关系的大背景,中国在构建和谐国内社会的过程中需要一个较长时期的良好外部环境——大体包括全球环境和周边环境两个方面——以最大限度地集中注意力实现自己所设定的宏伟目标。这种外部环境的最低要求是和平,即不发生大规模的武装冲突;最理想状况是和谐,即不同国家在差异中求合作,在冲突中求妥协,在多样性中求共生。基于这一基本诉求,"中国人不比世界上任何人更少关心和平和国际局势的稳定"。② 而要营造良好的外部环境,就需要中国在复杂多变且在本质上是一种无政府状态的国际社会中,制定和执行一整套以"和平发展"为主线的国际战略和对外政策,充分尊重世界文化、制度和发展道路的多样性,努力促进国际关系的民主化,并基于公认的国际伦理和国际法准则妥善地处理与其他国际行为体的各种争端、摩擦和分歧。中国在上述各方面的实践,将对世界和平产生积极而重要的影响。

5. 中国构建和谐社会的状况,直接影响着和谐世界理念在全球范围的传播与认同

正如诸多论者已经指出的那样,和谐世界理念是和谐社会理念的逻辑延伸;它在一定意义上也是当代中国的国际秩序观和全球治理观。而以往的国际关系发展史表明,一国要使自己关于重大国际事务的正确理念得到国际社会其他成员的普遍认可和广泛支持,需要率先垂范,身体力行,否则,必然招致各方的怀疑甚至抵制。有鉴于此,中国要使和谐世界理念被国际社会所广泛接受,并发挥预想的

---

① 袁正清:《国际政治理论的社会学转向:建构主义研究》,上海:上海人民出版社2005年版,第133页。
② 《邓小平文选》第3卷,北京:人民出版社1993年版,第50页。

效力,除了要在自己的国际战略和对外政策中加以具体体现、在对外政策行为中切实践履之外,还必须在国内积极践行和谐理念,努力构建和谐社会。由此可以塑造中国"己之所欲,施之于人""己欲立而立人,己欲达而达人"的良好国际形象,从而进一步扩大和谐世界理念的影响力、感召力。反之,如果在实践中出现内政与外交相脱节、理念与实践相抵牾的现象,其结果是可想而知的。

三、没有社会公正,就无法构建起真正意义上的社会主义和谐社会

中国构建和谐社会的实践,所需要的国内条件很多,其中一个至关重要的方面,就是要大力倡导和切实践履社会公正这一基本价值。这与社会主义制度的本质和当代中国的现实状况两大因素有关。

1. 实现比资本主义制度立意更高远、内容更广泛和更切实的社会公正,是社会主义制度的本质要求

"社会公正"一词的内涵十分丰富,学术界对此的看法也并不一致,迄今尚未形成被人们普遍接受的概念界定。一般认为,所谓社会公正,是指社会成员对自身所处的社会是否"合意"的价值评判,其实质是要求社会成员既合理地享有经济、政治、文化等基本权利,也要合理地承担各种义务,以实现权利与义务的协调一致。[①] 为此,需要建立与这一要求相匹配的制度体系。从这一意义上讲,社会公正既是一种价值理念,也是一种制度安排;既是一种原则和标准,也是一种状态和结果。

社会公正属于内涵更为丰富的公正(正义)范畴。而对公正(正义)的不懈追求贯穿于整个人类发展的漫长历史过程中,其间既有心理原因,[②]也有社会原因。毕生精研正义问题并构筑起宏大理论体

---

① 参见任理轩:《理性看待当前的社会公正问题》,载《人民日报》2011年2月16日第1版。
② 世界银行在2006年发布的主题"公平与发展"的报告中,曾援引《自然》(Nature)杂志刊发的题为"猴子拒绝不平等的报酬"的文章,作为"人类社会天生偏好公平"这一判断的遗传学证据。

系的当代美国思想家约翰·罗尔斯(John Rawls),甚至把正义(justice)看作是"社会制度的首要价值,正像真理是思想体系的首要价值一样"。① 从历史发展进程看,社会公正理念开始具有普遍性并在社会价值体系中居于重要地位,是在资本主义商品经济诞生之后。② 不过,数百年过去了,资本主义制度虽然在经历若干重大变故后也进行过多领域、多层次的调整,但总体而言,它在实现社会正义方面并无多少实质性的进展。经济合作与发展组织(OECD)2011年末发布的报告就公开承认,发达国家的贫富差距创下了近30年来的最高纪录。在所有OECD成员中,最富有人口(占总人口的10%)的平均收入已达到最贫困人口(占总人口的10%)的9倍。即便是以平均主义著称的国家,如德国、挪威和瑞典,上述两部分人口的收入差距也有6倍之多。美国和英国则上了国民收入差距最大榜,其中美国为15倍,英国为10倍。③ 之所以出现这种情况,与资本主义生产方式的内在局限性——以生产资料私人占有为基础——以及由此产生的政治体制、社会体制有着直接的关系。

作为资本主义制度的替代物,建立在生产资料公有制基础上的社会主义制度必须扬弃资本主义制度所秉持的社会公正理念,以及建立在这一基础上的存在难以修补缺陷的制度体系,并在新的经济基础上、新的社会条件下加以发展。从这一意义上讲,社会公正应当也必须是社会主义的基本价值之一;实现社会公正也是社会主义制度的本质特征和基本要求。尽管社会主义制度的建立并不能立即、全部地消除种种社会不公正现象④,但是如果不能随着社会的发展

---

① 〔美〕约翰·罗尔斯:《正义论》(何怀宏、何包钢、廖申白译),北京:中国社会科学出版社1988年版,第1页。

② 参见马德普:《社会主义基本价值论》,北京:中央编译出版社1997年版,第107页。

③ See"Divided We Stand:Why Inequality Keeping Rising", http://www.oecd.org/document/51/0,3746,en_2649_33933_49147827_1_1_1_1,00.html.

④ 关于导致公有制条件下社会不公正的原因,可见郑广永:《公有制条件下的社会不公正问题》,载《中国人民大学学报》2008年第4期,第56—61页。

提出比资本主义制度立意更高远、内容更广泛的社会公正理念,并在实践中切实加以践履——实现基本社会制度与诸领域制度的相互匹配,那么,现实社会主义制度就无法产生广泛和持续的吸引力、影响力,甚至会遭遇倾覆和崩溃的厄运。20 余年前苏联、东欧原社会主义国家发生的剧变已充分说明了这一点。

2. 大力倡导和切实践履社会公正这一基本价值,对当代中国具有特殊重要的意义

作为一个社会主义国家,中国无疑必须始终坚持和努力践履社会公正这一基本价值。而在当下的中国,做到这一点具有特殊重要的意义。这是因为,经过 30 余年的改革开放,在经济和社会发展取得举世瞩目的巨大成就的同时,与社会公正有关的一系列问题也在日益凸显出来。比如,不同社会群体之间的收入差距不断扩大并已突破合理限度,其中行业间的收入差距已跃居世界首位;城乡之间、地区之间发展不平衡、不协调的问题较以往更加突出,呈现出"一个国家、多个世界"的不正常状况;①由于体制、机制不完善而引发的权钱交易、权色交易等腐败问题屡禁不止,一些党政官员的行为已经突破了社会公认的道德底线等等。这些问题已经引起社会成员的广泛关注②和日益强烈的不满,并促使他们通过各种方式将这种负面情绪公开表达出来,从而对社会和政治稳定造成消极影响。最近几年在国内各地发生的规模不等、起因各异的群体性事件,数量相当可观的公众在各种新媒体上就社会公正问题所发表的激烈言论,相当大

---

① 相关最新权威数据,可见潘家华等主编:《中国城市发展报告 No.4》,北京:社会科学文献出版社 2011 年版;汝信等主编:《社会蓝皮书:2012 年中国社会形势分析与预测》,北京:社会科学文献出版社 2012 年版;国家统计局:《中国全面建设小康社会进程统计监测报告(2011)》,http://www.stats.gov.cn/tjfx/fxbg/t20111219_402773172.htm.

② 2007 年 8 月至 10 月,中国人民大学的一个课题组选取国内 10 个大中小城市展开社会公平感(其实就是社会公正感——引者注)问卷调查。结果显示,对社会公平关注和比较关注的占受访者总数的 72.7%。参见郑功成:《中国社会公平状况分析——价值判断、权益失衡与制度保障》,载《中国人民大学学报》2009 年第 2 期。2011 年 12 月中国社会科学院发布的《社会蓝皮书:2012 年中国社会形势分析与预测》的调查也显示,在过去一年中,收入差距过大、贫富分化排在最受社会公众关注的问题的前三位。

程度上佐证了上述判断。

不仅如此,社会不公正问题还严重损害了中国特色社会主义的国际声誉,严重损害了中国的国家形象。比如,美国有学者就认为,由于存在严重的社会不公正以及其他方面的问题,与其说是有中国特色的社会主义,不如说是"有中国特色的资本主义"(capitalism with Chinese characteristics)。① 实际上,在欧美国家,主张或是赞同这一观点的学者、政治人物并不在少数。又如,联合国开发计划署2011年11月公布的《人类发展报告》显示,在187个国家和地区的人类发展指数排名中,中国位列101位。② 在中国经济已经取得巨大成就、经济总量排名跃居世界第二、外汇储备稳居世界第一的背景下,其经济发展水平与人类发展水平极度不对称的状况极为刺目,其国际反响也是可想而知的。更何况,联合国大会已于2007年宣布设立"世界社会公正日",并敦促所有成员国利用这一特殊日子,根据1995年召开的社会发展问题世界首脑会议和第24届特别会议的目标,在国家一级开展相关的具体活动。

目前,包括最高领导层在内,中国公众已经越来越深切地认识到,社会公正与否不仅仅是一个社会问题,更是重要的经济和政治问题。如果没有得到广大社会成员普遍认同的社会公正,他们曾经拥有的创造热情就可能会逐渐枯萎,他们所蕴含的创新能力就可能会被扼杀,整个中国社会将会因此丧失进一步发展的活力与动力,中国经济的可持续发展自然也就无法实现。而没有经济的可持续发展以及由此建立的更为雄厚的物质基础,广大社会成员的物质生活就难以不断提高,政治稳定也就难以得到有效保证,社会和谐当然也就无从谈起。也许正是在这一意义上,温家宝才反复强调社会公正问题,

---

① See Yasheng Huang, *Capitalism with Chinese Characteristics: Entrepreneurship and the State*, Cambridge: Cambridge University Press, 2008.

② See *Human Development Report 2011*, http://hdr.undp.org/en/. 根据联合国开发计划署的解释,人类发展指数包括健康长寿的生活、知识和体面的生活水平三大基本维度;其具体指数几乎涵盖了经济和社会生活的各个方面。因而,相关排名可以比较完整地反映各国人民的生活状况。

并郑重指出:"公平和正义是社会的顶梁柱,失去了它,社会这个大厦就会倒塌。"①

四、简短的结论

上述分析表明,社会公正对于中国国家大战略的实施有着十分重要的意义。没有比资本主义制度立意更高远、内容更广泛和更切实的社会公正,社会主义制度的本质和优越性就无法体现出来。在当下的中国,没有为广大社会成员所普遍认同的社会公正,社会发展的活力与动力就很有可能会丧失,经济的可持续发展和政治稳定均难以得到有效保证,社会和谐自然也将成为不可能。而没有和谐国内社会这一支点,中国大力倡导的和谐世界理念就将无法在全球范围内得到广泛传播并被普遍认同,中国构建和谐世界的实践自然也就难以产生预期的效果。这一切都将意味着中国大战略的受挫,其后果是十分严重的。因此,我们必须在国内大力倡导社会公正这一基本价值,特别是要积极构筑相应的机制和体制。

本文原载《湖湘论坛》2012年第3期,收入本书时文字上稍有修改。

---

① 温家宝:《同南开中学的师生们谈心》,载《中国教育报》2011年11月2日第1版。

决策机制

当今中国的外交政策：谁在制定？谁在影响？
——基于国内行为体的视角

【内容摘要】

在中国外交政策分析这一研究课题中，搞清楚外交政策的制定者、影响力量及各自的地位和作用十分重要。当今中国外交政策的制定者包括中共中央委员会、中共中央政治局及其常委会、中央外事工作领导小组（中央国家安全工作领导小组）。在诸多影响外交政策制定的行为体中，根据影响力大小，可以区分为核心、半边缘和边缘三种力量。其中核心力量包括中共中央的有关机构、隶属于国务院的外交部及有关部委、军队系统；半边缘力量包括国有大型企业、省级地方政府；边缘力量包括智库、大众媒体和普通公众。基于这种状况,中国外交政策的制定者在决策过程中所面临的国内压力越来越大,进行跨部门、跨行业、跨层次协调以达成决策所需要的共识也变得越来越困难。因此,如何改革和完善现有的外交政策制定体制、机制,在牢牢把握政策制定主导权和正确方向的基础上,有效地整合各种影响力量,是中国外交政策制定者必须认真思考和加以解决的重大问题。

伴随30余年全方位的对外开放进程,当今中国已与外部世界建立了多层次、多领域的关系,彼此间的相互依赖程度逐步提高。与之相关联,中国外交政策对外部世界的影响也越来越大,其国际关注度越来越高。因此中国外交政策分析也已成为学术界关注的焦点之一。①

在笔者看来,面对中国外交政策分析这一庞大、复杂的研究课题,首先需要解决两个问题:外交政策的制定者(通常简称为"外交决策者")是谁?哪些机构和人员参与了外交政策的制定(决策)过程,对中国外交政策的制定施加影响?不解决这两个问题,对其他问题的研究就是空洞或者不着边际的。

对于上述两个问题,学术界已经有了一定的研究。就最近十年来看,相关成果大致可以分为两类:一是整体性研究。兰普顿注意到,当今中国外交决策过程的突出特点是,参与决策的行为体在增加,个人、组织和地方官员更多地参与外交和国家安全的决策过程。② 王逸舟认为,影响当代中国外交的因子有四类,其中体制性因子和个体性因子涉及参与外交决策的主体问题。③ 而在郝雨凡看

---

① 2010年5月28日,北京大学中国与世界研究中心与《外交评论》编辑部联合举办了"中国对外政策分析:未开垦的处女地"学术讨论会。该会议主题是令人深思而具有启发性的。

② David M. Lampton, ed., *The Making of Chinese Foreign Policy and Security Policy in the Era of Reform*, Stanford: Stanford University Press, 2001, p.4.

③ 王逸舟:《中国外交影响因子探析》,载《世界经济与政治》2009年第9期,第6—17页。

来,社会因素"已经成为影响中国外交决策国内因素中一个日益重要但关注不够的变量"。所谓社会因素,"指的是在最高领导层和决策层以外的各种因素","其中包括公众舆论、商业团体、智库型研究机构、媒体和学术界的专家等舆论塑造者、组织机构内部的技术官僚,以及地方政府和其他类似接触外部世界的次国家行为体(如非政府组织)等等。"①加藤嘉一将影响当前中国外交决策过程的行为体归纳为以下八类:领导人或政府首脑、政府有关部门、特殊部门、军方系统、智囊系统、传统媒体、网络媒体、广泛而不确定的网民。② 由雅各布森(Linda Jakobson)和克诺克斯(Dean Knox)共同主持完成的报告(2010 年 9 月由瑞典斯德哥尔摩国际和平研究所发布)指出,中共、政府、军方、知识分子、研究人员、媒体以及商界领袖,均在中国外交决策过程中发挥影响。③

第二类研究是专题性的,涉及多种分析单元对外交决策的影响。王逸舟认为,伴随市场经济发展而兴起的市民社会是推进中国外交转型的内部社会原因。④ 江忆恩在分析了系统的调查数据后得出结论:逐渐崛起的中产阶级对世界事务的态度,使中国领导人在处理涉外问题时比以往更加谨慎。⑤ 格里斯、齐建华、傅士卓和罗森、王军、蒋昌建和沈逸、王存刚等对中国的公众舆论与外交决策(外交政策)

---

① 郝雨凡、林甦主编:《中国外交决策:开放与多元的社会因素分析》,北京:社会科学文献出版社 2007 年版,第 14 页、第 15 页。
② 加藤嘉一:《谁在影响中国对日决策?》,http://www.ftchineses.com/story/001035214。
③ "New Foreign Policy Actors in China", http://books.sipri.org/files/PP/SIPRIPP26.pdf.
④ 王逸舟:《市民社会与中国外交》,载《中国社会科学》2000 年第 3 期,第 28—38 页。
⑤ Alastair I. Johnston, "Chinese Middle Class Attitudes towards International Affairs: Nascent Liberalization?" The China Quarterly, Vol. 179, September 2004.

之间的关系进行了较为深入的研究。① 格托夫和黄秉沫、葛莱仪和孙飞、孙哲、陈广猛、陈志敏、苏长和则分别探讨了军队系统、智库、地方政府对中国外交决策的影响。② 此外,尽管中国实际上已经出现了利益集团,③并已影响到外交政策,但由于该问题的敏感性,仅个别学者有所触及。④

从总体上看,学术界对中国外交政策的制定者和影响力量的研究有了一定基础,一些专题研究也已较为深入。目前存在的主要问题是:研究者要么对中国外交政策的制定者、影响力量缺乏整体把握,仅涉及个别或若干行为体的地位和作用;要么在整体研究中忽视了某些行为体甚至较为重要的行为体;要么对各种类型行为体的实际地位和作用缺乏系统、细致的比较和区分。此外,不少文献因其所依据的资料较早而导致观点、判断与当下的现实不甚吻合。基于上

---

① Peter H. Gries, *China's New Nationalism, Pride, Politics, and Diplomacy*, Berkeley & London: University of California Press, 2004;齐建华:《影响中国外交的五大因素》,北京:中央编译出版社2010年版,第五章"大众传媒与民意因素";Joseph Fewsmith and Stanley Rosen, "The Domestic Context of Chinese Foreign Policy: Does 'Public Opinion' Matter?" in David M. Lampton, ed., *The Making of Chinese Foreign and Security Policy in the Era of Reform, 1978-2000*, pp. 341-370; Bonnie S. Glaser and Evan S. Medeiros, "The Changing Ecology of Foreign Policy-Making in China: The Ascension and Demise of the Theory of 'Peaceful Rise'", *The China Quarterly*, No. 190, 2007, pp. 291-310;王军:《试析当代中国的网络民族主义》,载《世界经济与政治》2006年第2期;蒋昌建、沈逸:《大众传媒与中国外交政策》,载《国际观察》2007年第1期;王存刚:《公众参与及其对中国外交的影响——基于2003年的三个案例的研究》,载《外交评论》2010年第3期。

② Mel Gurtov and Byong-Moo Hwang, *China's Security: The New Role of the Military*, Boulder: Lynne Rienner, 1998; Bonnie S. Glaser and Phillip C. Saunders, "Chinese Civilian Foreign Policy Research Institutes: Evolving Roles and Increasing Influence", *The China Quarterly*, Vol. 171, September 2002, pp. 597-616;孙哲:《中国外交思想库:参与决策的角色分析》,载《复旦学报》(社会科学版)2004年第4期;陈广猛:《论思想库对中国外交政策的影响》,载《外交评论》2010年第1期;陈志敏:《沿海省份与中国对外政策》,载郝雨凡、林甦主编:《中国对外政策:开放与多元的社会因素分析》;苏长和:《中国地方的国际化》,载王逸舟主编:《中国对外关系转型30年:1978—2008》,北京:社会科学文献出版社2008年版。

③ 关于中国利益集团比较全面的研究,可见杨帆等:《利益集团》,郑州:郑州大学出版社2010年版。

④ 赵宏:《中国的利益集团与贸易政策》,载《中国经济研究》2008年第3期,第65—68页。

述情况,本文拟在以往研究的基础上,依据公开资料,从国内行为体的角度,更为系统、细致地研究中国外交政策的制定者及主要影响力量,比较各种影响力量的差异。本文的基本观点是:当今中国外交政策的制定者包括中共中央委员会、中共中央政治局及其常委会、中央外事领导小组(中央国家安全领导小组)。在诸多影响外交政策制定的行为体中,根据影响力的大小,可以将其区分为核心、半边缘和边缘三种力量;①其中每一种力量都包含数量不等、形式各异的组织、机构或群体,其影响外交政策制定的方式和途径也不尽相同。

一、中国外交政策的制定者

相关实践和理论研究均表明,外交政策制定者(决策者,policy-maker)既可以是个人,也可能是机构。在当代中国,外交政策制定者通常是位于权力中枢的机构,包括中共中央委员会、中共中央政治局及其常委会、中央外事工作领导小组(中央国家安全领导小组)。

(一)中央委员会、中共中央政治局及其常委会

按现行《中华人民共和国宪法》的规定,中国共产党是中国的执政党。既是执政党,自然就握有制定国家内政和外交两个领域政策的大权。《中国共产党党章》又规定,中共中央委员会、中央政治局及其常务委员会,是党和国家一切重大路线、方针和政策的制定者。由此可以推断,上述三大机构是中国外交政策的制定者。从实践来看,中国外交政策的宏观框架,一般由五年一次的党的全国代表大会的政治报告勾勒。②而中国外交政策的最终决定权则由中央政治局常委会掌握。这是因为,政治局组成人员较多,③且一些成员并非长驻

---

① 这种区分借用了沃勒斯坦在阐述世界体系理论时所使用的概念。
② 即报告中的"当前的国际形势和中国外交"部分。
③ 十七届中央政治局委员共25人。

北京,①因此,尽管现在交通和通讯工具非常发达,但在需要制定紧急应对方案时,它可能还是缺乏效率的。比较而言,政治局常委不仅数量较少,②而且均在京办公,召开会议并迅速作出决策都较为便利。

在由九人组成的政治局常委中,有党的总书记(国家主席)、全国人大常委会委员长、国务院总理、全国政协主席、国家副主席、国务院常务副总理、中纪委书记、中央政法委书记。虽然所有成员均参与外交事务,并在有关外交政策的集体讨论中均有发言权;虽然中国的议会外交③近年来十分活跃,全国人大常委会委员长、全国政协主席分别为最高权力机构和最重要参政议政机构的负责人,但一般而言,作为党的最高领导人的总书记(国家主席)、作为行政机构最高负责人的国务院总理在外交政策制定上的权力似乎更大一些,这既与他们在党内的地位有关,也与其各自所负责的工作有关。不过,由于最近若干年执政党进一步强化了集体领导原则,也由于当代中国政治日益表现出"常人政治"而非"强人政治"的特点,因此,总书记和总理一般需要与政治局常委会中的其他成员在有关问题上协调一致,以维护其内部团结和整体形象,并增强有关外交政策的合法性。所以,政治局常委会作为一个整体,在中国外交政策制定过程中的地位和作用是十分显著的。

(二)中央外事工作领导小组(中央国家安全工作领导小组)

在中央政治局下面,设有中央外事工作领导小组和中央国家安全工作领导小组。资料显示,两个小组的成员完全相同,或按照通俗说法,就是一套人马,两块牌子。两个小组的正、副组长分别由国家主席(也是党的总书记)、副主席(政治局常委)担任,其他成员包括:

---

① 在十七届中央政治局委员中,有六人为省级地方党委主要领导人,其中刘淇为北京市委书记。2010年4月,王乐泉不再担任新疆维吾尔自治区党委书记,奉调回京担任中央政法委副书记。

② 十七届中央政治局常委为九人。

③ 在当代中国政治体制中,这一职能分别由全国人大和全国政协履行。

负责涉外事务的国务院副总理或国务委员、外交部、国防部、公安部、国家安全部、商务部、港澳事务办公室、侨务办公室、新闻办公室等机构的主要负责人,以及中共中央宣传部、中共中央对外联络部的部长和军方的高级将领。① 从基本职能来看,中央外事工作领导小组(中央国家安全工作领导小组)是中共中央政治局领导外事、国家安全工作的议事、协调机构,但由于其成员的特殊构成,因此它对制定外交政策的影响至关重要,甚至可以说,它也是中国共产党党内外交政策制定的主体之一。

必须说明的是,由于一手资料有限,本文在这里对中国外交政策制定者作用的描述还是较为粗糙的,对于中央政治局常委会和中央外事工作领导小组(中央国家安全工作领导小组)之间的关系也无法给出细致的描述和准确的判断。

二、影响中国外交政策制定的核心力量

这种核心力量包括三大类:一是中共中央的有关机构;二是隶属于国务院的外交部及有关部委;三是军队系统。第一、二类位于庞大的中国政治、行政体制的最高层,第三类则在当代中国政治体制中扮演着极为特殊的角色。之所以将上述部门称为"核心力量",主要是因为它们位居中枢,影响巨大;在某些情况下甚至可能直接参与外交政策的制定,从而成为决策主体。

(一) 中共中央的有关机构

1. 中共中央外事办公室

成立于1998年的中共中央外事办公室(简称"中央外办")②,是中央外事工作领导小组(中央国家安全工作领导小组)的办事机构,其主要职能是协调最高决策层与外交政策具体执行机构之间的关

---

① 参见宫力、门洪华、孙东方:《中国外交决策机制变迁研究(1949—2009年)》,载赵进军主编:《新中国外交60年》,北京:北京大学出版社2010年版,第267页。

② 中央外办的前身是国务院外事办公室。2000年9月,中共中央组建中央国家安全领导小组,与中央外事工作领导小组合署办公。

系。中央外办的主要工作有:从事各种有关国际形势和外交工作的重要调研;承办中央外事工作领导小组(中央国家安全工作领导小组)的办公会议和催办的有关事项;代表党中央和国务院制定和审核全国外事工作的各种条例、规定。研究表明,"中央外办自成立以来,对中国外交决策发挥了重大作用。"①

中央外办的成员基本上是职业外交官和党的对外联络部门的官员。中央外办主任是党的总书记(国家主席)在外事方面级别最高的助手。现任中央外办主任是戴秉国国务委员。戴曾担任中联部部长、外交部副部长兼党委书记,是资深外交家,也是近十年来中国外交领域最为活跃的人物之一。诸多案例显示,他在外交政策制定方面有着非同寻常的影响力,扮演的是类似"国家安全顾问"的角色。比如,他是中美、中日、中俄、中印战略对话的领军人物,并曾临时代表胡锦涛主席出席八国集团与发展中国家领导人的对话会。每当中国外交面临重要和关键时刻,他总被委以重任,就双边关系、国际局势等重大议题与他国进行沟通。②

2. 中共中央其他机关

与国家最高行政机构即国务院相比,中共中央的机关部门数量并不多,只有中共中央对外联络部(简称"中联部")、中共中央宣传部(简称"中宣部")、中共中央统战部和中共中央政策研究室。

中联部是中国共产党开展对外交往的主要职能部门。在1978年以前,由于面临东西方对抗这一特定国际环境,加之"左"倾思想的影响,对社会主义国家的政党外交曾长期在中国总体外交中占有特殊重要的地位。改革开放以后,营造有利于现代化建设的国际环境的总体要求,使得中国外交的对象、重心发生了重大变化,政府外交

---

① 参见宫力、门洪华、孙东方:《中国外交决策机制变迁研究(1949—2009年)》,第267页。
② 参见王博:《戴秉国:"大器晚成"的国务委员》,载《共产党员》2008年(下),第16页;赵博渊:《红色十外长的政治光谱》(上),载《南风窗》2009年第22期,第76—79页;赵博渊:《红色十外长的政治光谱》(下),载《南风窗》2009年第23期,第80—82页。

的地位显著上升,其相关职能自然只能由外交部行使,中联部则专司对欧美政党的交流,其在外交政策制定体系中的地位有所下降。近年来,由于以下两个方面因素的影响,中联部的工作范围有了新的拓展,其中最主要的是政党外交对象的扩大,即由共产党和工人阶级政党扩大为"四类政党"——共产党、发展中国家友好政党、社会党、发达国家的资产阶级政党。① 在实践中,政党外交配合政府外交,在双边和地区事务中发挥着重要作用。比如,中联部部长王家瑞在朝核危机爆发后曾数次访问平壤,实际上扮演了政府特使的角色。又如,迄今已举办过两届的中美政党高层对话的主题,就是"如何加强相互了解""推动两个国家关系发展"。② 上述状况显然有助于提升中联部在外交政策制定体系中的影响力。不仅如此,中联部部长的党内地位历来较高,历任中联部部长均为中央委员;曾任中联部部长的乔石后升任政治局常委、全国人大委员长;戴秉国则升任主管外交事务的国务委员。上述状况自然使得中联部可以对外交政策制定施加相当的影响。

中宣部与中联部的情况有所不同。以往,中宣部基本不涉及外交事务,因而于外交政策制定自然没有多少影响力。但近年来该机构也开始涉足外交事务,在某些情况下甚至直接参与中国外交政策的制定和执行。此外,近年来中国对公众外交的重视程度逐步提高,负有这方面职责的中宣部在外交领域越来越活跃,作用自然也就越来越大。中央对外宣传办公室的主任(也是国务院新闻办公室主任),还兼任中宣部的副部长。

总之,要深入了解当今中国外交政策的制定者及相关决策机制,就必须了解中国共产党特别是它的组织机构和运行方式。对于这一点,迄今学术界特别是中国学者的研究是很不够的。对中国政治有

---

① 目前,中国共产党已同世界上 160 多个国家的 600 多个政党或政治组织保持着接触和交往。参见孙芮:《中共:不会跟美共讨论"武装起义"》,载《国际先驱导报》2011 年 6 月 17—23 日第 11 版。

② 中联部副部长艾平语。参见孙芮:《中共:不会跟美共讨论"武装起义"》。

着深入研究的美国学者麦格雷戈曾指出,任何一个想要了解现代中国的人,必须了解现代化的中国共产党。在他看来,许多人,特别是外国人,至今没有认识到这一点。其实,作为全球性新的地缘政治力量,中国共产党做出的任何一项决策都有可能影响全球。①

(二) 隶属国务院的外交部及有关部委

1. 外交部

从法定职能上讲,外交部是中国外交政策制定的参谋部,②因此它理应是这方面最具影响力的机构,在当代中国外交实践中也曾长期如此。但近年来的诸多迹象显示,外交部对中国外交政策制定的影响力呈现逐步下降的趋势。一个引人瞩目的事实是:最近几任外交部长的政治和行政地位均不高。③ 自钱其琛卸任后,最近三任外交部长仅具有中共中央委员的政治身份,也不是国务委员。④ 而按照中国的惯例,政治人物在党和政府中的排位高低,对其权威有着决定性的影响。⑤

外交部在中国外交政策制定体系中的地位和作用下降,其原因是多方面的,其中最直接的是,中国外交政策制定所涉及的领域越来越广泛,议题越来越技术化、专门化,外交部在很多时候、很多情况下必须依靠国务院其他部门(包括前述中共中央的有关部门)的专业知识,才能提出中国在特定领域的政策建议;在不少时候甚至需要与这些部门展开竞争。既然如此,彼此间除了常见的政策博弈外,也必然需要有一定的权力让渡和妥协,外交部的权威自然会受到削弱。即

---

① See Richard McGregor, *The Party: The Secret World of China's Communist Rulers*, Harper, 2010.
② 参见鲁毅等:《外交学概论》,北京:世界知识出版社1997年版,第81页。
③ 1978年以前的绝大部分时间里,外交部部长一职是由国务院(政务院)总理、副总理、国务委员兼任的。
④ 唐家璇升任主管外交工作的国务委员时,已卸任外交部长。
⑤ 2010年8月23日,在复旦大学举行的第九届全国外交学学科建设暨"中国外交体制、运行创新与中国外交研究创新"研讨会上,与会的"很多学者指出,外交部在中央部委中的地位不够高,这一体制问题严重影响外交部发挥统一协调的职能"。参见《外交评论》2011年第1期,第156页。

使作为中国外交政策的执行者、阐释者及信息提供者,外交部的地位和职能也绝不是唯一的,在某些情况下也不是最重要的。

2. 国务院其他各部委

中国与外部世界关系的历史性变化,中国与其他国家和各种国际组织之间关系的广泛和深入发展,使得外交部以外的国务院所属其他部委的涉外职能日益凸显,对外交政策制定的影响力随之逐步上升。相关部委在特定议题领域的态度、立场和政策取向,在相当大程度上影响着中国外交政策制定者在这些领域的最终决策。张清敏就注意到:

> 随着对外经济交往的增加,不仅商务部在开展对外经济交往的过程中作用更加突出,而且国务院各个部委都有自己的国际合作司和处,它们在涉及各自业务领域内的国际合作方面发挥着举足轻重和不可替代的作用,而且这种作用越来越重要。①

实际上,只要仔细观察最近几年中国外交的进程,我们就不难发现,外交部在一些重要涉外议题上已经与国务院其他部委形成了事实上的竞争,且并不总是能够占据上风。比如,在中国气候变化政策方面,国家发展和改革委员会(以下简称"国家发改委")、环境保护部、国土资源部和科技部都有自己的立场和影响,其中国家发改委影响最大。相形之下,外交部只是扮演从属角色。自 2007 年巴厘岛大会开始,国家发改委副主任解振华就一直活跃在气候变化领域的第一线,被视为中国在该领域的首席发言人,并先后出任 2009 年哥本哈根会议、2010 年坎昆会议、2011 年德班会议中国代表团团长;国家发改委应对气候变化司司长苏伟则担任中方气候谈判首席代表。外交部虽然自 2007 年即设立气候变化谈判特别代表一职,也派官员出席了上述三次重要会议,但影响力明显逊于国家发改委。在哥本哈

---

① 张清敏:《社会变迁背景下的中国外交决策评析》,载《国际政治研究》2006 年第 1 期,第 48 页。

根会议、坎昆会议上,外交部官员仅为中方代表团多位副团长中的一个;直到德班会议上,方由部长助理刘振民出任第一副团长。

此外,随着中国对软实力和国家形象的重视程度日益提高,文化外交在中国总体外交中的重要性上升,"文化已经成为外交工作三大支柱之一"。① 而文化外交的任务主要由文化部、教育部承担,由此,这两个传统上与外交事务相对较远的部门也开始对中国外交政策的制定产生影响。比如,近年来,由文化部牵头,中国政府在多个国家举办了文化节、文化年,产生了较为积极的反响。又如,由教育部牵头,中国的大学已在海外设立了大量的孔子学院,引起广泛关注。不仅如此,由教育部主导的国家教育体系在塑造中国公众的历史观、国际观、世界观等方面发挥着直接作用。基于上述情况,中国外交政策制定者在相关决策过程中,就不可能不考虑文化部、教育部的立场、意见和建议。

(三) 军队系统

对于军队系统在当今中国外交政策的制定过程中到底扮演何种角色,学术界的观点并不一致。② 对于这一问题,笔者有如下两个基本判断:一是自 1949 年以来,军方对中国外交政策的制定始终存在着影响力。陈毅元帅、姬鹏飞将军曾先后担任外交部长,多位军队高级将领曾出任中国驻外大使。③ 更何况,毛泽东、邓小平、江泽民均长期担任中央军委主席。二是军方对中国外交政策制定的影响力确曾一度遭到削弱。这一点既与国际环境的变化以及中国外交政策制定者对此的认知有关,也与中国国家战略的调整有关。20 世纪 80 年

---

① 《全国政协常委赵少华:发挥文化外交独特功能 鼓励民间社会力量参与对外文化交流》,http://www.ccnt.gov.cn/xxfb/xwzx/whxw/200903/t20090312_61925.html。
② 参见 Michael Swaine, "China's Assertive Behavior-Part Three: The Role of the Military in Foreign Policy", *China Leadership Monitor*, Vol. 36, Winter 2011;胡菁菁:《境外中国外交决策机制研究综述》,载《国际政治研究》,2010 年第 4 期,第 142 页、第 158 页;"New Foreign Policy Actors in China", http://books.sipri.org/files/PP/SIPRIPP26.pdf。
③ 参见王逸舟:《全球政治与中国外交》,北京:世界知识出版社 2003 年版,第 70 页。

代中期,作为当时中国实际最高领导人的邓小平确立了"和平与发展是当今世界两大主题、世界大战在短期内打不起来"的重要判断,并且基于这一判断制定了中国改革开放的大战略。为此,他建议大规模削减军队人数及国防开支,并明确要求军队"不能妨碍这个大局,要密切地配合这个大局,而且要在这个大局下面行动"。① 此后较长一段时间里,军队系统在中国外交政策制定体系中的地位和影响有所下降,但它的影响力依然不可小视。最明显的证据是,在中共第十三届到第十六届中央政治局中,均有两位军委副主席担任委员。20世纪90年代中期以来,军队系统在中国外交政策制定中的地位重新上升,影响较以往有所扩大。这与中国所面临的安全形势的变化以及外交政策的调整有着直接的关系。此后,由总参谋部操盘的中国军事外交快速发展、空前活跃,军队和军官开始扮演外交机构和外交官的角色。权威资料显示,迄今中国已经"与150多个国家开展了军事交往,与22个国家建立了防务战略磋商和对话关系,在109个国家设立了驻外武官处,101个国家在我国设立了武官处,形成了全方位、多层次、宽领域的军事外交格局"。中国军队还积极参与多边外交。"从1990年首次派出联合国维和观察员起,截至2009年8月,我国先后参加了联合国18项维和行动,累计派出维和军事人员1.3万人次,目前有近两千名官兵在9个任务区执行维和任务,成为联合国安理会常任理事国中派出部队最多的国家之一。"②对于军事外交在丰富国家对外关系的内涵、巩固和深化中国与有关国家的防务安全合作、营造良好外部环境等方面的独特作用,中国外交政策制定者是肯定的。

基于上述情况,加之对自身力量不断上升的信心和某种特殊的使命感,军队系统近年来开始主动对中国外交政策的制定施加影响。

一小部分军方智库的重要研究人员公开参与中国外交政策的讨

---

① 《邓小平文选》第3卷,北京:人民出版社1993年版,第99页。
② 关友飞:《新中国军事外交的回顾与思考》,载赵进军主编:《新中国外交60年》,北京大学出版社2012年版,第193、195—196页。

论,试图对有关议题进行自己的界定。国防大学防务学院院长朱成虎少将、战略研究所前所长杨毅海军少将及该校防务问题专家张召忠少将、军事科学院世界军事研究部副部长罗援少将、原解放军防化学院副院长徐光裕少将等,经常现身大众媒体,就重要外交议题发表意见和看法,且态度通常都比较强硬,由此引起广泛关注①,并对外交决策产生了微妙影响。比如,2010年2月美国宣布对台军售后,中国外交部起初的表态虽有"强烈不满""坚决反对"等措辞,但总体调子一如既往。与此形成对比的是,军方的反应异常强烈,杨毅、罗援声言,应对美采取反制措施,不仅要制裁对台售武的美国军火公司,还可以制裁波音等其他美国企业,因为奥巴马不仅是军火商雷神公司、洛克希德·马丁等公司的总统,也是波音等其他公司的总统。在实施这一步后,还要对美国的后续反应进行观察,如果美国执迷不悟,继续走错误道路,中方还将采取第二拨、第三拨的系列后续动作。②稍后,在中国政府发布的一系列反制措施中,制裁美国对台军售企业是其中关键的一条。中国政府还宣布,中美在国际和地区问题上的合作将受到影响。很显然,中国政府所实施的对美政策与杨毅、罗援等人的相关主张高度吻合。这是耐人寻味的。

笔者预计,中国所面临的传统安全问题的重要性在未来一段时间里会有所上升,加之军事外交的进一步发展,军队系统对中国外交政策制定的影响力还将继续增强。

三、影响中国外交政策制定的半边缘力量

这些力量包括国有大型企业和省级地方政府。之所以将这两者称为"半边缘力量",是因为它们既不同于在某些情况下可能直接参

---

① See Jeremy Page,"China's Army Extends Sway", http://www.cn.wsj.com/gb/20101004/chw143917_Enversion.shtml;《中国对美外交 军方分量增加》,载《东方日报》2010年2月5日, http://orientaldaily.on.cc/cnt/china_world/20100205/00182_001.html。

② 杨毅:《中国需让美核心利益也受损失》, http://www.chinaelections.org/NewsInfo.asp? NewsID=168277。

与决策的前述第一种力量,也与后面将要讨论的智库、大众媒体和普通公众有很大的区别,毕竟它们是现行体制中的重要组成部分。

(一) 国有大型企业

中国的国有大型企业涵盖军工、电网电力、石油石化、电信、煤炭、民航、航运、金融等行业,掌握着国民经济的命脉,拥有雄厚的经济实力。按照前国资委主任李荣融的话来说,这类企业是共和国的"长子"。既然是"长子",那么"他"对国家的大事小情就有了合法的话语权。更为重要的是,在对外开放的大背景下,国有大型企业均已建立了广泛的海外联系,在中国政府"走出去"战略的鼓励下进行了巨大的海外投资,因而拥有巨大的海外利益。基于这些情况,中国外交政策的变化与这些企业的海外利益往往直接相关;它们关注并试图影响国家的外交政策就是很自然的事情了。① 更进一步地讲,国有大型企业虽然名义上归国家所有,应当服从和服务于国家利益,但作为市场主体,它们自然也拥有自己的本体利益。更何况,作为上市公司,它们的经营活动还要受到股东的制约。因此,一旦国家利益与企业利益发生冲突,这些国有大型企业很有可能会把企业利益放在首位,并试图使外交政策制定者接受这种排序。而外交政策制定者基于多方面的考虑,在很多时候也不得不迁就和接受这种排序。

以国有大型能源企业为例。近年来,中石油、中石化、中海油在海外均有巨额投资。据中国海关总署公布的数字,在非洲石油储藏量最为丰富的苏丹②,经过中国国有石油企业历经十余年的苦心经营,该国已经成为中国最安全可靠的"油脉"之一,是中国在海外最大、最完整的石油投资,贯穿了勘探、采油、输油管、炼油厂和港口等

---

① 财政部公布的数据显示:2010年全国国有企业累计实现利润19870.6亿元,同比增长了37.9%,纳入统计的国企主要效益指标创历史新高,营业总收入、实现利润和上交税费三大指标,比"十五"末期均实现翻番。

② 该国探明石油地质储量约116亿桶,天然气储量为300亿立方英尺,已开采的油田有21个。参见《财政部:2010年国企累计实现利润总额近2万亿》,http://news.163.com/11/0117/19/6QKG7V6F00014JB5.html。

整个石油产业链。目前,中国吸收了苏丹(南北)超过2/3的石油出口,中国大约6%的石油进口来自苏丹。基于这种状况,中国政府对苏丹达尔富尔问题、南部苏丹公投问题的立场,就不可能不考虑国有石油企业的态度。① 国有大型能源企业影响中国外交政策的另一个案例,是联合国安理会对伊朗发展核能行为的制裁。2010年6月联合国安理会讨论对伊朗制裁方案时,有关各方在最终方案中明确排除了能源行业。之所以如此,就是因为意识到中国在伊朗有重要的能源利益,如果损害了中国的这一利益,就很有可能招致其对最终方案的抵制。总之,中国国有大型企业在海外的投资行为,已经使得中国政府卷入了人权、能源安全以及政治利益等国际纷争之中,对中国外交政策的制定产生着或大或小、直接间接的影响。

应当补充说明的是,国有大型企业之所以在中国外交政策的制定方面发挥作用,不仅仅源于其巨大的经济实力,还因为它们在政治上也具有不可小视的影响力。主要国有大型企业的领导人均为中共中央委员或候补委员,部分领导人甚至升任中央政治局委员、常委就是一个明显的佐证。

(二) 省级地方政府

从理论上看,外交权属于主权范畴,因此应归中央政府所有,并由其代表国家来行使,地方政府是不拥有外交权的,即使拥有高度自治权的地方政府也是如此。但中国具有自身的特点:一方面,国土的辽阔,使得各个地方在经济和社会发展水平、与他国的空间和历史关系等方面存在很大的差异;另一方面,自改革开放以来,在中央政府

---

① 北京大学教授朱锋认为,中国石油集团等国有企业已成为非常强大的利益集团,它们甚至劫持了中国对苏丹的外交政策。当然,也有学者不同意这一看法。牛津大学的 Steve Tsang 指出,中国政府没有在苏丹发挥适当的作用,是因为政府和高层决策者更倾向于现在的做法。参见《中国一些国企海外投资有损国家利益》,http://www.ftchinese.com/story/001017987。

放权政策的影响下,地方政府拥有越来越多的海外经济关系①,到国外寻觅商机的地方官员也越来越多。由此出现了一种被称为"地方外交"(或曰"非中央外交""次中央外交")的现象,并且,"越是经济发达的地区,'地方外交'越是卓有成效"。② 这种"地方外交"的主体一般是省级地方政府。

"地方外交"对于中央政府外交政策制定的影响同样显而易见。长期关注地方外交的陈志敏指出,"通过将地方经济融入区域经济和全球经济的努力,沿海省份帮助中国和其他国家建立起高水平的经济相互依赖关系。"③近年来也涉足这一问题的苏长和认为,地方外交的兴起和发展"有助于中央政府采取更为开放的国际政策"。他还认为,"地方与全球之间的利益联系会对中央政府产生压力,以促使中央政府采取更多降低地方国际化交易成本的措施,也即建立统一的市场规范。"④上述两位学者主要是从积极方面看待地方政府对中央政府外交政策的影响问题,其实,"地方外交也有消极的一面"。金灿荣就担心:"随着'地方外交'的独立性越来越大,需要加强地方利益与国家利益的协调,以免出现地方利益凌驾于国家利益之上。"⑤

省级地方政府之所以能够影响中国外交政策的制定,除了拥有与国有大型企业相类似的强大经济实力外,更因为其拥有后者所没

---

① 以天津市为例,迄今它已与世界其他国家的 23 个城市建立了友好城市关系,来津投资的世界 500 强企业已达 143 家,http://www.tj.gov.cn/zjtj/yhcs/yhcs/;黄兴国:《关于天津市国民经济和社会发展第十二个五年规划纲要的报告》,http://news.enorth.com.cn/system/2011/01/17/005567524.shtml。

② 王逸舟:《中国外交影响因子探析》,第 17 页。近年来,一些经济欠发达省区在地方外交方面也有积极的表现。在 2011 年 7 月美国犹他州盐湖城举行的第一届中美省州长论坛会议上,与会的中方代表除了浙江省委书记外,还有安徽、云南和青海三省的省长。参见王丰丰:《美国州长与中国省长"拉关系"》,载《国际先驱导报》2011 年 7 月 22—28 日第 3 版。

③ 陈志敏:《沿海省份与中国对外政策》,载郝雨凡、林甦主编:《中国对外政策:开放与多元的社会因素分析》,第 266 页。

④ 苏长和:《中国地方的国际化》,第 256—257 页。

⑤ 参见邓亚君等:《地方官走出去:谈生意也"讲政治"》,载《国际先驱导报》2011 年 7 月 22—28 日第 4 版。

有的政治实力:其主要负责人均为中央委员或候补委员,四大直辖市和广东省的省委书记则为政治局委员,并且他们都有升任更高政治职位的可能。①

中国省级地方政府在中国总体外交中日益活跃的行为,已经引起相关国家的注意。美国驻华大使馆就设立了多个工作小组,以加强与中国一些省份的直接交往。它还积极推动建立"次国家交流平台"。"中美省州长论坛"就是2010年1月胡锦涛主席访美期间达成的一项成果。②

四、影响中国外交政策制定的边缘力量

这里所谓的边缘力量,主要包括智库、大众媒体和普通公众。这些机构和群体只能通过间接方式对中国外交政策的制定施加影响。

(一) 智库

按照比较宽泛的智库定义,目前中国已经拥有各种智库2000家左右。这些智库大小不等,归属各异,机制与影响力也有很大差异。

从实践上看,目前中国智库影响外交政策制定的渠道主要有:

1. 正式的、官方的渠道。比如,中共中央政治局集体学习制度建立后,中国社会科学院的余永定、张宇燕、李向阳和外交学院的秦亚青等多位国际问题研究领域的著名学者先后担任主讲,就世界经济形势、国际格局、经济全球化、中国安全环境等重大问题发表见解。又如,近年来,外交部定期或不定期地邀请有关方面的专家、学者参加吹风会、政策分析会和各种咨询活动;外交部政策规划司和其他职能司还与国内重要智库(包括重要研究机构、知名高校)建立了密切的协调与合作关系,并且经常主动登门求教。③ 据王逸舟观察,"几

---

① 在中共十七届中央政治局九名常委中,除温家宝外,其余八人均具有担任省级地方党委、政府主要负责人的经历。
② 张哲、郑李:《美国全面展开与中国省市政府交往 中美外交开始"地方支援中央"》,载《南方周末》2011年3月10日第B13版。
③ 参见孙哲:《中国的外交思想库:参与决策的角色分析》。

乎所有重量级的国际问题专家学者都有参加类似活动的经历与感触,外交部开展的课题和咨询活动也得到绝大多数受邀者的好评"。① 本文作者也曾两次参加由戴秉国国务委员主持的小范围座谈会,亲眼目睹了专家学者就中国外交政策和国际事务议题建言献策的场面。此外,目前已有8位在国际问题研究领域享有盛誉的专家被吸收进了外交部外交政策咨询委员会②,占该委员会总人数的1/4。2011年初,以研究国际关系史和国际大战略见长的中国人民大学国际关系学院教授时殷弘被国务院聘为参事。

2. 非正式渠道。这种渠道既可能是学者、专家个人营造的关系网络,也可能是这些人员所属单位关系所构筑;学者、专家既可以是被动介入的,也可能是主动参与的。

智库影响外交政策制定的程度、方式,与智库特别是其领导、主要研究人员的影响力、研究能力有着直接的关系。为了改善和提升这两方面的状况,各家智库主要采取了以下两种措施:

第一,延揽前政府外交要员出任智库领导。前政府外交要员不仅具有丰富的外交实践经验,而且具有广泛的人脉和极强的活动能力。一旦他们加入,对大幅度提高相关智库的影响力不言而喻。这在智库非常发达的美国是有案可稽的。近年来,国内一些知名高校的国际问题研究机构也纷纷仿效这一做法。比如,前外经贸部副部长、中国加入WTO首席谈判代表龙永图出任复旦大学国际关系与公共事务学院院长,前外交部新闻司司长、联合国副秘书长陈健出任中国人民大学国际关系学院院长,前国务委员唐家璇出任清华大学现代国际关系研究院名誉院长。

---

① 王逸舟:《中国外交影响因子探析》,第15—16页。
② 他们是:北京大学国际关系学院院长王缉思,中国国际问题研究所所长曲星,中国社会科学院学部委员余永定,中国社会科学院世界经济与政治研究所所长张宇燕,上海国际问题研究院院长杨洁勉,国务院发展研究中心研究员郭励弘,外交学院院长秦亚青,中国现代国际关系研究院院长崔立如,中国社会科学院城市发展与环境研究所所长潘家华。

第二,招聘学术精英。除了从国内知名高校招聘优秀人才外,智库采取的一个重要举措是网罗海外学术精英。据笔者掌握的材料,国内大学智库中的大部分重量级学者均持有海外名校的博士学位。比如外交学院院长秦亚青,北京大学国际关系学院院长贾庆国,清华大学当代国际关系研究院院长阎学通、国际战略研究所所长楚树龙、中美研究中心主任孙哲,分别是密苏里大学、康奈尔大学、加州大学伯克利分校、乔治·华盛顿大学和哥伦比亚大学的博士;复旦大学美国研究中心主任沈丁立曾在普林斯顿大学从事博士后研究。此外,被公认为高层领导外交智囊的北京大学国际关系学院前院长王缉思,虽然不像上述学者那样持有海外学位,但在牛津大学、加州大学伯克利分校和密歇根大学等著名高校担任过访问学者和教授。上述人员在学术上受过严格的训练,具有扎实的理论基础,与国外学术界有着密切的学术联系,并因这些优势而出任有关机构的主要负责人。与所在智库的其他成员相比,这类学者具有相对独特的价值观念、行为方式和基本诉求,无疑会对中国外交政策的制定产生特殊的影响。李成就认为,近年来中国外交中的一些矛盾之处均可能与"海归"这一特殊群体的影响有关,比如中国"全方位"外交与明显过重强调中美关系,中美合作与许多中国精英头脑中的"阴谋论"等等。①

智库与涉外部门的互动,对于中国外交政策的制定产生了实际影响。比如,20世纪90年代中期,时任中国现代国际关系研究所研究员的阎学通,有感于国内讨论国家利益的匮乏和公众相关认识的模糊,撰写了《中国国家利益分析》一书,并在各种场合呼吁重视国家利益问题。此举产生了很明显的政策影响。最近十几年,维护和拓展国家利益已经成为中国外交政策制定者、外交官的常用话语之一。又如,2003年,前中央党校副校长、时任改革开放论坛理事长的郑必

---

① 李成曾专文探讨"海归"对中国外交政策和战略思考的影响。详见 Cheng Li, "Shaping China's Foreign Policy: The Paradoxical Role of Foreign Educated Returnees", *Asia Policy*, No. 10, July 2010, pp. 65-85.

坚访美归来后,向中共中央建议就"中国和平崛起发展道路"问题进行研究。同年1月30日,胡锦涛做出批示,要求由中共中央党校牵头开展相关工作。2005年,在中央对外宣传办公室的组织、主持下,多位专家经过多次讨论、酝酿,最终形成了《中国的和平发展道路》白皮书。2007年召开的中共十七大明确将"走和平发展道路"写入了政治报告。

必须指出的是,对于现阶段中国智库影响外交政策制定的程度不能估计过高。这与中国外交政策制定的体制、智库本身的发展状况特别是研究能力有关。正如前国务委员、外交部长唐家璇所言:

> 无论从数量还是质量来看,我国智库的研究能力和水平还远远不能满足形势发展和我国外交工作的实际需要。我国的智库对外交政策的制定的参与度还相当有限,我们还缺乏像美国布鲁金斯学会那样有实力和影响力的世界一流智库。在这方面,我们还有大量的工作要做。①

(二) 大众媒体

20世纪90年代以来,大众媒体(包括报纸、杂志、电视、广播等传统媒体和以网络为载体的新媒体)在中国日益发达,对国际事务和外交的关注和报道越来越多,受众越来越广泛,其影响外交政策制定的程度随之也在提高。相关方式主要有以下几种:

1. 提供国际事务和外交的独立信息。现在,全国性的大众媒体,如《人民日报》《光明日报》、中央电视台、中国国际广播电台等,一般都有规模不等的驻外机构②,都有自己独立的信息源。它们所

---

① 唐家璇:《在清华大学现代国际关系研究院成立大会上的讲话》。这是关于中国智库建设很有分量的演讲。

② 目前,人民日报社在国外设有39个分社;光明日报社在26个国家设有记者站;中央电视台与世界134个国家和地区的208个媒介机构建立了业务关系,并设有14个驻外记者站;中国国际广播电台在世界重要国家和地区建有30个驻外记者站,启动和建成6个驻外记者总站。以上资料由各媒体网站介绍汇总而成。

发布的信息,有时可能并不为外交部及其驻外使领馆所掌握。因此,外交政策制定者在进行相关决策时,就可能需要参考这些媒体的相关报道。

2. 把知识精英、舆论领袖的观点传达给外交政策制定者。现在,国内一些国际问题专家非常善于同大众媒体打交道,也乐于通过这类平台对有关议题发表观点,以扩大自己的社会知名度。大众媒体出于提升自身影响力、扩大读者市场等多方面的考虑,也乐于同这些专家建立紧密的合作关系,为他们提供言说的机会。鉴于专家们的特长及社会影响力,外交政策制定者对这些人的意见和观点不可能不予以重视。

3. 设置议程以影响民意。媒体的议题设置功能早已为人们所熟知。质言之,媒体设置议题的目的主要在于影响民意。2009 年 10 月,《国际先驱导报》等媒体发起"我对奥巴马有话说"的特别策划。从 10 月 12 日到 11 月 11 日,参与和关注此话题的中国公众超过 12 万人次,并收获有效提问 3102 条。① 而在当下的中国,据知名媒体人王文观察,与过去相比,民意对中国外交的影响和约束作用已经凸显。如果公众对某一外交事件反应较小,中国官方一般不会做出强烈的反应;反之,中国官方则会做出强烈反应。前者如 2010 年 5 月的中国留美博士生翟田田被美国地方当局关押事件,后者如 2010 年 6 月初的美韩黄海联合军演。②

由于当下中国的绝大部分媒体(包括传统媒体和新媒体)均具有官方性质,都必须受"讲政治"这一刚性原则的约束;而非官方的"网络媒体在国际新闻报道方面仍受到许多限制","例如,许多网络媒体新闻自采权","政府有关部门出于政策和外交上考虑,对于国际新闻

---

① 于泽远:《奥巴马下周访华 中美议题庞杂 但合作大于分歧》,http://www.zaobao.com/special/china/sino_us/pages7/sino_us091114.shtml。
② 蒋昌建、沈逸:《大众传媒与中国外交政策的制定》,载《国际观察》2007 年第 1 期,第 43—50 页;王文:《中国民意的崛起与美国研究的未来》,载《现代国际关系》2010 年第 7 期,第 12 页。

报道会有一些合理的调控"。① 因此,尽管大众媒体越来越开放,对国际事务和外交的关注度还会进一步提高,但对外交政策制定的影响仍然是有限的。

(三) 普通公众

普通中国公众关注外交政策并试图对其制定施加影响,是最近20多年的事,这与中国与外部世界的互动加深、公众利益与国家外交政策的变化日益相关等因素有着直接的关系。在当下,这类公众的主体是那些数量上迅速增长、行为上极为活跃、态度上变幻不定的网民。根据中国互联网络信息中心提供的数据,截至2010年6月,中国网民规模达到4.2亿。这个数字比目前美国的总人口还多。② 网络技术的发展及其广泛运用,公众受教育程度的普遍提高,使得普通中国公众可以很便捷地获取有关国际事务和中国外交的信息和观点,对相关议题的关注度显著上升。一个直接但并非总是积极的后果是,网络民族主义(Cyber Nationalism)生成并得到广泛传播。最为常见的现象是,互联网上经常出现对中国领导人"屈服"于外国需要的激烈批评。这种状况对中国外交政策制定者构成了一定的压力,使他们在处理某些对外关系和外交问题时在行动上受到限制,特别是在与美国、日本、西欧、印度等与中国有"过节"的国家发生摩擦或冲突时,或是在涉及台湾、西藏、新疆等敏感问题时,情况尤为如此。黄亚生就认为:

> 美中关系健康与否不再仅仅取决于白宫和中南海的官员之间的握手和秘密协议。在对华政策方面,普通百姓的意见越来越重要。中国的舆论也开始在一系列对中美关系至关重要的问题例如汇率、国内消费在中国经济增长中发挥作用以及私营部门的发展中变得重要起来。③

---

① 王博、薄旭:《到现场去!到现场去!》,载《世界知识》2009年第18期。
② 《第28次中国互联网络发展状况统计报告》,http://www.cnnic.cn/research/bgxz/tjbg/201107/t20110719_22120.html。
③ Yasheng Huang,"Talking to Main Street, China", *Foreign Policy*, November 2008, 2010.

普通公众在试图对中国外交政策制定施加影响时,很容易受到大众媒体特别是知识精英、舆论领袖的意见的影响。这与后者所掌握的信息更为丰富、专业知识水准更高有关。但这并不是说彼此的意见总是一致,两者间的冲突其实屡见不鲜。① 在不少情况下,网民言辞激烈地抨击一些国际问题专家,戏称他们是"砖家";个别情况下,一些专家甚至会被戴上"汉奸"的帽子。② 也正因为如此,专家们有时候会抱怨公众的素质过低。

除此之外,在与他国的外交博弈中,中国外交政策制定者有时也会有意识地利用公众舆论为自己的立场和政策进行辩护,或向对方施压。比如人民币汇率问题,温家宝总理在会见美国政要时,就曾提醒对方要注意中国国内在该问题上形成的民意。当然,中国外交政策制定者在决策过程中将公众因素纳入视野的同时,也在试图控制其影响,以使其不至于"绑架"外交决策。③

总之,无论存在怎样的缺陷和不足,中国"网民已经成为名副其实的外交参与者"。④ 中国外交官员也是承认这一点的。比如,外交部部长助理乐玉成就曾表示,中国外交决策、政策规划越来越注重参考公众的意见。当前来自报纸、电视等媒体的信息,甚至是网民的意见都是中国外交决策、政策规划时的重要参考。但他也强调,正确引

---

① 这种状况在其他社会领域同样存在。参见沈湘平:《公共领域中专家与大众的冲突》,载《东南学术》2008 年第 5 期。

② 网上曾流传过一份所谓的"中国十大汉奸"名单,入围者均为国内著名国际问题专家。

③ 唐家璇在前文提到的演讲中就含蓄地谈到了这一点。王缉思也建议,"需要对中国政治精英和普通公众的不同立场和观点加以疏导","将公众对政府政策的支持调动起来,可以在巩固政权国内声望的同时增强在外交上讨价还价的能力"。Wang Jisi, "China's Search for A Grand Strategy", *Foreign Affairs*, March/April 2011.

④ 加藤嘉一:《什么是"网络民族主义"?》,http://www.ftchinese.com/story/001035021?。加藤嘉一在同一篇文章中还认为,2010 年 9 月中日撞船事件发生后,中日间的众多民间项目被迫取消、第二次东海问题原则共识政府间谈判被延误、中国禁止对日出口稀土等,背后操作局面的与其说是政府外交有关人士,不如说是中国国内高涨的民族主义绑架决策者的结果。

导舆论,媒体向公众提供准确、全面的信息至关重要。①

也正因如此,一些外国政府和智库已经开始注意中国的公众舆论(民意)。自2005年中国发生涉日游行之后,日本外务省便加强了对中国民意的研判,尤其是互联网上的涉日言论。一些重要的涉日文章,会很快被翻译成日文送到外务省官员的案头,以供决策参考。② 2009年初,卡内基国际和平基金会在一份"政策咨询"中建议,新上任的奥巴马政府在制定有关中国的政策时应重视中国的民意。因为互联网的迅速发展不仅让普通中国公众获得了更多的信息,也让中国政府在与美国打交道时越来越多地受到民意的影响。③ 2010年10月,美国驻华使馆新闻发言人在接受中国媒体采访时直言,"不论是在华盛顿,还是在美国驻华使馆,领导们都深深重视中国的民意,不仅仅是关注,在作出政策决定时,他们同样会考虑到中国的民意。"④而有关国家的政府在这一基础上制定的对华政策,又会反过来影响中国外交政策的制定。

当然,我们也应当看到,由于外交政策制定的特殊性、中国公众舆论的发育特点以及公民社会的成长状况等原因,认为目前普通公众对中国外交政策制定已有较大影响也是不准确的。尽管在可预见的将来,这种影响同样可能会有所上升,但国外众多经验显示,这种影响依然是相对有限的。

---

① 参见《外交部官员:公众意见是中国外交决策的重要参考》,http://www.chinanews.com/gn/2010/09-04/2511908.shtml。

② 参见梁辉、秦逸:《民意助力中国外交出击》,载《国际先驱导报》2010年11月5—11日第6版。

③ Tianjian Shi," Avoiding Mutual Misunderstanding: Sino-U. S. Relations and the New Administration", in Carnegie Endowment for International Peace, *Foreign Policy for the Next President*, January 2009.

④ 张吉米:《中国民意会直抵华盛顿决策者》,载《国际先驱导报》2010年11月5—11日第7版。关于美国政府重视中国民意的原因以及搜集中国网络民意的方式,可见华鼎:《美国政府为何重视中国网络民意?》,http://www.tiandainstitute.org/goodsite/good/search.jsp。

五、结论与展望

上述研究表明,由于当今中国所面临的外交议题日益多样化、技术化,卷入中国对外事务的行为体已经不仅仅限于传统意义的外事部门,越来越多的国内机构、组织甚至是个人关注外交政策,并且有意愿、有可能参与到外交政策制定的过程中来,从而呈现出跨部门、跨行业、跨层次的特点。尽管参与到外交政策制定过程中的机构、组织和个人都声称是在维护国家利益,但他们实际上都有特殊的利益诉求,对特定问题的认识和立场有明显的差异,因此在某些问题上也就不可能做到"只有一个声音在说话"。① 也正因为如此,在外交政策制定过程中进行跨部门、跨行业、跨层次的协调以达成决策所需要的共识,已经变得越来越困难。从积极方面说,这会使外交政策制定者更谨慎,考虑更周全,从而减少决策失误的可能性。从消极方面说,它也会加大决策成本,降低决策的效率和灵活性。所以,如何因应内外形势的深刻变化,积极改革和完善现有的外交政策制定体制、机制,特别是适度提升外交部的政治和行政地位,在牢牢把握政策制定主导权和正确方向的基础上,最大限度地调动有关参与者的积极性、主动性和创造性,有效整合各方的观念分歧和利益冲突,以最大限度地维护国家利益特别是核心利益,是外交政策制定者必须认真加以思考和解决的问题。

应当说明的是,由于研究对象的特殊性和复杂性,获取相关资料较为困难,这在一定程度上影响了本文的精确度。严格说来,本文只

---

① 中国前驻伊朗大使华黎明在 2011 年的一次访谈中就不无忧虑地指出,"中国外交,改革开放以后,比过去活跃多了,但是有一个大问题,中国太分散了,各个部门,各个地方都在搞外交。"他举例说,"海事部门、部队、总参、总后、海监、海洋局、农业部各个部门,如果这么多的头,在南海都是各自为政,自己来操作的话,将来这个局面就不可收拾,出了什么事情,中央的最高决策当局不知道。"因此,华大使建议,"我们的外交尤其是在南海的问题上要高度统一,对外只能有中央一个声音,没有中央决策谁也不能动,过去五六十年代搞外交都是这样的……"《中国在南海问题上可以改进的地方》,http://bnchina.news.huanqiu.com/opinion/roll/2011-08/1864648.html。

是确立了一个较为完整的研究议程或分析框架。本文作者在研究中还深切地感到,中国政治和行政体制的特殊性,使得处于这一大背景下的中国外交政策制定者以及影响力量具有与其他国家明显不同的行为特点和相互关系。所以,简单沿袭已有的——主要是源自美国的——外交决策理论特别是其中的分析模式,是无法有效解释中国外交政策制定者、影响力量的行为、相互关系以及政策制定过程的。未来应当在更为全面、系统地掌握有关资料的基础上,进行更为扎实、深入的实证研究,以建立中国自己的外交政策分析模式,逐步改变"中国外交理论远远落后于外交实践的局面"①。

本文原载于《外交评论》2012年第2期,此次发表有修改。

---

① 钱其琛语。参见吴建民:《外交案例》,北京:中国人民大学出版社2007年版,"钱其琛序"。

公众对中国外交的参与及其影响
——基于 2003 年的三个案例的研究

【内容摘要】

公众对中国外交的参与已是不容忽视的客观事实。本文采用案例研究法,选取发生在 2003 年的三个案例,讨论了哪些公众通过何种方式和途径参与了中国外交、中国政府对此类参与行为的反应如何等问题。本文的基本结论是:公众对参与中国外交已有较高的积极性和主动性,这方面的意见领袖开始形成并发挥较大作用;通过媒体表达观点和立场是公众参与中国外交的主要方式,其中新兴电子媒体已成为重要平台;中国政府对公众参与外交的反应是谨慎和有节制的,两者虽有互动但并未制度化、经常化;公众参与对中国外交的实际影响虽较以往有所增强,但总体而言依然十分有限。

导言

1. 问题的提出与研究现状

近年来,公众对中国外交的参与日趋活跃,影响逐渐上升,并受到中外学术界越来越多的关注。王逸舟认为,伴随市场经济发展而兴起的市民社会,已经使得中国外交决策的制定潜含着受社会态度否决的可能,外交部门受到来自民众的压力也在增加。① 约瑟夫·菲斯密斯(Joseph Fewsmith)和斯坦利·罗森(Stanley Rosen)发现,20世纪 90 年代以来,在中产阶级日益强烈和广泛的政治参与过程中,中国外交决策层对公众的观点越来越敏感了。② 而江忆恩(Alastair Iain Johnston)更为细致的实证研究进一步支持了这一观点。③ 洪浚浩在考察了中国涉及外交与国际关系的网络论坛与中国政府的互动关系后指出,网络上的公共舆论是否和怎样对中国外交政策的制定起作用,现在仍然很难判断。这是因为,目前中国大多数人仍依赖政府渠道和官方媒体来获取新闻信息,还未产生一个能让多数公众参与的公共领域。④

此外,还有一些专著和论文也从不同角度或多或少地涉及了公

---

① 王逸舟:《市民社会与中国外交》,载《中国社会科学》2000 年第 3 期。
② Joseph Fewsmith and Stanley Rosen, "The Domestic Context of Chinese Foreign Policy: Does 'Public Opinion' Matter?" in David M. Lampton, ed., *The Making of Chinese Foreign and Security Policy in the Era of Reform, 1978-2000*, Stanford: Stanford University Press, 2001, p. 341, p. 370.
③ Alastair Lain Johnston: "Chinese Middle Class: Attitudes Towards International Affairs: Nascent Liberalization?" *The China Quarterly*, No. 179, 2004. 此外,布鲁金斯学会研究员李成、乔丹·李也撰文指出,中国中产阶级的壮大有益于中美关系。虽然作者没有点明中国中产阶级对本国外交事务到底有何影响,但人们还是很容易从其阐述中得出"中产阶级是影响中国外交事务的一个因素"这一结论的。See Cheng Li, Jordan Lee, "Obama's China Trip: Forging Middle Class Ties", *China Brief*, Vol. 9, No. 20 October. 7, 2009. http://www.jamestown.org/programs/chinabrief/archivescb/cb2009/.
④ 洪浚浩:《中国的网络舆论:在国际关系领域与政府的互动》,载《当代中国研究》2007 年第 2 期。

众对中国外交的参与及其影响问题。①

应当说,以往这方面的研究取得了不小的成绩,但也存在一些缺陷和不足,主要有:(1)所使用的一些概念,如"市民社会"(civil society)、"中产阶级"(middle class),争议甚多、不易操作;(2)与第一点相关,虽然研究者看到了公众在参与中国外交的过程中存在差异,但由于所使用概念本身的问题,其精细度有待提高;(3)虽然研究者都看到并承认互联网特别是网络论坛等新兴电子媒体②在公众参与外交的过程中发挥了作用,但没有深入分析新兴媒体与传统媒体③在公众实施参与行为的过程中发挥作用的差异;也没有深入探讨中国政府是如何利用新兴媒体与公众进行互动的;(4)一些研究者对中国政府对待公众参与外交的态度及所采取的回应行动的评价过于负面,与事实并不相符。

基于上述情况,本文关注以下四个问题:哪些公众参与了中国外交?他们通过何种方式和途径进行参与?中国政府是否或怎样回应这种参与行为?如何评估公众的参与行为对中国外交的影响?本文的主要目的在于从一个侧面透视中国国内的社会因素与中国外交之间的关系。

---

① 主要有:刘继南:《大众传播与国际关系》,北京:北京广播学院出版社1999年版;郝雨凡、林甦主编:《中国外交决策:开放与多元的社会因素分析》,北京:社会科学文献出版社2007年版;杨光斌、李月军等:《中国国内政治经济与对外关系》,北京:中国人民大学出版社2007年版;王军:《试析当代中国的网络民族主义》,载《世界经济与政治》2006年第2期;蒋昌建、沈逸:《大众传媒与中国外交政策的制定》,载《国际观察》2007年第1期;任远喆:《国内舆论与中国公众外交:"国家—社会"的研究视角》,外交学院2009年博士论文;Peter Hayes Gries, *China's New Nationalism, Pride, Politics, and Diplomacy*, Berkeley & London: University of California Press, 2004.

② 近年来,随着信息技术的进步及广泛使用,新兴电子媒体(或曰新媒体)的类型更加多样。本项研究中的新兴电子媒体主要指互联网网站和网络论坛(Bulletin Board System,简称BBS)。

③ 按照传播学的界定,传统媒体包括印刷媒体和电子媒体两大类。在本项研究中,我们不讨论传统电子媒体即广播和电视在公众参与外交事务中的作用,主要讨论传统印刷媒体,包括报纸、新闻时政类杂志、专业学术期刊。

2. 本文的研究方法及案例选择的理由

本文拟采用案例研究法。我们选取了2003年的三个案例,即关于"中日关系新思维"之争、关于"伊拉克战争的性质和中国应采取的立场"之争、李肇星与公众在线互动。

选择上述三个案例,主要基于以下两个原因:一是2003年的特殊性。是年,中国最高领导层顺利完成了权力交接,"胡锦涛—温家宝体制"初步形成。该体制提出了"以人为本""执政为民"等新理念,试图进一步改善政府与公众的关系,以实现中国政治的长期稳定、经济的可持续发展。作为"胡锦涛—温家宝体制"的重要组成部分,新任外交部长李肇星所领导的外交部也采取了一些具体措施,试图加强与国内公众的沟通。① 因此,2003年被普遍认为是中国外交较为开放的一年。深入分析这一年的若干代表性案例并从中得出某些带有规律性、趋势性的判断,对于理解其后若干年的中国外交有一定的意义。二是案例本身所涉及的问题的重要性。就第一个案例而言,我们知道,中日关系历来受到中国政府和公众的高度关注;而历史上的恩恩怨怨,现实的诸多利益纠葛,又使这一关系极为敏感、复杂。就第二个案例而言,伊拉克战争的地缘政治后果及对国际体系的影响均与中国有着直接的利害关系,而中国对这场战争的态度和政策还会对中美关系产生直接影响。因此,中国政府和公众都对上述两个案例所涉及的问题投入了巨大的精力、注意力,双方的交集使得彼此潜在或实在的互动得以形成。就第三个案例而言,外交部作为中国外交政策的执行机构,面临着来自中国公众参与外交的直接压力,是否以及怎样回应,从而既能够有效地缓解压力,又可以赢得公众对中国外交的理解和支持,是其必须面对且应认真加以解决的重大课题。而李肇星与公众的在线互动是一种值得肯定的尝试,也

---

① 这一年,外交部领导赴全国各地做内部的国际形势报告20余场,新闻司、处领导做报告58场,其他各司也做过多场报告。参见张修智:《中国力推公众外交》,载《瞭望东方周刊》2004年第14期。

是当代中国外交史上的第一次。

我们所选择的三个案例,既围绕着"公众对中国外交的参与及其影响"这一共同的中心,又有不同的侧重。在"关于'对日关系新思维'之争"这一案例中,我们侧重关注中国公众参与外交事务的方式与途径、意见领袖的形成与特点;在"关于'伊拉克战争的性质及中国应采取的立场'之争"这一案例中,我们侧重关注新兴电子媒体、市场化程度较高的半官方传统媒体在公众参与外交的过程中所发挥的作用;在"李肇星与公众在线互动"这一案例中,我们侧重关注中国外交政策的决策者和执行机构对公众参与外交的态度。这样做也是符合案例研究的一般原理的。①

应当说明的是,作为一项案例研究,本文除了存在此类研究所普遍具有的种种缺陷外,还有一些由于特定原因所造成的不足。比如,没有对研究中所涉及的意见领袖及外交决策者、执行者进行个别访谈;又如,一些发表在互联网上的资料因技术原因无法获得,这在第二个案例所涉及的"挺战派"部分最为明显;再如,由于本文作者不懂日文,因此在第一个案例中无法搜集到日本方面的第一手材料,目前所使用的日方材料均为已翻译成汉语的材料,而且数量很有限。此外,笔者还缺乏传播学方面的专门训练。这些都在不同程度上影响了本文研究的质量。

3. 关于"公众""参与"两个概念的界定

对于"公众"(the public)这一概念,学术界尚未达成共识。限于篇幅,我们不拟做过多的学理探讨。我们认为,政治科学研究的公众是一个相对于政府(government or administration)而言的概念,它一般是指一国内部不在政府部门就职特别是不属于决策者(policymaker)的个人(individual)或不隶属于政府部门的组织。基于中国现行体制的特殊性,本文把非政府决策部门、非官方外交系统的个人均视为公

---

① 关于案例研究的一般原理,可见李少军:《国际关系学研究方法》,北京:中国社会科学出版社2009年版,第四章"案例研究法"。

众,并且不涉及社会组织这一群体性公众。至于公众的类型,基于学术界已有的研究,我们将其大体划分成三个层次:(1)对外交和国际事务所知较多、兴趣颇大且有很强意见表达能力和很高参与热情、行动甚为积极的公众。他们是公众中的极少数,属于"首要公众"或"关心的公众"(attentive public)。在这部分人中,那些能够引领舆论、参与热情最高的人,是"意见领袖"(opinion leader,亦称"舆论领袖")。(2)对主要外国有较为确定的态度、对外交和国际事务的某些方面有所了解并有一定的意见表达能力和参与倾向、行动较为积极的公众。他们约占公众总数的两至三成,属于"次要公众"。(3)在某些情况下可能对极少数问题有兴趣并有所表达、有所参与,但对大多数外交和国际事务无兴趣、无知识、无表达也无参与倾向的公众,他们是公众中的大部分或绝大部分,属于"边缘公众"。①

"参与"(participation)是本文的另一个关键词,学术界对此也未有定论。我们认为,所谓参与或者说公众参与(public participation),从参与者(participant)的角度而言,就是公众有意愿、有能力介入可能影响他们生活的公共决策过程中去的行为;而对公共机构(public agency)来说,参与就是其愿意听取和考虑公众的意见、建议、立场和态度,并在决策结果中有所体现。公众参与的核心在于公众和公共机构的互动;如果两者没有互动,而仅有一方的行为发生,公众参与就是不成立的。② 本文所探讨的公众对外交的参与属于公共参与的一种类型,是一种政治行为。

---

① 我们在做这种区分时,参考了 James N. Rosenau, *Public Opinion and Foreign Policy*, New York: Random House, 1961, p.34;时殷弘:《20世纪西方大众政治对国家对外政策和外交的影响》,载《南京大学学报》(哲学人文社科版)2001年第3期;戴维·米勒等:《布莱克维尔政治学百科全书》,邓正来等译,北京:中国政法大学出版社2002年版,第609页。

② 该界定参考了蔡定剑的论文《公众参与及其在中国的发展》,载《团结》2009年第4期。

二、2003年中国公众参与中国外交事务的三个案例

（一）案例一：关于"对日关系新思维"之争

1. 争论的缘起

2001年小泉纯一郎出任日本首相后，对日本的对华政策进行了调整，并不顾中方的强烈反对执意参拜了靖国神社，由此导致中日关系出现空前困难。2002年，适逢中日建交30周年。是年秋，中国共产党举行第十六次全国代表大会，中国最高领导层开始进行权力交接；本次大会的政治报告还提出了"与邻为善、以邻为伴"这一处理中国与周边国家之间关系的新方针。在此背景下，中日关系的未来走向引人注目。

2002年12月，曾因出版《交锋》《呼喊》等讨论当代中国政治思想现状的著作而声誉鹊起、时任《人民日报》新闻部主任评论员的马立诚，在海内外甚有影响的《战略与管理》杂志①上发表了《对日关系新思维——中日民间之忧》一文。该文提出了如下观点：鉴于日本已经就侵华战争问题向中国进行了21次"谢罪"，因此中日历史问题已经解决，中方不应再抓住历史问题不放，而应对日本宽大为怀，与其共同面向未来。马立诚还对当时中国日渐激烈的"狭隘民族主义思潮"进行了严厉的抨击。②

2003年4月，适值《中日和平友好条约》签署25周年之际，以研究国际关系史和美国外交见长的中国人民大学教授时殷弘发表论文

---

① 被国际社会誉为"东方的'外交事务'"的《战略与管理》杂志，由中国战略与管理研究会创办。该研究会名誉会长、会长及高级顾问均为中外前政要。详见 http://www.cssm.org.cn/html/index_zlygl.html。

② 参见马立诚：《对日关系新思维——中日民间之忧》，载《战略与管理》2002年第6期。此后，马立诚又先后在香港凤凰卫视的"世纪大讲堂"（2003年7月19日播出）发表演讲，参与中共中央宣传部主办的《时事报告》杂志组织的笔谈（文见《时事报告》2003年第7期，题为《中日交往要有新思维》），在日本著名综合性刊物《文艺春秋》2003年10月号上发表题为《日本已经向中国道歉21次了》的文章，并接受该刊记者的专访，在文艺春秋出版社、日本中央公论社分别出版《日本不必向中国谢罪》《摆脱"反日"》两部著作，更为详细地阐述自己的观点。

《中日接近与外交革命》,对"对日关系新思维"进行了更为系统也更为学术化的阐述。该文同样刊载于《战略与管理》上。作者认为,中日关系持续紧张对中国是相当危险的,因此有必要进行一场"外交革命",以实现中日接近。只要中日关系有大幅度进展,就可以"显著增强中国对美外交的杠杆"。为此,应采取五大举措,包括:大体满足于日本对侵华战争罪行的反省道歉;多和日本做生意,少和美国、欧盟做生意;不过分夸大日本扩充军备的危险性;把日本当作政治大国看待;不阻拦日本成为联合国安理会常任理事国。①

总体上看,马、时两人的观点是一致的。两者略有不同的是:马认为,中日历史问题已经解决,不应该再纠缠不休;而时认为,中日历史问题虽然没有完全解决,但应该将其放下来,彼此以友好为重。

上述两篇文章发表后,迅即在中日两国引起巨大反响,并直接引发了大范围的激烈争论。2003年末,"对日关系新思维"之争分别被中日两国的权威传媒人士评为"2003年中日(日中)关系十大新闻"之一。

2. 争论的扩展:对立的立场、意见领袖的形成和多样化的平台

在日本,马立诚的文章甫经发表,便受到各方的高度关注。这也许与该议题的敏感性、作者的身份以及相关杂志的背景有很大的关系。《读卖新闻》在第一时间跟进报道了马立诚的文章,并称"这是中共十六大产生的新领导层转向对日新方针的标志";《文艺春秋》《中央公论》《世界周报》等其他日本主流媒体也全文或摘要发表了这篇文章。之后,日本媒体继续大量报道中国即将转向"对日关系新思维"的消息,但都未提及中国国内的不同意见特别是互联网上的强烈反对之声。时殷弘的论文发表后,日本外务省马上邀请作者赴日

---

① 参见时殷弘:《中日接近与外交革命》,载《战略与管理》2003年第2期。其后,时殷弘又分别参加了《抗日战争研究》(文见2003年第3期,题为《历史问题与大战略权衡》)和《世界知识》(文见2003年第16期,题为《不妨大致地搁置历史》)两杂志组织的笔谈,在《世界经济与政治》2003年第9期上发表论文《关于中日关系的战略性思考》。他还于2003年5月、12月两次赴日发表关于"对日关系新思维"的演讲。

访问,并主动提供发表演讲的机会。

在中国,起初学术界特别是日本研究界对马、时两人的文章反应冷淡,认为他们缺乏对日本最起码的了解,其观点是"一厢情愿,是既不知己也不知彼的表现",因而是不值得一驳的"外行之见"。① 但随着事态的发展,特别是面对日本方面日益强烈的反应,中国学术界、理论界及媒体开始就"中国在对日政策中要不要新思维""需要怎样的新思维"等问题展开激烈争论。"对日关系新思维"一词也成为2003年夏秋两季除"非典"(SARS)之外中国舆论界最热门的话题之一。

在这场争论中,反对"对日关系新思维"的一方占据了上风,其中林治波、金熙德是这一方的代表人物。

林治波是马立诚的同事,时任《人民日报》新闻部副主任,但其在对日问题上的立场却与后者截然相反。马、时两人的文章发表后不久,林治波即在由人民日报社主办的《时代潮》杂志2003年第14期、第16期上先后发表《对"对日关系新思维"之九点质疑》《对日关系新思维再质疑》两篇长文,对马、时二人的观点进行抨击。这两篇文章还被上传到由人民日报社主办的人民网的重要位置,并被日本媒体判断为迄今为止"中国官方网站发表的最为严厉的批判文章"。② 稍后,林治波又在《学习月刊》杂志撰文③,参与《抗日战争研究》杂志举办的"笔谈中日关系中的历史问题"④,更为系统地阐述自己的观点。在他看来,所谓"对日关系新思维",其实质就是要求中国以单方面的宽容大度和妥协让步求得中日友好。

作为中国社会科学院日本研究所的研究员,金熙德当时在学术界享有一定的声誉。2003年9月,考虑到日本国内关于"对日关系

---

① 参见孙亚菲:《对日需不需要"新思维"?》,载《南方周末》2003年6月12日第9版。
② 同上。
③ 林治波:《对日关系的四大质疑》,载《学习月刊》2003年第9期。
④ 林治波:《"对日关系新思维"质疑——与时殷弘教授商榷》,载《抗日战争研究》2003年第3期。

"新思维"的舆论声势"已超出了对中国对日方针的猜测和误判的层次而进入舆论炒作和外交施压的境地,已对我国的对日外交和舆论形成了重大的负面压力"①,正在日本讲学的金熙德将其用日文写成的相关文章结集成《评对日关系"新思维"》一书,同时翻译收录了前述的林治波的两篇文章,由旅日华侨开办的日本侨报社出版发行。稍后,中国社会科学院日本研究所举办了该书出版座谈会,来自中华日本学会、中日友好协会、中日关系史学会、中国国际问题研究所以及中国社会科学院其他研究所的专家、学者参加了此次会议。② 与会者对"新思维"进行了强烈谴责。老资格的日本问题专家、中国社会科学院日本研究所研究员朱绍文认为,"新思维"本身就是错误的,中国不需要"新思维",而日本更需要"新思维"。日本人之所以喜欢"新思维",不过是"新思维"说出了日本右翼想讲但不敢讲的话。他还"奉劝"那些应日本方面邀请即将赴日宣传"新思维"的学者:"闹剧"该收场了。③

此外,2003 年 7 月,中国社会科学院所属的《世界经济与政治》编辑部与由中国外交部主管的《世界知识》编辑部,在北京共同举办"对日关系战略思考与比较"研讨会,与会的专家、学者分别来自中国社会科学院、全国日本经济学会、日中关系研究所、中国国际战略研究基金会和外交部政策研究室。部分与会者的发言稿分别刊登在《世界知识》2003 年第 16 期、《世界经济与政治》2003 年第 9 期上,这些文章的作者基本不赞成或者根本就是反对"对日关系新思维"。

除了借助新闻时政类杂志、专业学术期刊、报纸等传统印刷媒体展开争论外,互联网站特别是网络论坛也是这场争论中公众表达意见和立场的重要平台。介入的网站、网络论坛既包括大量非官方的,

---

① 金熙德:《驳"对日新思维",争国际话语权》,载《中国社会科学院院报》2006 年 8 月 31 日第 4 版。

② 日本媒体极为关注此次会议,几大媒体驻京记者几乎全部到会,《朝日新闻》《读卖新闻》和《赤旗报》都是中国局局长(相当于首席记者)亲自出席。

③ 石洪涛:《北京部分学者质疑对日"新思维"》,载《中国青年报》2003 年 9 月 29 日,第 4 版。

也包括不少官方的。① 一些著名的门户网站和专门性的网络论坛更是"人声鼎沸"。次要公众、边缘公众通过这些新兴电子媒体发表意见和观点，表达立场和态度，其形式包括网文、跟帖、转贴等。一些意见领袖也直接上网发文；而这些文章或刊有他们观点的访谈、新闻报道一经上网，均会产生广泛影响，不仅点击量巨大，而且会被迅速转载、转贴。比如，介绍金熙德等人观点的新闻综述《对日需不需要"新思维"？》在《南方周末》发表后，短短几天，国内数千家网站予以转载。②

与反对"新思维"的强大声势甚至是道义上的优势相比，赞同"新思维"一方的阵容要小得多，声音也微弱得多，态度上则不乏悲壮色彩。

由于面临中国学术界、理论界的普遍质疑和严厉批评，并遭受到公众在互联网上几乎一边倒的谩骂和攻讦，马立诚、时殷弘两人在一段时间里均已不愿意接受媒体的采访。但就在这时，中国社会科学院日本研究所原副所长、知名日本问题专家冯昭奎却高调出场，从而成为这场争论后半段的代表人物。他数月之内在《战略与管理》杂志上连续发表三篇文章③，提出了"对日新思维"的五项原则和十个特色；期间又在《世界经济与政治》等学术刊物、《世界知识》和《瞭望新闻周刊》等新闻时政类杂志以及《中国经营报》上发表多篇文章，系统地阐述自己的观点。值得注意的是，冯昭奎虽然积极主张对日关系要有新思维，但又坚决反对马、时两人的观点，认为既要认真解决历史问题，又要积极发展中日关系，而且后者更重要、更有全局性；对日关系要双管齐下。尽管与马立诚、时殷弘二人相比，冯昭奎的专业知识要丰富得多，他的有关论述几乎涉及了中日关系的所有问题，并

---

① 人民网、新华网这两家中国最有代表性的官方网站均深度介入了这场争论。
② 参见金熙德：《驳"对日新思维"，争国际话语权》。
③ 冯昭奎：《论对日关系新思维》，载《战略与管理》2003年第4期；《再论对日关系新思维》，载《战略与管理》2003年第5期；《三论对日关系新思维》，载《战略与管理》2003年第6期。翌年，冯又发表《四论对日关系新思维——在日本早稻田大学谈中日关系》，载《战略与管理》2004年第2期。

且把"对日关系新思维"的思路推而广之,提出了"对亚新思维""新思维外交"等概念,但就实际影响而言,他却远逊于马、时两人。因此,人们在谈起中国"对日关系新思维"时,较多地还是把它与上述马、时二人两篇最具代表性的文章画等号,而很少有人将其与冯的著述联系起来。

3. 中国政府是否对"对日关系新思维"之争做出了回应?

从本文作者搜集到的资料看,中国政府——包括外交决策者和外交执行机构——从未正面回应或评价过"对日关系新思维"。虽然有政府机构的研究人员参与了相关讨论并在媒体上公开发表看法,①但刊载这些文章的媒体均在编者按中声明,文章的观点并不代表作者所在部门。所以,尽管参与"对日关系新思维"之争的意见领袖就职于具有官方或半官方色彩的各种研究机构或新闻媒体,但我们并不能将这些人的观点等同于中国政府的见解,也不能把他们的主张看作是代表了中国政府的政策。一些意见领袖甚至公开否认自己的文章具有官方背景。马立诚、林治波就在各种场合反复强调了这一点。② 当然,这里也不排除有些人在著述时揣摩过中国政府特别是外交决策者的意图。马立诚就说过,"我也不是毫无来由地写这样的论文。除了大胆地发表自己的观点之外,还因为我很清楚国家的领导阶层正在希望能够从某种层面改善中日关系,并正在做不同的尝试和摸索。所以我的新观点是被领导阶层作为打开中日局面的一个材料所支持和接受的。"③

从实践层面看,2003 年及以后,中国政府在处理对日关系方面

---

① 比如,外交部政策研究室副主任杨燕怡曾参加"对日关系战略思考与比较"研讨会,但其题为《不是为了斗而斗》的发言稿(后发表在《世界知识》2003 年第 16 期上),并未正面回应"对日关系新思维"问题。

② 不过,马立诚也曾表示说,他平时所接触和经常交流的外交官员都对其观点"给予了一定的理解","当然,国家领导人也不例外。"但他并没有提供更为具体的信息,因此我们无法对其真实性作出判断。

③ 参见马立诚与《文艺春秋》记者的对话录,http://www.gznf.net/forum/redirect.php? tid = 10944&goto = lastpost。

的确采取了某些被外界视为"颇具新意"的举措。比如,尽管中日关系在2003年间受到诸多不愉快事件的困扰①,但双边经贸额依然创下历史新高,日本也一跃成为中国最大贸易伙伴。② 在政治关系方面,2003年5月31日,胡锦涛主席在与小泉纯一郎首相举行新一届中国政府上任后的首次中日高层会谈时强调,中日双方应从"战略高度"和"长期角度"出发,积极推进两国关系的发展。2003年8月15日,日本60多名内阁政要参拜靖国神社。在此背景下,吴邦国委员长还是于9月3日如约开始了为期一周的访日行程。9月5日,在东京出席纪念《中日和平友好条约》缔结25周年的盛大招待会上,吴邦国发表讲话时指出,中日双方应"从长远和战略高度对待和运筹两国关系"。他还引用了邓小平的一句话作为演讲的结束语:"把中日关系放在长远的角度来考虑、来发展。第一步放在二十一世纪,还要发展到二十二世纪、二十三世纪,要永远友好下去,这件事超过了我们之间一切问题的重要性。"③

需要指出的是,虽然在政策和实践中已经出现了所谓的"对日关系新思维",但中国政府却从未在正式文件中使用过这个词。

4. 小结

2002年底到2003年末的一年间,中国公众围绕"对日关系新思维"问题而展开的公开争论,无论是参与的范围,抑或讨论的深度,还是其所产生的影响,都是前所未有的。据不完全统计,正式发表于国内外各种传统印刷媒体上的争论文章达数百篇,结集成册在中日两国出版的书籍至少有5种;至于新兴电子媒体上的文章、跟帖,则更是不计其数。有学者认为,这场争论在一定程度上可以看作"是中国

---

① 包括:保钓事件,小泉纯一郎参拜靖国神社,齐齐哈尔侵华日军遗留化学武器伤人案,中国留学生福冈杀人案,在中国西北大学执教和学习的日本师生公然进行下流表演事件,200余名日本游客在中国珠海集体嫖娼事件。
② 参见朱萍:《中日关系新局从何破题》,载《新闻周刊》2004年第2期,第36页。
③ 吴邦国:《发展中日友好 造福两国人民》,http://news.xinhuanet.com/world/2003-09/05/content_1065960.htm。

政治民主化、决策科学化日益扩展到对外政策领域的一个体现"。①

虽然我们无法给出确切的统计数字,但综合各方面的信息,至少可以做出如下判断:参与这场争论的中国公众数量庞大。② 就参与者的职业身份而言,既包括数量较少的社会精英,如新闻媒体的记者、专业研究人员③、大学教师等;也包括数量甚多、职业分布广泛的普通公众。④ 前者无疑属于首要公众,后者只能算作次要公众、边缘公众;其中主流新闻媒体的资深记者、专业学术团体的资深研究人员、著名大学的资深教授扮演了"意见领袖"的角色——无论观点如何,他们均在不同程度上发挥了引发争论、引领舆论的作用。此外,意见领袖的表达方式与其对公众的影响程度有一定的关系。比如,记者出身的马立诚、林治波文字浅近而立场鲜明,作为学者的时殷弘则使用了略显夸张的"外交革命"(diplomatic revolution)一词;相形之下,学院派色彩浓厚的金熙德、冯昭奎虽然在表达方面较为专业、规范,但也因此而略显生涩、拘谨。

次要公众和边缘公众在这场争论中的表现具有强烈的情绪化、简单化甚至是粗鄙化的特点。这两部分公众中的相当一部分人对自己反对的意见领袖——主要是那些主张"对日关系新思维"的人——采取人身攻击、肆意谩骂、制造谣言等不正当方式来表达态度和立场,由此对当事人造成了很大的心理压力和精神伤害。⑤

---

① 冯昭奎:《今年中日关系关键词:新时期　新思维》,载《世界知识》2003年第20期。

② 马立诚在与《文艺春秋》记者的对话中曾说过,除了大量网络言论外,直接寄给他本人的信件、传真和邮件"像山一样"。这从一个侧面佐证了参与"对日关系新思维"之争的公众人数甚多。

③ 他们分别就职于专业学术团体、政府部门所属的政策研究机构、基金会和学会。

④ 马立诚曾说,直接寄给他本人邮件的,既有高中生,也有经历过抗日战争的老兵,且大多文化层次不高。参见马立诚与《文艺春秋》记者的对话录。

⑤ 浏览这一时期介入争论的网站和网络论坛,人们不难发现把马立诚称为"汉奸"、"卖国贼"、"现代汪精卫"等文字。一些网民甚至声言要在肉体上对马加以消灭。在巨大的公众舆论压力下,马立诚不得不离开其长期服务的人民日报社,远赴香港凤凰卫视任职;时殷弘则大幅度调整了自己的立场,日本《中文导报》的记者发现,2004年以后,时殷弘对日本的态度已经发生了180度的大转弯,甚至比中国外交部更加严厉。

在这场争论中,公众表达观点、意见、立场和态度时所使用的媒体,既有传统印刷媒体如报纸、新闻时政类杂志、专业学术期刊等,也有新兴电子媒体如互联网站和网络论坛。就传统印刷媒体的性质而言,既有官方的,也有半官方的。官方传统印刷媒体在这场争论中的表现具有以下两个特点:一是显示出一定的自由度,但存在明显的局限。马立诚曾表示,他在发表那篇引发争论的文章时并没有遇到障碍和审查,但"在选择文章发表的刊物时花了很多时间",比如说,没有在其服务的《人民日报》或者另一家官方报纸《光明日报》上刊登。① 二是各家媒体的态度、立场及对相关信息的报道方式存在一定的差异。《人民日报》未对这场争论明确表态,《中国青年报》则通过所其发表的新闻稿件宣示了自己的立场。与这些官方传统印刷媒体相比,《南方周末》等半官方的、市场化程度较高的传统印刷媒体表现出了较大的自由度。作为一种新兴电子媒体,互联网在这场争论中的表现十分抢眼。网站和网络论坛已成为公众特别是次要公众、边缘公众进行表达的主要平台。

尽管中国政府在处理对日关系方面采取了某些在外界看来具有新意的做法,但从未对"对日关系新思维"之争作出正面、直接的回应。那些就职于官方和半官方机构的学者、专家和媒体从业人员就此所发表的看法,并不能被认为是代表了中国政府的立场和政策。

(二)案例二:关于"伊拉克战争的性质及中国应采取的立场"的争论

1. 争论的缘起

2003年2月初,由美国主导、英国积极参与的对伊拉克萨达姆政权的军事行动一触即发,世界各地相继爆发了声势浩大的反战浪潮,大国间的折冲樽俎紧张进行。作为联合国安理会常任理事国,中国如何看待这场即将到来的战争,并将采取何种立场,十分引人关注。围绕这两个问题,中国公众中形成了"反战派"和"挺战派"。两派的

---

① 参见马立诚与《文艺春秋》记者的对话录。

发起人均为有一定学术和社会知名度的学者,他们通过发表声明和文章、发起网上签名等方式,展开了针锋相对的激烈论战,并试图对中国政府施加影响。在中国拥有广泛读者群的《南方周末》在一篇题为《反战与挺战的中国学者之争》的新闻综述中,称这场争论是"民间议论国际政治的第一波"。

2. 争论双方的立场及表达方式

这场争论是由反战一方发表声明及发起网上联署活动引发的。2003年2月10日,北京航空航天大学经济学者韩德强、独立戏剧人和音乐人张广天、中国戏剧研究院研究人员祝东力、旅美社会学者和网络杂志《中国与世界》主编童小溪等人,拟定《中国各界反对美国政府对伊拉克战争计划的声明》(以下简称为《反战声明》,其发起者简称为"反战派"),并在网络论坛"世纪沙龙"(http://forum.cc.org.cn)上接受签名。《反战声明》把美国即将对伊拉克动武的行为称为"侵略战争",认为其严重违反了国际法,将会粗暴践踏伊拉克人民的人权。该声明表示,坚决反对美国对伊拉克的战争行为,反对对伊拉克人民的杀戮,反对联合国安理会授权美国动武,希望中、俄、法三个常任理事国能坚守原则、顶住压力,并呼吁海内外中国人团结起来,"汇入全球波澜壮阔的反战运动的洪流"。《反战声明》的发起者有着较为明显的影响中国政府外交政策的意图。张广天曾表示,民间表达这种反战声音的目的就是为了影响政府。因为"这个政府是人民的吧?是人民政府就不可能不听人民的声音。"①王小东则指出,观点相对比较和缓的中国政府对未来美国动武决议投否决票的可能性不大。因此,虽然《反战声明》并不能阻止美国发动战争的行为,但要阐明这场战争的非正义性。②

反战派发起的网上签名活动很快得到了社会各界的响应,最终

---

① 黄继新、覃里雯:《反战声明:声音还是立场?》,载《经济观察报》2003年2月24日第A1版。
② 安替:《400名中国学者联名反战 反对美国攻打伊拉克》,载《21世纪环球报道》2003年2月16日第6版。

签名者超过 1500 人。① 在这些人当中,有 20% 是各个专业领域的学者,但没有一位是研究国际关系和中国外交的,其余 80% 为普通公众。② 至于为什么要采用网络签名这种民意表达方式,韩德强给出的理由是,其成本较低,收益较好,且不会影响正常的沟通。③ 2 月 18 日晚,韩德强、王小东作客新浪网,就《反战声明》及相关问题与公众在线交流,网民参与踊跃。④

对于行将到来的战争的性质及中国应采取的立场,以北京大学文学博士余杰、文学研究者兼诗人徐晋如为代表的另一部分人,则与反战派有着完全不同的认知和态度。在《反战声明》发表后,余杰等人迅即于 2 月 20 日在搜狐网上发表了《中国知识分子关于声援美国政府摧毁萨达姆独裁政权的声明》(以下简称为《挺战声明》,其发起者简称为"挺战派")⑤。该声明认为,在人类历史上存在着"发动方本于自由和人道的终极价值"的一类战争,美国即将对伊拉克发动的战争即是如此。他们把《反战声明》的起草者称为"伪善的和平主义者",认为该声明"加剧了中国知识界的堕落"。挺战派同样发起了网上签名活动。但由于含有把毛泽东与萨达姆并列的文字,《挺战声明》遭到了公众的严厉批评甚至是辱骂,仅有 20 多人签名予以支持。⑥

---

① 亦说超过 2000 人。另外,在网络签名的过程中,曾出现冒签问题,被指出后得到发起者的纠正。

② 由于设计方面的原因,公众签名只有姓名和地址,没有职务、职称、单位等信息,因此无法考证他们的地域分布和职业状况。至于为什么设计这样一种方式,韩德强的解释是,避免造成不平等,冲淡公民色彩。参见 http://news.sina.com.cn/c/2003-02-18/1833913132.shtml。

③ 参见 http://news.sina.com.cn/c/2003-02-18/1833913132.shtml。

④ 关于这次在线互动的情况,详见 http://news.sina.com.cn/c/2003-02-18/1833913132.shtml;http://news.sina.com.cn/c/2003-02-18/1910913146.shtml。就在此次互动前的当天下午,韩德强及其他 3 名代表还将《反战声明》的中英文文本及签名名单(截止到 2 月 17 日,共 506 人)提交给了美国驻华大使馆。后者表示,他们对《反战声明》非常重视,视其为中国的一种非常重要的声音。

⑤ 参见 http://news.sohu.com/nimages/bj00.gif。

⑥ 参见余杰:《伊拉克战争答问录》,http://www.youpai.org/read.php?id=2567。

梳理有关这场争论的资料,可以发现以下几个值得注意的现象:

其一,争论双方都表示希望在公众和政府之间建立起良性的、多种形式的沟通机制。比如,韩德强在新浪网与公众在线互动时表示,中国政府已经承认"网络签名"是一种"适当"表达民意的方法。他说:"我的感受是政府希望民间能够有意见表达出来,只是缺乏适当的管道。今天我们找到了这样一种签名的方式来表达,是政府表现出了支持。"①

其二,争论双方在阐述自己的立场时都声称基于实现正义的诉求,甚至在表达观点时所使用的类比也有不少相同之处。比如,双方都提到了当年英法两国对纳粹德国占领苏台德区的行为的绥靖政策,但反战派用来告诫不要纵容美国,挺战派则用来提醒不能纵容伊拉克的萨达姆政权。反战派并不反美国,更不反对美国的民主制度,亦不支持萨达姆政权。在这些方面,他们与挺战派也是完全一致的。

其三,争论双方在阐述立场、表达观点时所体现出来的文风、论证方式均有不当之处,介入争论的次要公众、边缘公众与前一案例一样表现出强烈的情绪化、简单化和粗鄙化的特点。仔细阅读《反战声明》和《挺战声明》,人们不难发现,争论双方的立场和观点都是鲜明的,情感也都是充沛的,但论证的方式却都极为粗糙,措辞也均有诸多不严谨之处。后两个方面的缺陷也成为争论双方攻击对方的由头,以及其他观察者提出批评的依据。而介入争论的次要公众、边缘公众的情绪化、简单化和粗鄙化等特点,可以很容易地在他们铺天盖地的网上言论中找到佐证。

其四,争论中鲜见从事国际问题和中国外交研究的专业人员的声音。时殷弘对此的解释是,专门研究国际问题的人知道问题的复杂性,而且也清楚事情的可预见性都是相对有限的。再者,各人有各人的任务,每个人都可以通过自己的渠道发挥作用。按照时殷弘的说法,他的大部分同行都是反对美国发动战争的,但同时要求伊拉克

---

① 参见 http://news.sina.com.cn/c/2003-02-18/1910913146.shtml。

不折不扣地执行联合国的决议。这些都和中国政府的立场是一致的。① 不过,从当时的情况看,研究国际问题和中国外交的专业学者在伊拉克战争期间还是十分活跃的,有些人甚至一举成名,但他们扮演的是观察员、评论者的角色,他们之所以能在各种官方媒体上发声,也是因为他们的立场和观点与官方一致或者至少为官方所容忍。

其五,与上一案例相比,在这场争论中,中国官方传统印刷媒体相对沉寂,市场化程度较高的半官方传统印刷媒体则更为活跃,新兴电子媒体受到争论双方的高度重视并且主动、深度地介入了争论。官方传统印刷媒体保持沉默的原因,其实不难理解。它们的性质和地位决定了其根本不可能支持挺战派,自然也就不可能给后者以发言的机会;即使是对立场与官方较为接近的反战派,由于多方面的顾虑,它们也不可能予以公开、明确的支持。但它们这样做的结果,既使自己在一定程度上失去了引领舆论的机会,并削弱了自己的公信力,同时也给其他类型的媒体以活动的空间和表现的机会。那些半官方的、市场化程度较高的传统印刷媒体由于自身禁忌较少因而在这场争论相当活跃,比如,《南方周末》《21世纪环球报道》《经济观察报》等不仅密切关注争论的进展,刊发了大量有关争论的新闻综述,而且直接接触对立双方的意见领袖——特别是挺战派的意见领袖,并提供发表言论的机会。② 新兴电子媒体在这场争论中的表现较上一案例更为活跃。网络论坛"世纪沙龙"是反战派上传《反战声明》及发起网上签名之地,新浪网邀请《反战声明》的主要发起人与网民互动,"天涯社区""世纪中国""凯迪社区""关天茶社"等网络论坛上传了众多网民的帖子。意见领袖们也更愿意并更擅长使用新兴电

---

① 参见杨瑞春:《反战与挺战的中国学者之争》,载《南方周末》2003年2月27日第9版;《对这场战争,中国人应怎么看——关于"反战"与"挺战"的"冷"思考》,载《世界知识》2003年第7期第12页。

② 《南方周末》刊登著名学者朱学勤的《可以反对的"反对"和必须拥护的"拥护"》(2003年2月27日第9版)这篇挺战意味明显的文章,就是一个很典型的例证。

子媒体。除了因为这些人普遍较为年轻从而心态更为开放、对新技术也更容易接受以外,可能最主要的还是互联网的开放性、互动性、便捷性和主办者对发布内容的审查较为宽松等特点所致。

3. 中国政府对待伊拉克战争的立场及对待公众参与的态度

伊拉克问题甫经出现,中国政府便主张使用和平方式加以解决。伊拉克战争爆发前,中国政府的立场可以概括为两条:一是主张在联合国框架内对伊拉克问题加以政治解决;二是要求伊拉克政府全面、认真、严格地履行联合国的有关决议。伊拉克战争打响后,中国政府明确表示反对绕开联合国安理会对伊拉克采取军事行动,认为这一行动违背了《联合国宪章》和国际法的基本准则;强烈呼吁有关国家停止军事行动,使伊拉克问题重新回到政治解决的轨道上来。

对于公众关于伊拉克战争的性质及中国应持立场的争论,中国政府是做出了回应的。《反战声明》所持的立场和中国政府的立场并不完全一致,但该声明及由此引发的签名活动还是得到了后者的某种回应。2月18日,外交部新闻发言人章启月在回答记者关于反战签名的提问时表示,"中国人民一向热爱和平",并且"非常渴望维护和平"。"当然,要求和平、反对战争有着多种表达方式,如果你看一下中国的报纸和网上的一些评论,就能很清楚地了解到中国人民希望中东地区和全世界保持和平的强烈愿望和要求。"①韩德强将上述表态称为"含糊而间接的肯定"。② 3月11日,外交部另一位发言人孔泉在回答记者相关问题时再次指出,"中国人民也以各种各样的方式表明了要求制止战争,政治解决伊拉克问题的强烈愿望。最重要的是,中国民众对中国政府在伊拉克问题上的立场是拥护和支持的。"③

---

① "2003年2月18日外交部发言人在记者招待会上答记者问",引自外交部网站,http://www.fmprc.gov.cn/chn/pds/wjdt/fyrbt/t3490.htm。
② 参见杨瑞春:《反战与挺战的中国学者之争》。
③ 《2003年3月11日外交部发言人在记者招待会上答记者问》,引自外交部网站,http://www.fmprc.gov.cn/chn/pds/wjdt/fyrbt/t3482.htm。

3月20日、3月25日,孔泉在记者会上又做了同样的表示。①

在伊拉克战争打响后,外交部还试图通过网络了解中国公众的意见,并向后者解释中国政府的立场。4月9日、6月2日和6月5日,外交部亚非司司长武春华和国际司副司长张军、中国中东问题特使王世杰、中国驻伊拉克大使张维秋先后做客"中国外交论坛",与公众在线互动,主题都是伊拉克问题。② 就同一个国际热点问题而主动与公众进行三次在线互动,且相隔时间甚短,这在当代中国外交史上是罕见的。

虽然我们无法确定中国政府所采取的立场与中国公众的意见和态度之间到底存在多大的关联度,但至少可以肯定,国内几乎一边倒的民意,是中国外交的决策者不能不慎重对待的因素。尽管在此期间,中国政府一直没有批准公众举行反战示威游行的申请。

4. 小结

在"关于伊拉克战争的性质及中国应采取的立场"的争论中,参与其间的中国公众来自广泛的职业群体,③同样出现了意见领袖,但与上一案例略有不同的是,这些意见领袖均非研究国际事务和中国外交的专业学者,其地位的获得与其鲜明的立场和直白的表达方式有很大的关系。一些意见领袖表现出了强烈的影响政府外交政策的诉求。

在这场争论中,官方传统印刷媒体基本处于"不在场"的状态,半官方的、市场化程度较高的传统印刷媒体较为主动、积极,新兴电子媒体特别是非官方的网站、网络论坛扮演了活跃的且是最主要的角色。

---

① 《2003年3月20日外交部发言人在记者招待会上答记者问》,引自外交部网站,http://un.fmprc.gov.cn/chn/gxh/mtb/fyrbt/dhdw/t3485.htm;"2003年3月25日外交部发言人在记者招待会上答记者问",引自外交部网站,http://un.fmprc.gov.cn/chn/gxh/tyb/fyrbt/jzhsl/t3486.htm.

② 详见中国外交论坛 http://bbs.fmprc.gov.cn/board.jsp?bid=24;http://bbs.fmprc.gov.cn/board.jsp?bid=27;http://bbs.fmprc.gov.cn/board.jsp?bid=28。

③ 基于技术上的原因,我们同样无法给出具体的统计数据。

就中国政府而言,它对公众参与外交的态度已较上一案例积极,已愿意主动听取公众的意见,并作出某种回应——尽管这种回应有时是间接的,显得谨慎而有节制。

(三) 案例三:李肇星与公众在线互动

1. 案例概况

2003年12月23日下午,时任中国外交部长的李肇星通过外交部网站设立的中国外交论坛(bbs.fmprc.gov.cn)①以及新华网的发展论坛(www.xinhuanet.com/forum)与公众进行在线交流,主持人是外交部新闻司司长兼新闻发言人孔泉。资料显示,共有2.7万名公众参与了本次活动,共提出了近2000个问题,②网上显示的问题超过100个,李肇星共回答了其中的近40个问题(详见表1.1),在线交流时间为1小时58分钟(16:13—18:11),超过预定时间约半个小时。这是1949年以后中国外交部长第一次——也是迄今为止唯一的一次——通过网络论坛与公众互动。

2. 公众提问的状况

参与此次在线互动的公众的职业身份是多样的。从网上显示的情况看,既有国内新闻媒体的记者、在校大学生和中学政治课教师,也包括在国外的中国留学生。公众所提的问题(仅就网上所显示的)涉及中国与世界其他大国的关系、中国与周边及发展中国家的关系、中国与国际组织的关系、中国对地区热点问题的立场、外交部及驻外机构的工作作风及改革问题、中国的外交战略和政策、台湾问题等众多方面,也包括提给李肇星个人的问题(详见表-1)。在诸多问题

---

① 外交部设立该论坛的主旨即是为各方发表对中国外交的意见和见解提供平台。论坛开通后,外交部多位高级官员曾在此直接与公众就国际事务和中国外交中的重大问题交换看法。一些常在该论坛发帖的公众表示:"外交部网站是中国政府网站中最开明的,只要你不是传播一些未经证实的消息,帖子一般不会被删。"常在该论坛发表激烈言论的公众"真正汉人""林海雪原""司马长空"等,都曾应邀访问过外交部。参见张修智:《中国力推公众外交》,第14页。

② 王海涓、左颖:《中国外交揭于神秘盖头 昔日外交档案百姓可查阅》,载《北京晚报》2004年3月20日第5版。

中,有不少是有一定质量和深度的。比如,公众"瞎磨嘴皮"提出的"您如何评价日本出兵到伊拉克以及近两年中日两国关系的发展情况"这一问题,就得到了李肇星的肯定。有些问题则十分尖锐,如"现在有些驻外机构人员的所作所为让人寒心,外交部如何改变这种状况?"当然,也有一些大而化之的问题。有些问题甚至很无聊,如,"请问你们分别坐什么车?都有私家车吗?""部长,有没有外国美女主动邀请您跳舞呢?"从提问的情况还可以推断,参与互动的公众的心态总体上是较为放松、坦率和兴奋的。

表-1 公众提问及李肇星回答的状况

	公众提问	是否回答
1	如何看待美国政府对"台湾当局"持强硬态度的原因	是
2	外长要有一个好身体吗	否
3	外交部对保钓力量如何评价	否
4	中国外交政策如何处理韬光养晦和有所作为的关系	是
5	中国在南海问题上所面临的形势及政策是什么	是
6	中朝友好互助条约是否需要修改	否
7	中俄全面勘分国界条约体现了中国的哪些利益	否
8	中国在中越及中俄划界问题上是如何作为的	否
9	你与网民交流的心情或信心如何	是
10	中国的国际形象如何	是
11	如何发挥民间外交的作用	否
12	如何打压"台独"而又保护台湾中国人的利益	否
13	如何协调与统战部和中联部的工作	否
14	新闻媒体及从业人员如何在国际竞争中配合外交工作	否
15	如何向世界推介中华文化	否
16	如何关心和指导唐人街及海外华人社区的文化建设	否
17	如何关心和指导有序移民	否
18	写诗的感受及时间	是

续表

	公众提问	是否回答
19	如何维护中国在南中国海的主权	否
20	你给中国外交打多少分	是
21	你经常上网吗	是
22	网民的意见对具体的外交工作有启发吗	是
23	美国发动伊拉克战争对多极化有什么启示	否
24	你最感满意和最头疼的的事情是什么	是
25	回答网友的问题与回答记者的问题哪个更容易些	否
26	外交部是否打算设立专门的网站或信箱接受公众的外交政策咨询或建议	否
27	中国为什么要坚持多极化战略	否
28	坚持多极化与推进一体化有无矛盾	否
29	多极化真的有利于中国的发展吗	否
30	你在外交场合感觉最难回答的问题是什么	是
31	中国的国际地位近年来有何变化	否
32	中国在国际上的真正影响力有多大	否
33	联合国的弱化是否更有利于世界的稳定？中国对此的态度如何	否
34	中国外交方针是否应当由不出头向出头转变	否
35	中国如何利用自己强有力的国际地位为和平统一创造条件	否
36	伊拉克人民何时才能掌握自己国家的命运？联合国如何在其中发挥作用	是
37	中国什么时候才能收回钓鱼岛	否
38	你是否同意美国控制联合国这一说法	是
39	联合国中的众多弱小国家是否无外交能力	否
40	众多国家在联合国投票支持美国是否是背信弃义向美国一边倒	否
41	今年的中国外交有无不足及如何解决	否
42	中国对未来五年外交工作有何新的打算	否

续表

	公众提问	是否回答
43	你在外交生涯中发现了哪些值得学习的其他国家的外交技巧	否
44	美国文化和中国文化的本质不同是什么	否
45	中国文化对美国文化有无优势及优势是什么	否
46	你最信奉的外交文化是什么	否
47	你和鲍威尔在外交思想上的区别是什么	否
48	你如何评价伊拉克前新闻部长萨哈夫	是
49	当代大学生应如何全面看待国际社会问题	否
50	江泽民和温家宝在台湾问题上的表态是否矛盾	否
51	布什关于台湾问题的表态是否有干涉中国内政之嫌	否
52	外交部在团结海外华人方面做了哪些努力	否
53	中国政府有关部门公布东突组织和东独分子名单的意义何在	否
54	你如何对待中国公民偷渡问题	否
55	你如何看待官员送子女出国的问题	是
56	你是应该多出访还是多与网民交流	是
57	如何应对陈水扁的两边三国论	否
58	上海合作组织机构开始工作的时间及机构组成问题	否
59	中国应该怎样应付美国	否
60	外交部的人事制度存在问题吗	否
61	未来的中美关系、中日关系、台海关系走势如何	否
62	是做部长容易还是做诗人容易	否
63	你和公众交流的心情和信心如何	否
64	外交决策是否应该关注公众的意见和建议	否
65	有无公众的意见对中国的外交决策产生影响	否
66	外交部是否有其它渠道接受公众的意见	否
67	你如何评价网民对国际形势和中国外交的见识	否
68	你如何评价此次与公众的交流行为	否

续表

	公众提问	是否回答
69	你自己是如何在外交工作中更好地维护国家利益的	否
70	你是否经常光顾外交论坛	否
71	中国政府在外交上的观点与民间言论是什么关系	是
72	你如何评价中国对非援助问题	是
73	中国应当如何处理对日战争索赔问题	否
74	如何看待巴勒斯坦恐怖分子袭击以色列的行为	否
75	你如何看待自己的长相	是
76	外交家的职业素质是什么	否
77	中国近代以来有无你佩服的外交家	否
78	你如何评价当代中国外交人员的素质	否
79	外交部如何改革和怎样改革	是
80	第四代领导集体的外交定位是什么	否
81	你是否为温家宝在哈佛的演讲做翻译	否
82	如何评价日本出兵伊拉克的行为	是
83	如何看待中国时事政治方面的学院派专家	否
84	中国外交工作的首要目标是什么	否
85	你是如何评价鲍威尔的	是
86	你在联合国安理会担任主席期间挂竹画的意义是什么	否
87	你一个月的工资是多少加薪加多少	否
88	中国政府和驻外使领馆在保护海外中国公民的生命财产安全方面做了哪些努力	否
89	做了外交官之后是否就不能讲真话了	否
90	你知道国内青年的对日情绪吗	否
91	国人在对待日本问题上有民族主义情绪吗	否
92	你如何看待马立诚的对日新思维	否
93	中国外交如何处理义与利的关系	否
94	你如何评价美国的同行	否

续表

	公众提问	是否回答
95	为什么迟迟不见中国政府对与台湾建交的基里巴斯采取报复行动	否
96	中美关系的发展趋势是什么	是
97	六方会谈何时举行	否
98	朝鲜有核武器吗	否
99	如何看待外交理论中进口与本土的关系	否
100	你退休后有何打算	否
101	你如何看待中国外交人员的素质	是
102	如何看待布什关于台湾问题的三段论	否
103	如何评价中印关系	否
104	你是如何评价自己的诗作的	否
105	中国为什么老是求别人说台湾是中国的一个省	否
106	如何使中国的外交理念取得他国的认同	是
107	你对当代中国大学生的期望是什么	否
108	你是否仍坚持年初出访非洲的传统	是
109	为什么中国在台湾问题上要在乎美国的立场	是
110	中国有无承受日本做强国的准备和能力	否
111	中国发展与欧盟的关系的影响和意义	是
112	中国何时恢复在伊拉克的大使馆	否
113	如何使中国公民办理赴外签证时享受平等待遇	否
114	朝鲜是中国的友好邻邦吗	是
115	如何解决朝核问题	是
116	中国在朝核谈判中的作用有多大	是
117	中国有希望参加伊拉克的重建吗	否
118	外交部的核心职责是什么	否
119	你是如何调节自己的心理状态的	是
120	是否要把中国的人权状况改到西方的标准	否
121	如何看待鲍威尔对中美关系的评价	否

续表

	公众提问	是否回答
122	不学外交和政治的大学生能否成为外交人员	否
123	中国是否仍主张不结盟政策	否
124	如何评价中俄关系	是
125	如何评价美国在中国统一中的角色及真实意图	否
126	中日关系和中美关系占中国整个外交的几成	否
127	你对和平崛起的看法是什么	否
128	如何对高中生进行时事教育	是
129	有无外国美女主动邀请你跳舞	否
130	如何改变中国外交官对本国侨民的态度	是
131	如何加强和发展与发展中国家的关系	是
132	中国有希望参加伊拉克重建吗	是
133	当外交部长容易还是与网民聊天容易	是

注:由于表格本身的局限,我们对公众提出的问题进行适当的提炼和概括。

3. 李肇星的回答状况

由于曾经担任过外交部的新闻发言人,且有极为丰富的外交阅历,有"铁嘴钢牙"之称的李肇星在这次在线互动中显得较为轻松、自信,表现出了很好的驾驭沟通能力。他所采取的诚恳和平民化的态度事后获得了参与互动的公众及中国大陆媒体的普遍肯定。比如,他在互动伊始回答公众"小叶子"提出的"基于怎样的心情或信心勇敢地与网民交流"这一问题时表示,"我愿意和大家交流……我也相信会从网民中学到很多东西……万人上网对话聊天,其中必有我的许多老师。"而在互动进行中间,他又一次表示,"我希望通过我们的交流,多从网友当中学到一些东西,使我的工作增添一点新意,特别是能够使老百姓得到实际好处的思路。"他还说,"我在和你通过网络交谈的时候,并没有把自己看作什么高级官员,而是看作网友一个。用外交界习惯的说法:我是你们当中的一员,这是我们之间最主要的共同点……"

李肇星肯定了公众参与对中国外交的积极影响。比如，在回答公众"绝望的生鱼片"提出的"你个人经常上外交论坛或新华网等其他论坛吗？你觉得网民的观点对你的具体工作有启发吗？如有，可否举例？"这一问题时，李肇星坦言"非常希望能有更多的时间上网浏览"，这实际上间接透露了自己使用互联网的情况。他紧接着说，"网上有许多观点很有参考价值，比如说，关于中国的外交'软''硬'之争就能促使我们经常反省和深思。"在回答公众"DUMA"的"政府在外交问题上的观点与民间言论有什么关系？中国政府的外交策略会受专家学者及民间观点的影响吗？"这一提问时，李肇星说："外交官也是人民的一部分。中国政府的观点从民间言论中汲取丰富的营养，又反过来为人民和国家的利益服务。"

当然，李肇星在此次互动中也回避了一些较为尖锐或敏感的问题。比如，公众"母亲之子"提出了三个与中日关系有关的问题，即："您知道国内青年的对日的情绪倾向吗？""您认为对待日本的右翼势力，国人的一些诸如'抵制日货''保卫钓鱼岛'等运动是民族主义的表现吗？""您如何看待马立诚的'中日关系新思维'？"这些问题的现实性、针对性显而易见，提问者的表达也很清晰，但李肇星均未予以回答。对此，参与互动的公众表示了不满。"真正汉人"甚至说，"感觉部长和主持人在唱双簧，自吹自擂"。"隔海相望"也表示，"您回外交论坛网友的帖子太少了，我有点失望"。"留星"则评论道，"感觉部长的主要注意力放在感想等个人的问题上面，对于大是大非的问题都不想谈及"。"大智若愚"又说，"我觉得李部长肯定知道网友们眼下关注的是台海问题、朝核问题，为什么不见李部长主动讲一下？不要让网友空欢喜一场哟！"

4．小结

虽然存在某些缺憾，但从总体上看，李肇星在线与公众互动算得上是一次较为成功的内部外交(internal diplomacy)①活动。李肇星本人对自己在这次活动中的表现也是满意的,否则,他不可能很快就出版了汇集此次活动内容的《李肇星在线谈外交》这本书。② 此外,在此次活动后不久,中国外交部即设立了隶属于新闻司的公众外交处,该机构的任务之一就是"通过网络等渠道保持和公众的沟通,公众可以在网上就外交问题发表看法,有参考价值的,公众外交处会加以整理,通过这个途径一些有价值的观点就能进入到外交的决策中"。③

通过对该案例及相关情况的深入分析,可以确认,互联网站、网络论坛已成为次要公众和边缘公众参与中国外交的主要平台;外交官员们也已开始主动使用这一新兴电子媒体去关注和了解公众对中国外交的意见、建议和反应,并在条件允许的情况下主动与公众互动,且从中获得了一定的收益。④ 但我们也不能据此就对中国外交官员与公众互动的意愿作出过高、过于乐观的评价。表1-2显示,2003年全年,外交部不同级别的官员与公众在线互动共8次,与2002年持平,同为互动次数最多的年份。2004年及其以后,此类活动的次数开始减少,2008年甚至只有1次。因此可以认为,外交部与公众的在线互动还不是一种制度化、经常化的安排。

表2　中国外交部官员在"中国外交论坛"上与公众在线互动情况

2001	2002	2003	2004	2005	2006	2007	2008	2009
1	8	8	6	4	4	4	1	5

---

① 关于这一概念的讨论,可见〔印度〕基尚·拉纳:《双边外交》,罗松涛、邱静译,北京:北京大学出版社2005年版,第4—5页。
② 该书由世界知识出版社2004年出版,署名时新主编。
③ 马昌博:《中国外交:静悄悄的变革》,载《时代人物周报》2005年第15期,第11页。
④ 2004年春,外交部多位司局长在接受媒体采访时表示,自己每天都要上网,以便迅速了解公众的关切点和诉求。特别是"遇到重大事情,不能不了解公众的诉求。"一位副司长还介绍说,在处理某国非法搜查中国过境旅客这一领事事件中,外交部在第一时间通过网络向公众披露了事态进展。后来的统计资料显示,公众在网上留下的400余条评论中没有一条是负面的。参见张修智:《中国力推公众外交》,第15页。

三、结论

长期以来,在普通中国公众的心目中,外交属于国家大事,是他们无从置喙的神秘领域。而中国外交事务的操作者同样认为,"外交只是某一部分小圈子的人的事,理解的要执行,不理解的也要执行。公众知不知情无所谓,知道了反倒可能帮倒忙。"① 但在 2003 年,这方面发生了某些堪称积极的变化。通过上述三个案例的研究,我们至少可以得出如下结论:

第一,公众对中国外交的参与已经具有较高的积极性、主动性,这方面的意见领袖开始形成并在引领公共舆论方面发挥了较大作用。

这一点可以从前述案例中很容易地看出来。究其原因,大体有两个方面。一是随着对外开放的扩大,中国与外部世界的互动在广度和深度两个方面均显著增强,外部世界的各种变化以及中国外交的绩效,对中国公众的现实利益和未来预期的影响进一步加大,由此提高了中国公众对本国外交政策和对外行为的关注度,并使其产生了知情权、参与权等方面的需求。公众试图通过自己的参与行为对中国外交政策的制定和实施过程施加影响,以实现某种诉求。二是伴随中国公众受教育程度的普遍提高②,以及出国、出境机会的大幅度增加③,加之中国媒体对外交与国际事务的关注度空前跃升,公

---

① 一位不愿透露姓名的外交官在接受《瞭望东方周刊》采访时的话。参见张修智:《中国力推公众外交》,第 13 页。

② 有关资料显示,2003 年中国各种受教育程度人口总人口的比重,大专以上占 5.42%,所占份额比 1990 年增长了 2.82 倍;高中占 12.59%,所占份额比 1990 年增长了 56.59%;初中占 36.93%,所占份额比 1990 年增长了 58.23%;小学占 30.44%,所占份额比 1990 年减少了 18.11%。参见段成荣:《中国人口受教育状况分析》,载《人口研究》2006 年第 1 期,第 93—94 页。

③ 中国公民出国(境)旅游正式起步于 1997 年。自 1997 年起至 2004 年,中国出境人数累计达 1.11 亿人次。2004 年,中国出国(境)人数为 2885 万人次,同比增长 61%。参见《中国出境旅游市场的数据资料》,http://www.jiangsuinvest.com/html/2007-4-6/200746113646.htm。

众对外部世界的真实状况以及中国与外部世界的确切关系的了解程度也随之大大深化,他们已经具备了理解和参与外交事务的基本能力。

在公众参与中国外交的过程中,一小部分充当意见领袖的公众脱颖而出。他们分别就职于知名大学、重要学术研究机构和重要新闻传播机构,拥有特定的专业知识和较高的社会声誉,有着较强的政治敏感度、较为灵通的信息来源、较好的表达能力和较为多样化的表达渠道,因此其对公共舆论的影响力明显高于其他类型的公众。但值得注意的是,这些意见领袖中的绝大部分人并非中国外交或国际事务的专业研究者,他们在自己专业(职业)领域所获得的学术地位、社会声誉,他们所采取的符合次要公众和边缘公众的阅读习惯、理解能力的表达方式,是其获得并保持意见领袖地位的重要原因。

第二,公众参与中国外交的主要方式和途径是通过媒体发表观点和意见、表达立场和态度,其所使用的媒体包括传统印刷媒体和新兴电子媒体两大类型,其中新兴电子媒体受到高度重视并被广泛使用。

由于公众参与中国外交的主要方式是发表文章、网络留言,因此媒体是其实施参与行为的主要工具。从前述三个案例可以看出,中国公众在参与外交的过程中所使用的媒体具有多样化的特点——既有传统印刷媒体,也包括新兴电子媒体。其中,在中国快速发展①、具有开放、便捷、互动、主办者对发布内容的审查较为宽松等特征的互联网站、网络论坛,已成为中国公众获取外交和国际事务方面的信息、发表观点和意见、表达立场和态度,并进而试图影响中国政府的外交政策的重要渠道。② 特别是官方传统印刷媒体基于种种原因而

---

① 根据中国互联网信息中心提供的数字,截至 2003 年 12 月 31 日,中国内地上网用户总人数为 7950 万,上网计算机总数为 3089 万。参见《第十三次中国互联网络发展状况调查统计报告》,http://research.cnnic.cn/html/1245045666d624_1.html。

② 有关这方面的情况,也可参见中国国务院新闻办公室:《在北京、上海、广州、成都和长沙进行的关于因特网使用者及其影响的调查问卷》,2003 年。

在有关争论中缺席或反应迟缓的情况下,互联网站特别是网络论坛往往成为设定争论话题、集结公众舆论、展开大范围争论从而扩大话题影响的主要平台。介入中国外交事务的网站、网络论坛既有非官方的,①也有官方的,②其中非官方的网站、网络论坛显得更活跃、更大胆,官方的网站和网络论坛偶尔也表现出较为积极的姿态。

历来特别重视要"在政治上与中央保持高度一致"的官方传统印刷媒体发生了某些引人瞩目的变化。上述案例表明,一些官方传统印刷媒体就公众所争论的话题而刊发的文章的观点、立场,已与中国政府正在实施的外交政策有所不同,当然,两者在总体取向上并没有也不可能形成过于强烈的反差。那些具有半官方色彩、市场化程度较高的传统印刷媒体在中国公众参与外交的过程中扮演着较为活跃的角色,并表现出某种自主性。它们对中国外交及国际事务所持的立场、所表达的观点,已经与中国政府有了一定的距离;在某些情况下,它们甚至会对中国政府的政策和立场提出质疑甚至是批评。

第三,对于公众在参与中国外交的过程中所表现出来的热情、所发表的观点和意见以及所采取的行动,中国政府做出了谨慎和有节制的反应,它与公众虽有一定的互动但并未制度化、经常化。

王逸舟曾指出,面对公众参与外交事务的行为,中国官方的反应虽然仍有"不如人意之处",但"的确较过去更加开明和接近国际标准"。③ 本文所进行的研究支持这一观点。虽然中国外交的决策者和执行机构并不会像他们欧美国家的同行那样,因为在敏感和重大问题上的举措失当而招致来自本国公众的巨大压力甚至是被迫辞职下台,但他们不可能无视来自公众在外交事务方面的表达——特别是当这种表达呈现出压倒性态势时。就观念层面而言,中共十六大

---

① 一些非官方网站、网络论坛的主旨就是讨论国际问题和中国外交事务,不少非官方的综合性网站也专门设有类似的版块。

② 官方网站设立讨论国际问题和中国外交事务的版块,也许是基于观察民意、引导舆论特别是网上舆论的考虑。

③ 王逸舟:《市民社会与中国外交》,载《中国社会科学》2000年第3期,第30页。

的政治报告已经明确提出了"以人为本""执政为民"的理念,这些被官方广为宣扬的"新理念"自然应当在中国外交领域得到体现。① 就实践层面而言,如果中国外交的决策者和执行机构不愿意与公众就后者关心的重大和敏感的问题进行互动,并在一定程度上满足其参与的愿望和要求,不仅难以获得开展外交活动所必需的民意基础,而且心怀挫折感的公众很有可能将其不满的情绪投射到国内政治和社会事务诸领域,从而危及中国最高领导层(也是外交决策者)特别看重并竭力维护的政治和社会稳定。② 当然,相关经验的缺乏、观念及体制因素的制约,也使得中国外交的决策者和执行机构在回应公众对外交的参与行为时,表现出含蓄、谨慎、有节制等特点,更没有形成与公众制度化、经常化的互动;是否互动、如何互动,仍取决于外交决策者或执行机构的主要官员的个人理念、行为方式以及对当时形势和所面临问题的重要性的判断。

第四,公众参与对中国外交的实际影响虽较以往有所增强,但总体而言依然较为有限。

如前所述,在相当长的一段时间里,中国公众对于本国外交处于"不在场"的状态,其实际影响自然无从谈起。而上述案例表明,中国公众对外交的参与行为已经发生并产生了实实在在的影响。不过种种迹象也表明,公众参与对中国外交的影响依然较为有限;中国外交的决策者和执行机构尽管没有忽视公众在外交事务方面的表达,但基本上仍是自主地采取行动,只是更为注意在外交政策的制定、执行和公众舆论的诉求之间保持微妙的平衡③。之所以如此,可能与以下因素有关。首先,中国外交的运行机制特别是决策机制的开放程度仍然不高。尽管基于外交事务的特殊性,世界任何国家的外交运

---

① 李肇星在就任外交部长后的最初一段时间里曾在不同场合反复强调过这一点。
② 王缉思认为,中国外交的主要目标之一就是维护国内政治稳定和政府权威。参见王缉思:《中美外交决策的国内环境比较》,载《国际政治研究》2006年第1期,第7页。
③ 也许受影响比较大的是外交部。这个在传统上与公众保持一定距离的中国外交政策的执行机构,开始学习并初步掌握了与国内公众交往的技巧。

行机制都不可能是完全开放的,外交决策者也不可能无条件地顺从公众的意愿和情绪、完全采纳公众的意见和建议,但当今中国在这方面的开放程度可能更小一点①,因此采纳公众意见和建议的程度、范围也就显得更小了一些。其次,中国公众参与外交的热情虽高,但专业素养总体偏低。即使是相当一部分充当意见领袖的"关心的公众"或首要公众,对中国外交和国际事务的知识也并不丰富,对这两个领域的复杂性、专业性理解不深。再次,次要公众和边缘公众在参与外交的过程中不时表现出来的情绪化、简单化甚至是粗鄙化的表达方式和行为方式,也会在很大程度上使中国外交的决策者和执行机构对其产生负面印象,从而在整体上削弱了公众参与的正面效果。

本文原载《外交评论》2010 年第 3 期。全文被译成英文,先后收入 *Foreign Affairs Review 2010*, Shanghai People's Publishing House 2011; *Participation and Interaction: The Theory and Practice of China's Diplomacy*, NY: World Century Publishing Corporation, 2013。

---

① 专门研究外交决策机制的张历历教授就发现,尽管"在新时代面临着各种新因素、新变化的冲击",中国外交决策体制的变化仍然是缓慢的,至少到目前为止,还不像中国国内政治、经济、文化等领域的变化那样大。参见张历历:《外交决策》,北京:世界知识出版社 2007 年版,第 216—217 页。

外交调整

论中国外交调整
——基于经济发展方式转变的视角

【内容摘要】

　　一国的经济发展方式与其外交事务之间存在着密切联系,其中前者起着基础性作用。历史经验还表明,经济发展方式转变需要外交调整与之相配合。据此,为了因应经济发展方式综合性、系统性和战略性的转变,中国外交需要继续坚持"战略机遇期"的判断,坚持"韬光养晦、有所作为"的战略方针,坚持"不结盟"的外交原则,并在此基础上进行如下调整:将更多外交资源应用于新的国际制度、国际规则的构建;适当降低对发达国家的外交投入,进一步加大对新兴市场国家和周边国家的外交投入,努力构建新的外交格局;更加积极地开展与经济发展方式转变密切相关的领域外交,不断丰富其内涵,创新其形式;大力培养、大胆使用谙熟低位政治、善于经济外交的新型外交官,不断丰富外交官的来源和出口;努力规范外交参与者的行为,改革和完善外交决策机制、参与机制和协调机制。

一、引论

近年来,中国外交调整、外交转型乃至外交改革①是中国国际关系学界的热门话题之一。相关文献的基本思路和主要观点大致可以概括为:中国国力增强,国际地位提升,国际影响扩大,其他国家特别是唯一的超级大国美国和中国周边国家产生忧虑和疑惧,并各自进行国际战略和对外政策的调整,中国所面临的国际和地区环境发生变化,中国既往的国际战略、策略和外交政策全部失效或部分失效,因此,中国外交必须调整、转型或者改革。② 应当说,上述思路和观点对于中国外交调整动因的解释无疑是有价值的,也具有一定的解释力,但仍可进一步深入研究。在本文看来,由于经济因素对于政治和社会生活的基础性作用,还由于内政对于一国外交的优先地位,因此,我们应当从观察中国国内经济活动的变化和影响入手,解释中国外交调整的根本动因,并由此出发思考中国外交调整的方向、目标等具体内容。而在中国国内经济生活中,经济发展方式转变是近年来的焦点、难点;特别是 2008 年国际金融危机爆发之后,由于世界经济环境和国内经济环境发生了深刻变化,其必要性、紧迫性进一步凸

---

① 关于这三个概念的异同,后文将有详细讨论。
② 有学者曾将学术界对 1978 以来中国外交转型动因的解释概括为国内政治发展、国内—国际综合、国家身份变化、观念变化和最高领导人更替等五种模式。参见钟龙彪:《中外学者对改革开放后中国外交转型研究综述》,载《中共天津市委党校学报》2009 年第 5 期。近年来与本主题相关的代表性论著有:王逸舟:《论中国外交转型》,载《学习与探索》2008 年第 5 期;刘胜湘:《中国外交周期与外交转型》,载《现代国际关系》2010 年第 1 期;阎学通:《当今国际形势与中国外交的调整》,载《广东外语外贸大学学报》2010 年第 2 期;王逸舟:《创造性介入——中国外交新取向》,北京:北京大学出版社 2011 年版;赵可金:《建设性领导与中国外交转型》,载《世界经济与政治》2012 年第 5 期。此外,2011 年,清华大学、外交学院先后召开了以外交转型、外交创新为主题的学术研讨会。

显。所以,从经济发展方式转变这一角度观察中国外交调整,也许能够进行更有说服力的解释,做出更有价值的判断。①

基于上述认识,本文将首先讨论一国的经济发展方式与其外交事务之间的关系;其次分析中国经济发展方式转变可能引发的经济和社会的变化;最后就如何因应这种变化、进行中国外交调整提出若干建议。

二、简要的理论和历史分析

从理论上讲,一国的经济发展方式与其外交事务之间的关系主要体现在以下三个方面:

首先,一国的经济发展方式决定着该国外交的目标、任务和布局。经济发展方式主要包括经济增长方式、经济成果分享方式和经济活动与自然环境的耦合方式三个方面的内容,其中经济增长方式是前提和基础。为了保证本国经济持续、稳定的增长,满足国民不断提升的物质需求,执政者除了必须维持一个大体稳定的国内政治和社会秩序外,还应当维持一个大体稳定和总体有利的国际环境,以保证国内和国际两种资源、两个市场都能得到有效运用。而在本质上处于无政府状态的国际社会中,要维持一个对本国适宜的国际环境,执政者就必须充分利用既有的外交资源,并进行合理的配置。概而言之,一国外交的目标、任务和布局不是凭空产生的,它始终基于该国内政的需求特别是其经济需求。没有脱离内政需求特别是经济需求的纯粹外交事务。因此,一旦国家的经济需求发生变化,经济增长方式乃至整个经济发展方式转变,其外交也必须进行相应的调整,以有效履行自己的职能。

---

① 有学者注意到了这一问题。王缉思、李侃如(Kenneth Lieberthal)就认为:"中美关系未来前景如何,必须要考虑到中美两国在何种程度上成功地推进目前面对的经济转型。""如果对两种发展模式的改革不能达到预期效果,两国关系更可能趋向恶化。"王缉思、李侃如:《中美战略互疑:解析与应对》(Addressing U. S. -China Strategic Distrust), http://www.brookings.edu/research/papers/2012/03/30-us-china-lieberthal。

其次,一国所选择的经济发展方式恰当与否,对其国际地位、外交空间均有重要影响。由于自然资源禀赋、国内市场规模、经济运行方式、所面临的外部环境和国家战略目标等因素不同,各个国家所选择的经济发展方式是很不一样的;即使是同一个国家,在不同历史时期所选择的经济发展方式也有很大差异。选择不同的经济发展方式,其绩效也有明显的差别。采用恰当的经济发展方式,可以有效增强国家的硬实力,并有助于提升其国际地位,扩大其外交空间。反之,采用不当的经济发展方式,则很有可能导致国家发展失败或者出现无发展的增长,从而严重削弱国家的硬实力,提升国际地位、拓展外交空间自然也就谈不上了。

最后,一国外交事务的质量对其国内经济发展的影响越来越直接,也越来越大。在全球化深入发展、国家间相互依存程度空前提高的大背景下,一国外交事务与其国内经济发展的联系越来越密切。没有高质量的外交,国家的主权、安全和海外利益均得不得有效保护;国家的对外关系可能处于不稳定甚至是危险的状态,与其他国际行为体之间的摩擦、冲突乃至战争可能此起彼伏。而一个在外交领域举措失当乃至严重受挫的政权,将面临国内公众、利益集团——特别是那些与他国有着广泛联系的国内公众、利益集团——的巨大压力。这种压力往往转化为对政权合法性的威胁。一旦出现这样的局面,执政者必然需要花费大量精力、动用各种资源、运用各种手段予以化解,从而无法有效地进行国内经济发展。

从实践层面看,一国的经济发展方式与该国外交事务的密切联系也确实存在。①

首先看一下二战后日本的案例。由于自然资源极为短缺,国内

---

① 参见〔美〕罗伯特·基欧汉、海伦·米尔纳主编:《国际化与国内政治》,姜鹏、董素华译,北京:北京大学出版社2003年版。对于中国对外开放与经济发展之间关系的研究,可见钟龙彪:《双层认知与外交调整——以20世纪80年代中国外交政策调整为例》,载《世界经济与政治》2009年第3期;李东律:《中国经济分权化趋势对对外关系的影响》,载《战略与管理》1996年第6期。

市场狭小,因此日本经济对外具有极高的依赖度。用著名经济学家米切尔·曼德尔鲍姆(Michael Mandelbaum)的话来说:"日本在必需品方面对外国的依赖大于任何一个工业大国。"①而战败国的地位、非军事化的限制,又使其只能选择和平主义的国家发展路线。上述两种因素的共同作用,决定了日本必须采取以"出口导向"为核心的经济发展方式。而这又对日本的外交战略、外交布局和具体的外交政策产生了非常大的影响:一方面,它必须高度重视和优先处理好与其他发达国家特别是美国的关系,以确保主要国际市场的稳定;另一方面,它又必须高度重视和认真处理好与主要资源供给国家、毗邻其海上战略通道的国家——主要是那些中小发展中国家——之间的关系,以确保资源供应的稳定。但后者往往又与前者发生矛盾,由此导致日本经常采取一些看起来自相矛盾、前后不一的外交行为。"其外交政策的一个重要特点就是针对国际局势作机会主义式的调整,一次次地随外部环境的重大变化而见风使舵。"②比如,1973年第四次中东战争爆发后,面对海湾阿拉伯国家的石油武器威胁和国内日益严重的经济危机,日本不得不采取与以往有着重大差别的"新中东政策",其核心是反对以色列对阿拉伯国家领土的占领,尊重中东所有国家的领土完整和安全,尊重巴勒斯坦人基于《联合国宪章》的正当权利。这既是战后日本在外交上第一次采取与美国不同的政策,也与欧共体国家的相关政策有着明显的差异,从而招致这些大西洋两岸国家的严重不满。又如,1989年之后,"在联合制裁中国的各国中,日本一直扮演着一个不太情愿的角色,只是为了维护西方的一致,才勉强同意西方七国首脑会议制裁中国的决议"③。1990年,日本率先在西方七国中解除对中国的制裁,恢复对华第三批日元贷款。此举同样招致其西方盟友的强烈不满。日本之所以这样做,主要也

---

① 转引自〔美〕罗伯特·A.帕斯特编:《世纪之旅——世界七大国百年外交风云》,胡利平、杨韵琴译,上海:上海人民出版社2001年版,第267页。
② 同上书,第267页。
③ 钱其琛:《外交十纪》,北京:世界知识出版社2003年版,第191页。

是因为当时国内低迷的经济状况。

其次看一下美国的案例。与日本不同,美国国土辽阔,自然资源丰富,有着庞大的国内市场,所面临的外部环境也较为优越;但与日本相同的是,经济发展方式对其外交事务也产生了明显的影响。立国后的数十年间,美国之所以奉行孤立主义外交政策——在经济领域表现为贸易保护主义,除地理因素外,与其以农业生产为主且采用相对封闭的经济运行机制有很大的关系。19世纪30年代以后,随着国内工业革命的完成,经济国际化成为美国的迫切需要,因此,它开始奉行对外扩张政策,秉持的是具有强烈霸权色彩的门罗主义。专攻18世纪末19世纪初美国外交的著名历史学家布拉福德·珀金斯(Bradford Perkins)曾写道:1812年战争过后,美国"迎来了民族主义的高涨,其标志是致力于促进美国贸易、扩大领土疆域并向那个以往关注甚少的西半球地区扩大影响。这些努力在1823年门罗主义那里达到了顶点",并一直持续到19世纪末20世纪初。美国也因此跃升为世界级大国。而在整个20世纪,美国国内经济发展发展方式与其野心勃勃的对外扩张政策更加密不可分。在被另一位著名历史学家入江昭(Akira Iriye)称为"美国的全球化"的20世纪前半期,美国之所以有意愿和能力深度卷入世界各地的安全、经济和文化事务之中,与其依靠高效资本投入和科技进步、全力推进全球范围的自由贸易的经济发展方式有着直接的关系。② 正是得益于这一经济发展方式,美国的实力和国际地位大幅度提升,其资金、技术以及商品更广泛地进入世界市场,从而为战后的国际秩序提供了经济基础③;其强大的军事实力为世界反法西斯战争的胜利做出了重要贡献,从而

---

① 〔美〕孔华润(沃伦·I.科恩)主编:《剑桥美国对外关系史》(上),周桂银等译,北京:新华出版社2004年版,第151页。

② 根据1909—1949年的数据,美国人均产出增长了1倍,其中87.5%的增长源于技术进步,资本使用量的贡献只有12.5%。参见〔美〕罗伯特·M.索洛:《经济增长因素分析》,史清琪等选译,北京:商务印书馆2003年版。

③ 参见〔美〕孔华润(沃伦·I.科恩)主编:《剑桥美国对外关系史》(下),张振江等译,北京:新华出版社2004年版,内容提要,第2页。

为战后的国际秩序提供了安全和政治基础。美国也因此接替欧洲成为资本主义世界的领袖。第二次世界大战结束以来，美国的经济发展在继续奉行贸易自由主义政策的同时，放弃了以往的粗放型方式，转而采取更加重视科技进步的集约化方式；冷战结束以后，更是进入了所谓的"知识经济时代"，科技进步在经济发展中的重要性进一步凸显。美国的实力由此进一步提升。与此相对应，美国外交政策和对外行为中的霸权主义和强权政治色彩也愈加浓厚，甚至一度出现了"美国不得不帝国"的论调。但这种咄咄逼人的"帝国行为"也严重分散了美国的注意力，大量消耗了美国的实力，强烈腐蚀了美国的经济运行机制。因此，近些年来美国的相对衰落、国内发生严重的金融危机乃至某种程度的经济和社会危机，也就不难理解了。总之，美国的经济发展方式与其外交事务之间确实存在着相互作用的关系；特别是在20世纪，美国的对外经济、政治和军事"这三种扩张相互交织、相互影响又相互推动，成为美国经济现代化进程极其重要的组成部分"。①

最后看一下中国的案例。20世纪50年代初到70年代末，由于国内外多种因素的综合作用，中国采用的是以自给自足为基本特点的计划经济发展模式。虽然取得了一些成绩，但随着时间的推移，这一模式所暴露的问题越来越多，也越来越严重。70年代末，该模式已经难以为继了。就内部而言，生产力水平总体上依然低下，国民经济濒于崩溃边缘，该模式的合理性受到了广泛质疑，并危及社会制度和执政党的合法性。就外部而言，始于70年代初的国际产品和要素市场的自由化、世界贸易规模增加两大趋势，加大了中国实行自给自足经济政策的机会成本，②继续采用该模式显然是没有前途的。在此背景下，中国的最高决策者决意放弃原有的经济发展模式，开始发

---

① 刘厚俊：《20世纪美国经济发展模式：体制、政策与实践》，载《南京大学学报》（哲学·人文科学·社会科学）2000年第3期，第67页。
② 参见〔美〕谢淑丽：《国际化与中国的经济改革》，载〔美〕罗伯特·基欧汉、海伦·米尔纳主编：《国际化与国内政治》，姜鹏、董素华译，第203页。

展市场经济①和外向型经济,并为此制定和实施了对外开放战略。"对外开放,包括对发达国家的开放,也包括对发展中国家的开放,是对世界所有国家的开放",②但其中的关键,在于对发达国家特别是对美国、日本的开放,为此必须调整中美、中日两大双边关系。这是因为,美国、日本当时是排在世界前两位的发达经济体和创新基地。就国内生产总值(GDP)看,1980 年,美国为 2.77 万亿美元,日本为 1.09 万亿美元,分别位居世界的第一和第二位;③就专利申请量(居民与非居民之和)看,美国为 104329 件,日本为 191020 件,分别位列世界的第二、第一位;④就总储备(包括黄金)看,美国为 1714.2 亿美元,日本为 389.2 亿美元,分列世界第一、第五位。⑤ 所以,与美日这两个国家关系的好坏,直接决定着中国外部市场的大小,以及中国吸引技术、外部资金的多少。⑥ 为了让外部世界放心,邓小平在 1982 年举行的具有历史转折意义的中国共产党第十二次全国代表大会开幕词中郑重承诺:"我们坚定不移地实行对外开放政策,在平等互利的基础上积极扩大对外交流。"⑦之后,历次中国共产党的全国代表大会均对此加以确认,并成为中国的基本国策。⑧ 为了贯彻这一基本

---

① 起初叫做"有计划的商品经济"。这主要是基于意识形态方面的考虑。
② 中共中央宣传部编:《邓小平同志建设有中国特色社会主义理论学习纲要》,北京:学习出版社 1995 年版,第 45 页。
③ GDP(current US$) http://data.worldbank.org/indicator/NY.GDP.MKTP.CD? page =6.
④ Patent applications, nonresidents, http://data.worldbank.org/indicator/IP.PAT.NRES/countries? page =6; Patent applications residents, http://data.worldbank.org/indicator/IP.PAT.RESD/countries? page =6.
⑤ Total reserves(includes gold, current US$), http://data.worldbank.org/indicator/FI.RES.TOTL.CD? page =6.
⑥ 也许正是因为这一点,邓小平把改善中日关系、中美关系作为自己晚年已经做成的几件大事之首。参见邓小平:《结束过去,开辟未来》,载《邓小平文选》第 3 卷,北京:人民出版社 1993 年版,第 295 页。另见李向前:《中美建交与全党工作着重点的战略转移》,载《中共党史研究》2000 年第 1 期。
⑦ 《邓小平文选》第 3 卷,第 3 页。
⑧ 相关研究可见百家:《九十年代的中国内政与外交》,载《中共党史研究》2001 年第 6 期;李才义:《20 世纪 80 年代中国外交政策调整与现代化建设关系浅论》,载《党史研究与教学》2002 年第 6 期;郭伟伟:《从内政与外交互动的角度看新中国的外交战略与国内经济建设的发展》,载《当代世界与社会主义》2007 年第 4 期。

国策,服务国家发展特别是经济建设,三十余年来,中国外交彻底放弃了以意识形态划线的原则,改变了"一条线、一大片"的布局,逐渐确立了"不结盟"的外交原则和"韬光养晦、有所作为"的战略方针,形成了"大国是关键、周边是首要、发展中国家是重点、多边是舞台"的布局,①明确了"核心利益""重大利益""一般利益"的国家利益结构并进行了相应的资源配置,建立了外交政策咨询制度和相应的组织机构。从实际效果看,这种从"革命外交"向"建设外交"的转型总体上是成功的,外交工作"为国内保稳定、促发展、转变经济发展方式"创造了良好的外部环境。② 中国"经济总量从1978年到2010年翻了四番多,达到5.88万亿美元,占世界经济的比重从1.8%增加到9.3%"。③

基于上述概要的研究,我们可以初步得出如下结论:一国的经济发展方式与其外交事务之间存在着密切的联系,其中前者起着基础性作用;一旦国家的经济发展方式发生了重大变化,其外交也必须进行相应的调整。因此,要深入理解一国的外交行为、外交政策乃至外交战略,预测其可能发生的变化,从分析其经济发展方式入手是一个十分有效的途径。

三、中国经济发展方式转变可能产生的影响

要明确此次中国外交调整的方向、目标和基本内容,必须深刻明了中国经济发展方式转变可能引发的经济、政治和社会的后果,否则,相关的研究就很有可能陷入空洞、臆想的窠臼。

---

① 有学者发现,中国首脑出访活动基本符合这一布局。此外,"在经贸关系中,三类国家分别扮演了不同的角色。其中发达国家是中国的主要贸易伙伴,周边国家处于快速上升期,发展中国家份额较低,但呈现出快速增长势头,成为潜在的贸易伙伴。"杨霄、张清敏:《中国对外经贸关系与外交布局》,载《国际政治科学》2010年第1期,第47页。

② 参见杨洁篪:《当前国际格局的演变和我国外交工作》,载《国际问题研究》2011年第1期,第3页。

③ 国务院新闻办公室:《中国的和平发展白皮书》,http://www.fmprc.gov.cn/chn/gxh/tyb/zyxw/t855789.htm。

中国经济发展方式转变可能引发的变化、可能产生的影响是多领域、多层次的。

（一）经济发展方式转变对经济领域的影响

第一，中国的自主创新能力将显著增强。经验研究表明，自主创新能力是国家竞争力的核心。① 而国家竞争力的上升将有助于增强其整体实力，进而引发地区和全球格局的变化。② 相关经验研究还显示，当今世界各国的自主创新能力存在很大差距；中国与发达国家特别是美国在这方面的差距依然十分明显。③ 而中国自主创新能力相对较低的现实，也使其在技术领域需要依赖包括美国在内的发达国家，这对中国与这些国家的关系产生了微妙影响。只有不断增强中国的自主创新能力，才能逐步降低这种依赖度，并逐渐使中国在与发达国家的互动中掌握更多主动权。《国民经济和社会发展第十二个五年规划纲要》（以下简称《十二五规划纲要》）再次强调，要"推动发展向主要依靠科技进步、劳动者素质提高、管理创新转变，加快建设创新型国家"，"积极融入全球创新体系"。④ 可以预见，实现这一转变将对中国外交产生重大而深刻的影响。

第二，中国的国际贸易结构将趋于平衡。国际贸易是中国经济发展的重要动力源之一。实证研究表明，由于产业机构、要素禀赋状况、技术水平、外商直接投资以及贸易开放度等因素的综合作用，自1980年以来，中国的出口贸易结构一直都在升级，只是在不同阶段升级的速度有所差异而已。⑤ 这一特点对中国的出口市场结构产生

---

① 王玲：《竞争力的核心在于创新——解析世界经济论坛全球竞争力最新排名》，载《世界经济与政治》2005年第7期。

② 参见黄琪轩：《大国权力转移与自主创新》，载《经济与社会体制比较》2009年第5期。

③ 参见李慎明、王逸舟：《全球政治与安全报告（2010）》，北京：社会科学文献出版社2010年版，第269页。

④ 《国民经济和社会发展第十二个五年规划纲要》，http://www.gov.cn/2011lh/content_1825838_2.htm。

⑤ 参见赵红、周艳书：《影响中国出口贸易结构升级因素的实证分析》，载《重庆大学学报》（社会科学版）2009年第3期。

了直接的影响。在过去十年间,中国的出口市场结构变化迅速,具体表现可以概括为"一降一升"。所谓"一降",就是美、日、欧(盟)三大发达经济体占中国出口的总份额,从2001年的53%下降到2011年的44%。就国别和地区而言,中国对美出口从超过20%降至17.1%;对日出口从16.9%大幅下滑至7.8%;对欧出口则从15.4%小幅上升至18.7%。所谓"一升",就是中国对新兴经济体的出口份额大幅攀升。其中,东盟占中国出口总额的比例从7%升至9%;拉美则从3.1%升至6.4%。① 由此可见,中国对发达经济体的贸易依赖总体上有所下降,对新兴经济体的贸易依赖则有明显上升。《十二五规划纲要》已明确提出如下战略目标:"促进服务出口,扩大服务业的对外开放,提高服务贸易在对外贸易中的比重。"②基于这一战略目标,基于当前和今后一个时期世界经济的总体走势,可以预计,未来中国的贸易结构仍将延续上述态势。而中国国际贸易结构的变化有可能重塑世界贸易格局。

第三,中国的对外直接投资(FDI)结构将更为合理。一国的FDI与其经济发展方式、GDP总量以及国际收支状况存在着密切的关系,其中国际收支差额、外汇储备总量直接制约着该国FDI的规模;而其对投资领域和目的地的选择则不仅限于直接经济利益的计算,还有政治和安全战略方面的考量。近年来,由于中国的GDP总量快速增长,国际收支一直处于顺差状态,外汇储备大幅增加,中国FDI的增长率和总额两项指标均急剧上升。从投资存量看,2003年为330亿美元,2011年升至4247.8亿美元。从投资覆盖情况看,截至2011年,中国的FDI已经辐射到全球177个国家和地区,其中对发展中国家的投资存量占89%。就直接投资对象国看,最大部分集中在邻近中国的亚洲经济体。从投资企业的数量看,亚洲居首,欧洲次之,非

---

① 刘利刚:《中国贸易结构正在向好》,载《财经国家周刊》2012年5月4日一期,引自 http://114.113.227.214/2012/0504/4644.html。
② 《国民经济和社会发展第十二个五年规划纲要》,http://www.gov.cn/2011lh/content_1825838_13.htm。

洲居第三位。从所涉及行业看,虽然分布广泛,但主导份额来自第三产业,第一、二产业无论是存量还是流量均出现下降趋势。① 《十二五规划纲要》所确立的境外投资战略目标,将有助于推动中国的对外投资结构朝着更加合理的方向发展。

(二) 经济发展方式转变对政治和社会领域的影响

第一,涉外中央部委的数量将进一步增加,它们的涉外职能也将进一步凸显和扩大。这与中国对外开放的广度和深度不断拓展有着直接的关系。无论是提高利用外资的水平,还是加快实施"走出去"战略,都需要增强中央政府的综合统筹能力,完善跨部门的协调机制,加强宏观指导和服务能力。而要做好这些工作,都离不开中央政府各部委的努力。

第二,省级地方政府、大型国有企业(包括跨国公司和跨国金融机构)的经济实力、治理能力将进一步增强,对国家发展的作用将进一步增大;与此同时,它们影响国家相关政策的意愿和能力也将进一步上升。

第三,市场经济机制的完善将使社会利益主体多元化的特点更为明显,科教兴国战略和人才强国战略的实施将进一步提高公众的受教育水平。与此相关联,普通公众对政治和社会事务的关注和参与程度也将进一步提升。这将进一步增加国内治理的难度,增加决策者和行政机构的压力。

总之,新一轮经济发展方式转变"是我国经济社会领域的一场深刻变革,是综合性、系统性、战略性的转变",② 它将引发多领域、多层

---

① 相关情况综合自以下文献:王喆、王立志:《中国对外直接投资发展结构特征研究》,载《黑龙江对外贸易》2011 年第 5 期;姚枝仲、李众敏:《中国对外直接投资的发展趋势与政策展望》,载《国际经济评论》2011 年第 2 期;《商务部　国家统计局　国家外汇管理局联合发布〈2011 年度中国对外直接投资统计公报〉》,http://hzs.mofcom.gov.cn/aarticle/xxfb/201208/20120808315053.html;谢丹阳、姜波:《中美对外直接投资变现比较》,www.ftchinens.com/story/001042814。

② 《国民经济和社会发展第十二个五年规划纲要》,http://www.gov.cn/2011lh/content_1825838_2.htm。

次的变化,从而使中国对外部世界的需求、态度和行为方式与以往有明显的不同。而这些变化和不同又会在不同层次上对中国与相关国家、地区或国际组织的关系以及中国与国际体系、国际制度的关系产生或直接或间接、或大或小的影响,从而改变中国的全球、地区特别是周边环境,并将部分改变中国外交的基本内容、行为方式乃至外交战略、政策和整体布局。因此,中国外交确实需要在恰当评估国内外形势及其发展趋势、认真总结既往经验的基础上做出适当调整,以便更加有效地履行自己的使命。

四、中国外交调整的原则要求与基本内容

对于何谓"外交调整"①,学术界有不同的看法,迄今尚未达成共识;有些著述甚至根本就没有对这一概念加以明确界定。笔者认为,外交调整是一国对其外交的构成要素、层次、内容进行部分或者全部改变的行为总和。从构成要素上讲,涉及外交理念、外交原则、外交战略、外交政策、外交体制等;从层次上讲,大体涉及全球、地区、双边等;从内容上讲,涉及政治、经济、安全等。外交调整的最高层次是外交革命(diplomatic revolution),即外交战略的重大变革,它通常意味着一国外交的改弦更张甚至是另起炉灶;在其之下则有外交转型(diplomatic transition)、外交改革(diplomatic reform)等区间。综合考量多方面的因素,此次中国外交调整,主要是政策、策略、布局以及体制层面的变动,而非外交原则、外交战略的重大更改,其精髓应当是延续中的变革,坚守中的维新。因此,它并非外交革命,而与外交改革、外交转型有所类似。

---

① 在英语世界中,有两个短语与这一概念相对应,一个是"foreign policy reconstructure",比如 Jerel A. Rosati, Joe D. Hagan and Martin W. Sampson III, eds., *Foreign Policy reconstructuring: How Governments Respond to Global Change*, Columbia, South Carolina: University of South Carolina Press, 1994。另一个是"redirect foreign policy",比如 Charles F. Hermann, "Changing Course When Governments Choose to Redirect Foreign Policy", *International Studies Quarterly*, Vol.34, No.1, March 1990, pp.3-21。但这两个短语与本文对这一概念的界定都有较大的不同。因此,本文暂不给出其英文表达。

从适应经济发展方式转变的角度看,未来中国外交调整应着力做好以下工作:

第一,明确三个不动摇。首先,坚持"战略机遇期"这一判断不动摇。中国经济发展方式转变无疑需要良好的外部环境。而要塑造这样的环境,既取决于我们对外部环境走向的准确判断,也取决于恰当的战略设计。如果说之前我们关于战略机遇期的判断是基于"9·11"事件之后美国全球战略的调整及其引发的全球、地缘和双边关系的变化对中国有利的话,那么在当下和今后一个时期,这一判断的基础则是发达国家较长时期的经济衰退、新兴市场国家群体性成长而可能引发的全球、地区的经济—政治格局的新变化。这些新变化总体上对中国是有利的。所以,中国和平发展的战略机遇期并没有因近期出现的重大外部挑战而丧失。对此,我们要有足够的洞察力和信心。不仅如此,中国还应当着力经营好并尽可能地延长这一战略机遇期的后半段,不为暂时性、偶发性的事件所动摇,从而为实现在更加坚实的经济基础之上的真正崛起争得更多时间。

其次,坚持"韬光养晦、有所作为"这一战略方针不动摇。尽管国内学术界对该方针存在激烈争论,国外学术界特别是欧美学术界对此贬多于褒,但在笔者看来,如果我们真正弄清楚了这一战略方针的内涵,特别是弄清楚"韬光养晦"的精髓到底是什么,不为外部世界的鼓噪或者曲解而心烦意乱,不为词典中的解释所拘泥,其实是可以得出明确结论的。如果像戴秉国国务委员所强调那样,韬光养晦的"主要内涵是中国要保持谦虚谨慎,不当头、不扛旗、不扩张、不称霸,与走和平发展道路的思想是一致的";①如果像曲星教授所反复强调的那样,我们是在"韬意识形态之光,养经济建设之晦,为国际新秩序之为",那么这一战略方针就必须继续坚持而不是予以放弃。我们必须始终明确的是,在未来相当长的一段时间里,虽然中国的综合国力还会继续增强,国际地位还会继续上升,但速度肯定不会像以往那样

---

① 戴秉国:《坚持走和平发展道路》,载《当代世界》2010年第12期,第6页。

快,幅度也不会像以往那样大;大而不强、无力承担过大的国际责任,无法全面、有效地主导国际事务的进程,将是中国必须正视的客观事实。更何况,在提升自身力量、扩展国家利益、改善国际地位、增大国际影响的过程中,中国又必然与既有的全球和地区体系、秩序以及主要行为体发生不同形式、不同性质、不同程度的摩擦乃至冲突。因此,中国在未来一段时间里所面临的国际环境甚至有可能较以往更加严峻和复杂。因此,"韬光养晦、有所作为"的战略方针仍然具有很强的现实性和针对性。当然,如何基于变化着的现实,在两者关系上进行适当微调,有所侧重,也是中国外交调整的应有之义。

最后,坚持"不结盟"的外交原则不动摇。"不结盟"是当代中国外交的基本原则和显著特点,并在实践中取得了显著效果。近年来,国内学术界对这一原则同样产生了激烈的争论。① 有不少学者明确主张放弃或者改变这一原则,与有关国家结盟,联手对付外部挑战——特别是来自美国高调实施重返亚太战略所构成的威胁。笔者认为,无论是基于并不久远的历史经验,还是基于复杂的现实考量,抑或是对未来的基本预测,放弃"不结盟"原则的主张都是不可行的;结盟的实践则是不大可能的,更多的是一厢情愿的主观诉求或者极度简化的理论推演。② 退一步讲,即使我们放弃了"不结盟"原则,某些结盟对象国也确有意向对此予以呼应,其最可能出现的结果是:加深国际体系中的守成大国特别是美国的疑惧乃至敌意,恶化而不是优化中国发展的整体外部环境,从而与结盟的主旨相背离。

第二,将更多的外交资源应用于新的国际制度、国际规则的构

---

① 阎学通:《中国或可改变"不结盟"战略》,载《国防时报》2011年6月8日第11版;张惠东:《放弃"不结盟"非明智之举》,载《世界报》2011年12月7日第2版;张文木:《中俄结盟的限度、目标和意义》,载《社会观察》2012年第3期;姜毅:《不靠谱的"中俄结盟"说》,载《世界知识》2012年第5期;李大光:《别总是"不结盟"》,载《世界报》2012年6月20日第16版。

② 约翰·科尼比尔(John A. C. Conybeare)在运用金融多样化理论分析国家的结盟政策后得出如下结论:同盟关系就像合同一样会被轻易打破。See John A. C. Conybeare, "A Portfolio Diversification Model of Alliance: The Triple Alliance and Triple Entente, 1879-1914", *Journal of Conflict Resolution 36*, No.1, 1992, pp.53-85。

建,从国际体系事实上的既得利益者、消极适应者真正转变为积极建设者、主动塑造者。经济发展的成功实践表明,中国是现存国际体系、国际制度——特别是两者的经济维度——的受益者;承认两者的合法性,并愿意接受它们的某种约束,是当代中国外交的前提和基础。不仅如此,为了回应国际社会期待的提升,中国已经主动提供了一些国际公共产品,愿意承担与自身实力相称的国际责任,企盼扩大和深化同各方的"利益汇合点",构建更多的"利益共同体"。① 但也应当看到,现存的国际体系仍处于大国主导的国际制衡状态,绝大部分国际制度、国际规则是建立在西方价值观念基础上的,在相当大程度上反映的是西方国家的意志和利益,其不平等、不合理之处甚多。迄今为止,中国提供的国际公共产品确实还不多,承担的国际责任确实还不大,通过和平方式改变现存国际制度和国际规则中的不公正、不合理之处的意愿确实还不够坚决。这也正是中国实力上升与国家形象改善不甚匹配的重要原因之一。因此,未来中国外交在这方面还有大量的工作要做。随着中国融入国际体系的深度和广度的进一步扩展,我们应当强化主动塑造意识,投入更多外交资源,本着先易后难、先经济后政治、安全、全球与地区并重的基本思路,以联合国、二十国集团(G20)等全球性多边机构为抓手,以推进联合国改革和全球治理改革、落实自由贸易协定(FTA)等为基本内容,稳健、有序地推动国际体系的变革,推进新的国际制度、国际规则的建设,并积极融入具有自身文化特点、符合世界发展趋势的价值观念,使国际制度、国际规则真正具有广泛的代表性。

第三,适当降低对发达国家的外交投入,进一步加大对新兴市场国家和周边国家的外交投入,努力构建新的外交格局。之所以如此,既与前文所讨论的中国自主创新能力增强、对外贸易与投资结构改进有关,也是世界经济版图因此次金融危机而发生的深刻变化所致。

---

① 按照党内著名理论家郑必坚的说法,关于构建"利益汇合点""利益共同体"的理念,已经确定成为中国共产党和中国政府的重大战略方针。参见郑必坚:《对一个重大战略构想的新认识》,载《北京日报》2012年1月9日第17版。

对于发达国家特别是美国,尽管我们不能因为其暂时的经济衰退而忽视它们的发展潜力,轻视甚至贬低它们在未来世界经济中的重要作用,但无论如何,我们不宜像以往那样,把过多的外交资源和注意力投放到这类国家身上,尤其要力戒"随美(国)起舞"的外交政策设计和外交行为取向,要懂得"实者虚之""险者夷之"这两句中国古老格言所蕴涵的智慧,并在战略和政策设计时加以体现,以进一步增强中国外交的自主性和独立性。

对于具有相似历史命运和共同现实追求、在资源和市场方面又有特殊重要性的新兴市场国家,中国应当投入更多精力,运用更多外交资源,巩固已有或者构建更多的多样化、有效率的合作机制,其中特别要做好如下两点:一是积极推动金砖国家机制的特色化、成熟化,使其有别于现有的跨区域国际合作机制;二是利用自己特有的国际经济地位,积极推动"七十七国集团"的转型,使其作为金砖国家机制的后盾和依托。要通过与新兴市场国家的真诚协作,互相帮衬,带动其他发展中国家的共同发展、集体成长,最终改变近代以来形成的不公正、不合理的国际经济政治格局,推进人类社会朝着更加均衡、普惠、共赢的方向发展。①

对于周边诸国,中国应继续坚持"与邻为善、以邻为伴"的方针,继续奉行开放性地区主义,展现最大的诚意和最大的耐心,运用最灵活的外交技巧,努力消除相关国家对中国发展和强大的疑虑和恐惧,力争形成厚基础、多支点、有活力、效益好的周边外交新格局。为此,除不断丰富双边合作的形式、机制和内容外,要充分利用好上海合作组织、东盟与中国("10+1")、东盟与中日韩("10+3")、东亚地区论坛等现有的多边机制,在南亚地区适时创建新的多边机制。要有效管控各种危机,及时处置突发事件,特别是妥善处理敏感而复杂的领土争端。要进一步发挥省级地方政府在中国整体外交中的积极作

---

① 《十二五规划纲要》在"培育出口竞争新优势"一节特别强调了"积极开拓新兴市场"。

用,鼓励和帮助它们进一步强化与相关国家特别是相邻国家的经济关系。要努力将中国对周边国家的经济辐射力有效转化为政治影响力、安全影响力,将彼此在经济上的相互依赖有效转化为在政治上、安全上的相互信任。要通过文化外交、公共外交等形式,深入发掘彼此文化的一致性,充分尊重彼此价值观念的差异,进一步增加彼此的区域认同感。

此外,对于后两类国家,中国还要逐步容忍和习惯来自它们的批评,有效化解它们在某些议题领域可能与发达国家联手对付中国的行为,①由此进一步夯实中国外交的基础,增加中国在处理与发达国家关系方面的回旋空间。

第四,更加积极地开展与经济发展方式转变密切相关的领域外交,不断丰富其内涵,不断创新其形式。经济发展方式转变的必要性、紧迫性,使得中国经济外交的重要进一步凸显。适应我国对外开放由出口和吸收外资为主转向进口和出口、吸收外资和对外投资并重的新形势②,未来中国经济外交所覆盖的领域将越来越多,内容将更加丰富,其形式上的创新将尤为必要。比如,随着绿色经济、低碳经济等理念在国际社会的流行,新能源技术广受追捧,有着巨大的市场需求,而中国在该领域是有比较优势的。因此,我们可以将其包装成为一种外交礼品,用于具体的双边外交实践。这不仅可以进一步凸显中国在应对全球气候变化方面负责任大国的形象,而且有助于深化中国与有关国家的双边合作。

第五,大力培养、大胆使用谙熟低位政治的新型外交官,进一步丰富外交官的来源和出口。经济发展方式转变对于中国外交有着多方面的特殊需要,其中一个重要的方面就是需要新型外交官。新型外交官不仅要懂得高位政治,还(更)要懂得低位政治,特别是要善于进行经济外交。因此,外交官的经济知识和工作经验就显得尤为必

---

① 比如,在人民币汇率问题上,巴西和美国的关系及合作行为就是如此。
② 《国民经济和社会发展第十二个五年规划纲要》,http://www.gov.cn/2011lh/content_1825838_13.htm。

要。从近年来的情况看,虽然有经济专家深度介入中国外交决策过程①,有富有经济工作经验的官员出任中国外交部首长或大使②,但数量并不多。因此,中国外交在这方面还有较大的改进空间。我们应当适当拓宽外交人才的来源,不断丰富其类型,不断增加其出口。要选拔更多具有世界眼光、掌握现代经济理论知识、具有丰富经济实践经验的人员,将其充实到各级各类外交部门中去;与此同时,还要将那些年富力强的高级外交官放到国务院其他部委的涉外职能部门、大型国有企业(跨国公司和跨国金融机构)、省级地方政府担任主要领导职务。要改变以往外交官主要在外交部和中联部之间以及在外交系统内部流动、高级外交官的选拔主要局限于外交系统内部的局面。在这方面,美日等国的一些成功经验值得借鉴。

第六,进一步规范外交参与者的行为,改革和完善外交决策机制、参与机制和协调机制。由于省级地方政府、大型国有企业(跨国公司和跨国金融机构)对中国外交决策的需求度和影响力进一步上升③,也由于除外交部之外的国务院其他各部委、中共中央有关部门的涉外职能进一步扩大,加之普通公众对中国外交的关注和参与程度进一步提升,因此,中国外交所面临的国内环境已经并将继续发生深刻变化。面对这种变化,如何有效整合上述外交领域的重要参与者,使其更好地服从和服务于国家的整体利益;如何进一步提升外交部门与国内公众打交道的本领,增加外交的透明度和包容性,强化外

---

① 在外交部政策咨询委员会中就有三位经济学家,分别是:中国社会科学院的余永定、张宇燕和国务院发展研究中心的郭励弘。

② 比如,现任外交部副部长谢杭生就是金融专家。此前,他曾先后出任中国驻英公使、驻保加利亚和丹麦两国大使。

③ 国有大型企业确已对中国外交产生了相当程度的影响。有关情况可见赵宏:《中国的利益集团与贸易政策》,载《中国经济问题》2008 年第 3 期;李欣:《中国外交决策研究:利益集团的视角》,载李东燕、袁正清主编:《国际关系研究:议题与进展》,北京:社会科学文献出版社 2011 年版,第 26—52 页;李欣:《国有企业"走出去"与当代中国外交海外困局》,载《国际展望》2012 年第 2 期;李欣:《中国外交新的参与者与"组织化"利益》,载《国际论坛》2012 年第 3 期;王存刚:《当今中国的外交政策:谁在制定? 谁在影响?》,载《外交评论》2012 年第 2 期。

交的社会基础,将是未来中国外交决策体制、参与机制和协调机制调整的重要内容之一。为此,应当改革和完善现有的外交决策体制、行政体制,包括适时建立国家安全委员会,以提高外交的统筹能力和决策效率;适当提升外交部的政治和行政地位,以增强其权威和协调能力。

五、结论

上述研究表明,一国的经济发展方式与其外交事务之间存在着密切的联系。面对伴随中国经济发展方式转变而产生的经济、政治、社会以及对外需求的深刻变化,中国外交应当继续坚持"战略机遇期"的判断,坚持"韬光养晦、有所作为"的战略方针,坚持"不结盟"的外交原则,并在此基础上进行如下调整:将更多外交资源应用于新的国际制度、国际规则的构建;适当降低对发达国家的外交投入,进一步加大对新兴市场国家和周边国家的外交投入,努力构建新的外交格局;更加积极地开展与经济发展方式转变密切相关的领域外交,不断丰富其内涵,创新其形式;大力培养、大胆使用谙熟低位政治的新型外交官,进一步丰富外交官的来源和出口;进一步规范外交参与者的行为,改革和完善外交决策机制、参与机制和协调机制。

鉴于相关任务的艰巨性和复杂性,此次中国外交调整不可能一蹴而就,而要经过一个循序渐进的较长过程。在此期间,我们的决策者和研究者都要付出艰苦的努力。对于决策者来说,要有决心、信心、耐心和细心,特别是不能操之过急,要深知"天下以躁急自败"的道理。对于研究者来讲,则要在明势、识实的基础上,深入研究中国外交亟待解决的重难点问题,并提出具有操作性的思路和行动方案。

本文原载《世界经济与政治》2012年第01期。收入本书时对部分文字做了调整。

国家发展战略对接与新型国际关系构建
——以中国的"一带一路"战略为例

【内容摘要】

　　国家发展战略对接是指不同国家在发展理念、发展目标、发展规划的相互靠拢,体制机制运行、基础设施建设和产业经营等多方面的相互融合;其前提在于主权平等基础上的互相尊重,相互理解;基本途径是在合作过程中的相互支持,相互补台;主要目标在于发现和扩大彼此既有利益的交互点,寻找和增加彼此新的利益契合点,以实现共赢的目标。在全球化深入发展、全球问题日益凸显、信息技术广泛运用、国际体系深刻转型的大背景下,实现国家发展战略对接具有可能性,并对构建以合作共赢为核心的新型国际关系具有重要意义。中国以实施"一带一路"战略为契机,积极推动与沿线国家的国家发展战略对接,并已取得多方面的重要进展。未来,最高领导层应当继续高度重视并积极推进对接工作,将双边对接与地区合作机制建设更好结合起来,加强各国预警机制的合作,充分发挥企业的主动性和创造性,大力开展公共外交,以此进一步深化各国国家发展战略对接,将构建新型国际关系这一前无古人、泽被后世的伟业不断推向前进。

引言

构建以合作共赢为核心的新型国际关系,是实现国际体系、国际秩序的顺利转型的客观需要,是新时期中国外交的重大追求之一,也是以"和平发展"为鲜明特色的中国道路的重要组成部分。要完成这一前无古人、泽被后世的伟大创举,需要做的工作很多。其中一个十分重要且极为有效的方面,就是推动国家发展战略对接。通过这种方式,可以培育或加深不同历史文化传统、社会制度、发展水平和发展理念国家之间的战略互信,提升国家间合作的水平和质量,实现共赢的目标。

目前,学界已就新型国际关系构建发表了大量成果,但对国家发展战略对接的学理探讨尚未出现,更无将两者链接起来的专门著述。① 因此本项研究具有重要学理价值和现实意义。本文将首先阐述国家发展战略对接的内涵与可能性;其次讨论国家发展战略对接对新型国际关系构建的价值;再次以中国的"一带一路"战略与有关国家的国家发展战略对接为例,检验前述判断,发现对接过程中存在问题;最后将就如何创新对接形式、推动新型国际关系构建取得新进展提出政策建议。本文主要采用诠释和案例两种研究方法。

---

① 笔者曾以"国家发展战略对接"为关键词,在中国知网上进行检索,结果为零。扩展检索后发现,仅有少部分作者在讨论俄罗斯问题时,简要地谈到该问题,比如庞大鹏:《俄罗斯的欧亚战略——兼论对中俄关系的影响》,载《教学与研究》2014年第6期;李建民:《丝绸之路经济带、欧亚经济联盟与中俄合作》,载《俄罗斯学刊》2014年第5期。

一、国家发展战略对接：内涵与可能性

1. 国家发展战略对接的内涵

要讨论国家发展战略对接，首先必须明确国家发展战略的内涵。国家发展战略属于国家战略范畴①，是一国最高决策层对一定时期内国家发展的基本目标、实现途径和保障措施等重大问题的总体设计。它涵盖内政与外交两大方面，涉及经济、政治、安全、社会、科技、文化诸多领域。一国的国家发展战略集中体现了该国执政者的时代观、国际观、国家观、发展观和利益观。它所确立的国家发展的基本目标，指引着一国在一定时期内发展的总体方向和基本路径，规约着该国对内对外政策的选择。历史经验和理论研究都表明，正确的国家发展战略，必须契合时代的基本特征、国家的现实条件与核心需求。

所谓国家发展战略对接②，是新的历史条件下国家实施对外开放、开展国际合作的一种新形式，主要包括不同国家在发展理念、发展目标、发展规划的相互靠拢，体制机制运行、基础设施建设和产业经营等多方面的相互融合。对接的前提在于主权平等基础上的互相尊重，相互理解；对接的基本途径是在合作过程中的互相支持，互相补台；对接的主要目标在于巩固和扩大彼此既有利益的交互点，寻找和增加彼此新的利益契合点，以实现共赢的目标。对接不是一国将自己的意志和利益强加于他国，而是相关国家意志自由、自主的表达，利益自由、自主的实现；它与历史上曾经长期存在、集中反映少数宗主国意志和利益的殖民主义分工体系及其各类变种，在本质和实现方式上是完全不同的。对此，杨洁篪国务委员曾指出，"对接不是

---

① 参见薄贵利：《论国家战略的科学内涵》，载《中国行政管理》2015 年第 7 期；周建明、王海良：《国家大战略、国家安全战略与国家利益》，载《世界经济与政治》2002 年第 4 期，第 21 页。

② "对接"原是航天科学的一个概念，"指两个或两个以上航行中的航天器（航天飞机、宇宙飞船等）靠拢后结合成为一体"。中国社会科学院语言研究所词典编辑室：《现代汉语词典》（汉英双语），北京：外语教学与研究出版社 2002 年版，第 491 页。

你接受我的规则,也不是我接受你的规则,而是在相互尊重的基础上,找出共同点与合作点,进而制定共同规则。"①

2. 实现国家发展战略对接具有可能性

第一,相关国家的发展理念已经较为接近。美国学者戈尔茨坦和基欧汉认为:"观念常常是政府政策的重要决定因素……观念所体现出的原则化或因果性的信念为行为者提供了路线图,使其对目标或目的—手段关系更加清晰;在不存在单一均衡(unique equilibrium)的战略形势下,观念影响战略形势的结果;观念能够嵌入政治制度(institution)当中。"②近年来,面对经济全球化、社会信息化快速发展带来的诸多挑战,特别是2008年国际金融危机所引致的"华盛顿共识"的破产,不少国家对自身的发展理念方面进行了大幅调整,形成新的国家发展观。比如,自改革开放以来,中国逐步确立以经济建设为中心、以满足人民基本生活需求为目标的国家发展思路,并据此进行国家发展观的调整,最终于2012年召开的中共十八上形成"全面、协调、可持续"为内涵的科学发展观,列入党的指导思想。③ 又如,自普京当政以来,俄罗斯的国家发展观念也在不断调整并日趋明确。1999年,时任俄总统的普京发表《千年之交的俄罗斯》一文,对本国发展道路进行系统总结和深入反思,认为俄已是实现了工业化的大国,具有与东亚国家追赶型发展道路显著不同的特点,其未来取决于那些立足于高科技、生产科学密集型产品的部门的进步。2008年2月,即将卸任总统职务的普京发表《俄罗斯2020年国家发展战略》的演说,将创新型发展列为该战略的核心。尽管随后爆发的国际金融

---

① 杨洁篪:《深化互信、加强对接,共建21世纪海上丝绸之路》,http://www.fmprc.gov.cn/mfa_chn/ziliao_611306/zyjh_611308/t1249710.shtml。

② 〔美〕朱迪斯·戈尔茨坦、罗伯特·O.基欧汉编:《观念与外交政策》,刘东国、于军译,刘东国校,北京:北京大学出版社2005年版,第3页。

③ 参见《毛泽东 邓小平 江泽民论科学发展》,北京:中央文献出版社、党建读物出版社2008年版;中央文献研究室:《科学发展观重要论述摘编》,北京:中央文献出版社、党建读物出版社2008年版;李腊生:《中国共产党的国家发展战略研究》,北京:人民出版社2013年版。

危机对俄罗斯经济造成巨大影响,但当政的梅德维杰夫并未对普京定下的国家发展理念和思路做出大幅改变,这在其于2009年9月发表的题为《俄罗斯,前进!》的讲话中有充分体现。2012年普京再次当选总统后,由其长期主导的俄罗斯国家发展理念得到延续和深化。此外,哈萨克斯坦在推进国家发展进程中强调经济的多样化、对未来的投资、对国民的服务和社会管理模式创新。① 蒙古国所确立的国家发展理念是:以综合方式"促进形成人道、文明和民主的社会,大力发展国家的经济、社会、科学、技术、文化和文明"。② 比较不同国家的新发展理念,我们不难发现其中的共同点、相似点甚多,这就为进行国家间发展战略对接奠定了坚实的基础。③

第二,相关国家先后制定了新的国家发展战略。发展理念的转变,引发各国先后制定或者调整本国的发展战略。发达国家在这方面走在了前列。比如,德国于2001年制定了《国家可持续发展战略》,其核心是将环境、经济和社会政策目标有机结合起来,同时在优先领域以具体项目推动可持续发展;2010年,该国又制定了《高技术战略2020》,提出"工业4.0"战略,即以网络实体系统和物联信息系统(Cyber-Physical System 简称CPS)为技术基础,全面提升制造业的智能化水平,建立具有适应性、资源效率及人因工程学的智慧工厂,在商业流程及价值流程中整合客户及商业伙伴。当然,发展中国家也不甘落后。比如,哈萨克斯坦制定了"2050年国家发展战略",计划通过推行经合组织成员国的相关原则和标准,通过两大阶段不同主题的发展,在2050年成为世界最发达的三十个国家之一。蒙古国

---

① 参见赵常庆:《哈萨克斯坦的2030/2050战略——兼论哈萨克斯坦的跨越发展》,载《新疆师范大学学报》(哲学社会科学版)2013年第3期,第37—42页。

② 参见冯维江、蔡丹:《蒙古国国家全面发展战略与中国对蒙经贸方略》,载《中国市场》2011年第16期,第90页。

③ 参见〔俄〕德米特里·特列宁:《帝国之后——21世纪俄罗斯的国家发展与转型》,韩凝译,左凤荣、张光政校,北京:新华出版社2015年版;徐坡岭:《俄罗斯国家发展新战略》,载《国际经济评论》2012年第3期;庞大鹏:《俄罗斯的发展道路》,载《俄罗斯研究》2012年第2期。

提出了"基于千年发展目标的国家全面发展战略"(The Millennium Development Goals-based Comprehensive National Development Strategy of Mongolia),涉及"蒙古的人类及社会发展""经济增长和发展政策""环境政策""立法和政府组织发展政策"等四个方面。在制定国家发展战略过程中,各国最高决策层既要充分考虑国内环境,也要充分考虑国际环境,也就是通常所说的要统筹国内国际两个大局,充分利用国际国内两种资源、两个市场,遵守内外协调、综合平衡的原则。那种不能够反映国家内外环境的基本特点、不顾及别国的国家利益特别是核心利益的自私自利的国家发展战略,在具体实施过程中只能招致其他国家的反感、抵制和对抗,进而恶化国家发展的外部环境,并诱发国内各种不稳定因素,最终也难以达到国家发展的预期目标。

第三,相关国家展现出强烈的合作愿望。在一个国家间相互依存程度不断提升的时代,开展国际合作是国家在实施对外行为时的恰当选择。而国家发展战略对接是国际合作的一种新形式。如果相关国家没有开展国际合作的愿望,国家发展战略对接就不可能。作为一个负责任大国和当今世界最大发展中国家,中国不断向国际社会发出明确而强烈的信号:"中国坚定不移地走和平发展道路,始终不渝倡导合作共赢理念。"[1]"把中国发展与世界发展联系起来,把中国人民利益同各国人民利益结合起来。"[2]中国有意愿也有能力为其他国家的加快发展提供助力,使这些国家真正获得发展机遇和切实利益,推动世界经济朝着更加开放、平衡、合理、普惠的方向发展,构筑你中有我、我中有你、深度融合的利益共同体和命运共同体。中国的良好愿望得到其他国家的积极回应。有关国家对中国发出的合作信号做出了积极回应。俄罗斯总统普京曾指出,在全球和亚太区域

---

[1] 中共中央宣传部编:《习近平总书记系列重要讲话读本》,北京:学习出版社、人民出版社 2014 年版,第 154 页。

[2] 《更好统筹国内国际两个大局 夯实和平发展道路的基础》,载《光明日报》2013 年 1 月 30 日第 01 版。

合作中,中国都是一位关键伙伴。哈萨克斯坦总统纳扎尔巴耶夫也表示:"哈方坚定致力于发展哈中全面战略伙伴关系,对深化两国务实合作寄予厚望。"①

二、国家发展战略对接有助于新型国际关系构建

国家发展战略对接所产生的影响是多方面的。就国际关系而言,其影响主要体现在以下几个方面。

1. 有助于扩大国家间的利益契合点与重合度

全球化的深入发展、全球问题的日益凸显,加深了人类不同群体间的相互依赖,并使当代国际关系呈现出与以往显著不同的特点,其中一个重要的方面,就是各国的国家利益甚至是核心利益的重合度不断提升。② 而国家发展战略本质上是一国在一定时期内提升自身实力的顶层设计,在某种意义上也是维护和扩展该国的国家利益的基本路线图。不同国家的国家发展战略之所以能够对接,前提或是存在某种程度的利益重合,或是在利益上存在着互补,但至少是不存在严重的利益抵牾。否则,相关国家根本不可能有对接的意愿。国家间的利益契合点越多,重合度越高,彼此展开进一步合作的意愿就会越强烈,实现共赢的概率也就越大。

2. 有助于增加各国国家机构之间互动的频度与深度

为了落实国家发展战略对接,相关国家的政策执行部门(包括中央和地方)必然要就广泛领域的复杂细节进行反复沟通、充分协调,否则对接就不会顺畅、持续并达到预期目标,甚至有可能会中断。在这种参与者众多、议题广泛、形式多样、持续不断的深度互动过程中,

---

① 《习近平与哈萨克斯坦总统纳扎尔巴耶夫举行会谈指出深化中哈战略合作大有可为》,http://www.fmprc.gov.cn/mfa_chn/zyxw_602251/t1157486.shtml。

② 尽管国家利益(national interest)的基本维度长期保持不变,但其具体内容却随着时代的变迁、国家的实力、地位、意愿的变化而发生变化。比如,随着各国在外太空、深海、网络等领域博弈的展开,相关国家的国家利益的范围和内容发生了重大变化。又如,随着中国大力推进企业"走出去"战略,中国的海外利益在空间范围上不断扩展,在具体内容上不断丰富。

国家间的相互了解将进一步加深,彼此的信任度——包括对他方行为的可预测性、承诺的可信性以及良好意图的预期——将进一步增强。而建立在了解基础上的信任不仅能够促进合作,而且能够培育和增进信任。①

3. 有助于夯实国家间良性互动的社会和民意基础

国之交在于民相亲。进行国家发展战略对接,必须得到相关国家人民的支持。在进行国家发展战略对接的过程中,相关国家必然要就基础设施、体制机制、优势产业等方面的融合与互补问题进行深入讨论,并据此在相关领域采取具体行动,而这将使国家间的互联互通水平不断提高,在全球供应链、产业链和价值链上的相互联系更加紧密。尤为重要的是,在实施对接过程中必然出现的国民之间日益频繁、深入的互动,将使他们在共享合作发展成果的过程中,实现民心相通这一国家间合作的重要目标。

4. 有助于实现国家间战略关系的长期稳定

战略关系稳定是开展国家间长期合作的基本前提和重要保证,它使相关国家能够对一定时期内彼此的互动产生稳定预期,并据此持续投入外交资源,不会因为细枝末节上的矛盾和摩擦、暂时的困难和挫折、偶然发生的变故和事件、第三方的干扰和破坏,而妨碍彼此合作的大局。一国之所以愿意与他国进行国家发展战略对接,肯定是因为对他国的国家发展战略的某种认同。而在进行国家发展战略对接的过程中,国家之间必然进行的、复杂多样的"非零和博弈",在本质上可以提升双方在广泛领域的依存度,增加双边关系的韧性,强化彼此的共同体意识。特别是对新兴经济体和广大发展中国家来说,面对当前和今后一个时期全球经济复苏不稳定、不强劲、不均衡的态势,面对内生动力不足、外需拓展空间艰难、发达国家经济政策溢出效应冲击等形成的影响,与其他新兴经济体和发展中国家进行

---

① 参见曹德军:《国家间信任的生成:进程导向的社会网络分析》,载《当代亚太》2010年第5期,第125页。研究表明,"信任的程度与合作的制度化水平是一种正相关关系"。尹继武:《社会认知与联盟信任形成》,上海:上海人民出版社2009年版,第115页。

发展战略对接,还可以防范不同经济体的政策变动可能带来的负面溢出效应,增强新兴经济体的整体实力,从而推动世界格局多极化进程。

综上可以看出,涵盖领域广泛、涉及行为体众多的国家发展战略对接,对于国际关系的健康发展具有重要价值。它是双边关系的压舱石和推进器。特别是大国之间的发展战略对接,其作用已经溢出双边范畴,对地区乃至全球的稳定都具有直接的、积极的影响。国家发展战略对接的形式和途径是合作,其目的和结果是共赢。

三、国家发展战略对接的成功实践:以中国的"一带一路"战略为例

"一带一路"战略,是当代中国国家发展战略的重要组成部分,更准确地说,它是新的历史条件下中国的对外开放战略,其原则是共商、共建、共享。① 在习近平主席、李克强总理的大力推动下,中国已经实现了该战略与沿线多个国家的国家发展战略对接,并将中国与相关国家的双边关系提升到了新的层次。以下选取四个有代表性的案例,分别涉及1个世界大国、2个地区性强国和1个小国,对前述判断进行检验,并发现其中存在的问题。

案例1. 与俄罗斯"欧亚经济联盟建设"计划的对接及绩效

俄罗斯是一个横跨欧亚大陆的世界大国。"欧亚经济联盟建设"计划,是普京总统2012年重新主政俄罗斯后提出的"欧亚战略"的一部分,主要内容包括:发展区域合作,发掘原苏联各加盟共和国共同经济基础的潜能,提升相互间的贸易和投资水平,并努力实现经济多样化发展长期目标。② 这一发展战略因在地缘经济乃至地缘政治等方面的目标及可能产生的深远影响而遭到西方国家的普遍反对,但得到中方的积极回应和有力支持。今年5月8日,在习近平主席访

---

① 参见《推动共建丝绸之路经济带和21世纪海上丝绸之路的愿景和行动》,http://politics.people.com.cn/n/2015/0328/c70731-26764643.html。

② 参见李建民:《丝绸之路经济带、欧亚经济联盟与中俄合作》,第11—12页。

问莫斯科期间,中俄两国发表联合声明确认,将实现"丝绸之路经济带建设"和"欧亚经济联盟建设"对接合作,以"确保地区经济持续稳定增长,加强区域经济一体化,维护地区和平与发展"。① 这也是中国与他国发表的第一份以国家发展战略对接为主题的联合声明。7月10日,中俄两国又与蒙古国共同发表《发展三方合作中期路线图》,宣布将"在对接丝绸之路经济带、欧亚经济联盟建设、'草原之路'倡议基础上,编制《中蒙俄经济走廊合作规划纲要》"②。同日,习近平主席在会见普京总统时再次强调:"双方要将上海合作组织作为丝绸之路经济带和欧亚经济联盟对接合作的重要平台,拓宽两国务实合作空间,带动整个欧亚大陆发展、合作、繁荣。"③

中俄国家发展战略对接已经取得丰厚成果。首先,中国对俄投资数量不断增长。截至2014年底,中国对俄各类投资已接近330亿美元。④ 随着投资额的稳步增长,中国对俄的投资领域也在逐步扩大,从最初的能源、原材料、林业等逐步延伸到基础设施建设、制造业、科技创新等领域。俄方甚至在某些战略产业领域向中国伸出了橄榄枝。2015年3月,俄方高级官员就首次表示,考虑允许中方企业控股俄罗斯境内一系列战略性油田项目。⑤ 其次,中俄金融合作快速发展。去年10月,两国央行签署了规模为1500亿元人民币的双

---

① 《中华人民共和国与俄罗斯联邦关于丝绸之路经济带建设和欧亚经济联盟建设对接合作的联合声明》,http://www.fmprc.gov.cn/mfa_chn/zyxw_602251/t1262143.shtml。

② 《中华人民共和国、俄罗斯联邦、蒙古国发展三方合作中期路线图》,http://www.fmprc.gov.cn/mfa_chn/zyxw_602251/t1280229.shtml。

③ 《习近平会见普京:中俄应继续在上合组织中保持高水平战略协作》,http://politics.people.com.cn/n/2015/0709/c70731-27278218.html。

④ 《投资与金融成中俄经贸合作新增长点》,http://news.xinhuanet.com/finance/2015-06/18/c_1115660424.htm。

⑤ 《俄有望对华开放战略性行业投资合作迎来新局面》,http://news.xinhuanet.com/2015-03/02/c_1114492774.htm。俄罗斯2008年通过的法律规定,外资对该国战略性行业企业的持股比例不得超过50%。若外资希望取得10%以上的控股权,必须向俄联邦反垄断署提交申请,并经由联邦安全会议牵头组成的跨部门专门委员会审核。因此,俄方此番表态对华友善意味明显。此外,一旦该表态付诸实践,中国投资者在俄享有的待遇将超过西方投资者。

边本币互换协议。今年5月发表的中俄两国联合声明宣布,将继续推动在双边贸易、相互投资、信贷领域中使用本币结算。目前,中俄企业间已开始大量使用人民币结算。① 2015年以来,中国的国家开发银行、进出口银行与俄罗斯的联邦储蓄银行、对外经济银行、外贸银行等多家金融机构签订贷款协议,共同支持开展大型项目建设。这是俄罗斯建设项目首次引入人民币贷款,两国金融战略合作由此迈上新台阶。

中俄在经贸领域取得的成果保证了双方的战略协作伙伴关系始终在高水平上运行,并使其成为当代新型大国关系的典范。2015年5月9日,中俄两国发表《关于深化全面战略协作伙伴关系、倡导合作共赢的联合声明》宣布,"双方视继续深化双边关系为本国外交优先方向";"在维护各自主权、领土完整、安全,防止外来干涉、自主选择发展道路,保持历史、文化、道德价值观等核心关切上巩固相互支持和协助。"

案例2. 与印度尼西亚"全球海洋支点"战略的对接及绩效

印尼是东盟大国和全球重要新兴经济体。"全球海洋支点"(Global Maritime Axis)战略(又称"全球海洋支点"发展规划、"全球海洋支点"愿景),是现任印度尼西亚总统佐科·维多多(Joko Widodo)于2014年提出来的,具体内容包括:提升全民海洋意识,建设"海上高速公路",推进海上互联互通,发展海洋经济,维护海上安全,开展海洋外交,将印尼建成海洋强国。② 它与中国的"海上丝绸之路"倡议在内容和精神实质上高度契合,因而得到中国的积极回应。2015年3月26日,习近平主席在会见到访的佐科总统时表示,"中方愿充分利用亚洲基础设施投资银行、丝路基金等,支持印尼发展'海

---

① 今年第一季度,卢布与人民币的兑换量同比增加5倍以上,开设人民币账户的俄罗斯公司数目显著上升。中国商务部提供的数据显示,今年前五个月,中俄企业间本币结算数额同比增长3倍。参见《投资与金融成中俄经贸合作新增长点》。

② 具体内容参见刘畅:《重新重视海洋:印尼全球海洋支点愿景评析》,http://www.ciis.org.cn/chinese/2015-06/10/content_7979599.htm。

上高速公路',积极参与印尼港口、高铁、机场、造船、沿海经济特区建设。"①4月22日,来华出席博鳌论坛的佐科总统在与习近平主席会谈时也表示,印尼希望扩大同中国在各领域的合作,愿意深入探讨印尼新的发展战略与中方"21世纪海上丝绸之路"构想给双方合作带来的契机。同日发表的中印尼《联合新闻公报》宣布:"两国元首重申将全面对接中方建设'21世纪海上丝绸之路'战略构想和印尼方'全球海洋支点'发展规划,加强政策协调、务实合作和文明互鉴,打造共同发展、共享繁荣的'海洋发展伙伴'。"双方将共同努力,争取实现双边贸易额到2020年突破1500亿美元;努力减少关税和非关税贸易壁垒,加强两国贸易部门交流;共同实施好两国政府关于中国—印尼综合产业园区的协定;积极落实《中印尼经贸合作五年发展规划》,尽快签署优先项目清单;鼓励更加有效执行双边本币互换协议。②

中国与印尼的国家发展战略对接也已取得多方面的成绩。首先,双方在经贸和投资领域的互惠合作稳步推进。据印尼官员披露,2015年前7个月,中国已成为印尼第二大出口市场和第一大进口来源地;中国还将向印尼提供总额为1000美元的各种投资,用于电力、铁路和冶炼等项目。③ 其次,两国的人文交流融洽和谐。2015年5月底,中国与发展中国家建立的首个高级别人文交流机制——"中印尼副总理级人文交流机制"——首次举行,并签署了7项合作文件。经济与人文领域的合作有力地促进了中国与印尼关系的发展。两国于前述《联合新闻公报》确认:双方将打造共同发展、共享繁荣的"海

---

① 《习近平同印尼总统会谈 强调推动中印尼全面战略伙伴关系持续健康发展》,http://www.chinanews.com/gn/2015/03-26/7162209.shtml。

② 《中华人民共和国与印度尼西亚共和国联合新闻公报(全文)》,http://www.fmprc.gov.cn/mfa_chn/zyxw_602251/t1257081.shtml。

③ 《中美分别为印尼最大出口市场和进口来源地》,http://www.cic.mofcom.gov.cn/ciweb/cic/info/Article.jsp?a_no=380740&col_no=459;《印尼:中国将向印尼提供1000亿美元的各种投资》,http://www.cic.mofcom.gov.cn/ciweb/cic/info/Article.jsp?a_no=380145&col_no=459。

洋发展伙伴",加强在地区和国际事务中协调与配合,建立互利共赢的新型国际关系。①

案例3. 与哈萨克斯坦"光明之路"新经济政策的对接及绩效

哈萨克斯坦是中亚大国和欧亚经济联盟重要成员国。"光明之路"(Nurly Zhol)新经济政策(又称"光明之路"计划、"光明之路"倡议)是由该国总统纳扎尔巴耶夫于2014年11月发表的国情咨文中提出的,也是其"2050年国家发展战略"的重要项目。主要内容是:致力于在哈萨克斯坦国内推进涉及交通、工业、能源、社会和文化等领域的基础设施建设,保障经济持续发展和社会稳定。鉴于哈国在地缘政治上的特殊地位、经济发展的巨大潜力以及"丝绸之路经济带"的首倡之地,中方对"光明之路"新经济政策采取了积极立场。2014年12月,李克强总理在出访哈萨克斯坦期间明确表示,"中方愿积极参与哈方为振兴经济制定的'光明之路'计划",并提出了"产能合作"的重要概念。② 2015年5月,习近平主席在阿斯塔纳再次强调:"我们愿在平等互利基础上推进丝绸之路经济带建设同哈方'光明之路'新经济政策的对接,实现共同发展繁荣。"纳扎尔巴耶夫则表示:"哈萨克斯坦支持中方提出的'一带一路'倡议,愿成为丝绸之路经济带建设的重要伙伴,做好丝绸之路经济带建设同'光明之路'经济发展战略的对接,加强同中方在经贸、产能、能源、科技等领域合作。"③

中哈国家发展战略对接的成果同样引人注目。2015年3月底,哈萨克斯坦总理马西莫夫访华期间,中哈签署了涵盖广泛领域的33

---

① 参见《中华人民共和国与印度尼西亚共和国联合新闻公报(全文)》,http://www.fmprc.gov.cn/mfa_chn/zyxw_602251/t1257081.shtml。

② 《李克强晤哈总统:愿参与哈方"光明之路"计划》,http://news.china.com.cn/world/2014-12/15/content_34315248.htm。

③ 《习近平同哈萨克斯坦总统纳扎尔巴耶夫举行会谈》,http://politics.people.com.cn/n/2015/0507/c1024-26965829.html。

份合作文件,总金额为236亿美元。① 双方一致认为,中哈产能合作对双方的工业化进程以及在全球经济复苏乏力的大背景下两国分别实现经济"新突破"都大有好处,也会为相关国家进行类似合作提供"范式"。在对接过程中应加强政府各部门的合作。② 双方还商定,今年将围绕世界反法西斯战争胜利70周年、中国人民抗日战争胜利70周年等重大事件共同开展一系列纪念活动,进一步夯实两国世代友好的民间基础。中哈发展战略对接进一步深化了双方全面战略伙伴关系的发展,双方在亚信、亚洲基础设施银行框架内的合作也取得了新的积极的进展。

案例4. 与蒙古国"草原之路"计划的对接及绩效

蒙古国是东北亚小国。2014年9月,该国政府正式对外宣布,基于自身处于欧亚之间的地理特点,准备实施包括5个项目在内、总额为500亿美元的"草原之路"计划,通过发展运输贸易振兴蒙古经济。此前,蒙古国总统额勒贝格道尔吉在接受中国媒体专访时曾表示:蒙古国正在讨论和积极落实丝绸之路经济带倡议。他认为,蒙中两国有着4710公里的共同边界。但目前蒙古国铁路、燃气管道、公路等领域的建设程度还相对落后,希望双方在这些方面加强合作。③ 对于"草原之路"计划,中方同样给予了积极回应。当年8月,习近平主席在访问蒙古期间表示:"中方愿同蒙方加强在丝绸之路经济带倡议下合作,对蒙方提出的草原之路倡议持积极和开放态度。双方可以在亚洲基础设施投资银行等新的平台上加强合作,共同发展,共同受益。"④今年5月,蒙古国务部长门德赛汗·恩赫赛汗(Mendsaikhany

---

① 《中哈签署236亿美元产能合作项目》,http://politics.people.com.cn/n/2015/0329/c70731-26765355.html。

② 参见《中哈产能合作:李克强务实外交新样本》,http://news.xinhuanet.com/2015-03/29/c_1114799174.htm。

③ 参见《专访:蒙古国愿进一步提升与中国战略伙伴关系水平——访蒙古国总统额勒贝格道尔吉》,http://news.xinhuanet.com/world/2014-08/19/c_1112127543.htm。

④ 《习近平在蒙古国国家大呼拉尔的演讲》,http://news.xinhuanet.com/world/2014-08/22/c_1112195359.htm。

Enkhsaikhan)也表示,蒙古国提出的"草原之路"倡议,是对中国提出的"一带一路"倡议的积极响应,这两项国家发展战略紧密相连,对蒙古国的经济发展至关重要。① 前述中俄蒙《发展三方合作中期路线图》再次确认了这一点。

目前,中蒙已就蒙古国货物通过中国国境输向第三国达成一系列共识,并签署了多项双边协议;中方同意将天津等6个港口作为蒙方的出海口,蒙方长期关心的过境运输、出海口等问题就此得到妥善解决。在此基础上,中蒙关系也已步入历史上最好的时期,在去年习近平主席访蒙期间,两国领导人共同宣布将两国的"战略伙伴关系"提升至"全面战略伙伴关系"。

小结

1. 战略对接的绩效评估

第一,差异甚多的国家之间可以实现发展战略对接。上述案例中所涉及的四个国家与中国的历史文化传统、社会政治制度、经济社会发展水平均存在明显的不同,国家发展理念也不完全一致,但均初步实现了国家发展战略对接。通过这种对接,四国与中国的利益契合点与重合度进一步扩大,国家机构之间互动的频度与深度进一步增强。

第二,国家发展战略对接能够成为新型国际关系构建的重要抓手。前者使后者不至于仅停留在外交辞令上或空心化、泡沫化;后者则使前者有了更为宏大的目标和更为深远的意义。两者之间的互动将使彼此的进展均更加扎实、顺利。

2. 战略对接过程中出现的问题

第一,战略互信程度仍然有待提高。战略互信是国家间开展持续、有效合作的基础;战略猜疑则必然侵蚀这一基础;如果出现战略对抗,国家间的合作无疑会受到严重损害,甚至根本无法进行下去。

---

① 《"一带一路"构想助蒙古打通"草原之路"》,http://news.xinhuanet.com/world/2015-04/23/c_1115066487.htm。

就目前情况看,宣示并实际进行国家发展战略对接的国家已经有了基本的战略互信,但各国间的互信程度并不一致,互信的基础也不够牢固。比如,俄罗斯对中国在中亚的行动就存在一定疑虑。在对哈萨克斯坦人的一项调查中,有70%的被调查者认为,中国是哈国经济的最大威胁。① 造成上述状况的主要原因,是相关国家对中国发展走向特别是如何运用自己日益增长的实力存在疑虑。

第二,各国对发展战略对接的着眼点不尽相同。在已实现发展战略对接的国家中,既有俄罗斯这样的后工业化国家,也有中国、哈萨克斯坦这样的工业化国家;中国的制造业水平总体较高、基础设施条件总体较好,俄罗斯、蒙古等国的能源和自然资源则十分丰富。发展水平、发展重点和资源禀赋的不一致,导致各国进行战略对接的目的、关注点存在不小的差异,也成为彼此"合作型博弈"的焦点。如果不能有效弥合这种差异,那么在对接过程中就会不断产生分歧和摩擦,相关方的信任度也会因此遭受程度不等的损害。

第三,体制机制差异增加对接的难度。如前所述,目前进行对接的国家在政治体制、经济运行机制、社会管理体制等方面存在诸多不同点。尽管国家发展战略对接有各国主要领导人的强力推动和深度参与,但具体操作过程仍然需要政府部门来牵头,需要企业乃至公众的普遍参与。而各国政府部门的行为方式、行政效率存在很大差异;各国经济走向的明朗程度不一致;政策稳定性也不尽相同;各国企业的国际化程度、履行社会责任的意识和能力存在较大差异。这些都会直接影响对接的绩效。

第四,一些国家存在危及政治稳定的严重隐患。对于政治稳定与国家发展的正向关系,学界已多有论述,本文不再赘述。就国家发展战略对接而言,相关国家的政治稳定是一个基本前提。但令人忧虑的是,目前在与中国进行国家发展战略对接的国家中,一些国家的

---

① 参见《姚培生大使:"一带一路"在中亚面临政治动荡风险》,http://ydyl.takungpao.com/spft/2015-07/3037868.html。

政治稳定度不高。比如,在哈萨克斯坦,极端主义、分离主义和恐怖主义三股势力依然较为猖獗,"颜色革命"的阴影始终存在,因主要领导人年事已高还存在政治领袖的代际更替问题。因此,尽管该国的国内政治局势目前尚能大体稳定,但未来不排除发生较大规模政治和社会动荡的可能性。在印尼,腐败痼疾、浓重的民族主义情绪以及组织严密且破坏力极强的宗教极端主义和恐怖主义,也对该国政治和社会稳定构成不小的威胁。这些自然将给国家发展战略对接造成一定的负面影响。

四、拓展对接的形式与内容,促进新型国际关系构建取得新进展

无论是国家发展战略对接,还是新型国际关系构建,都是十分复杂的社会系统工程,都需要相关国家的持续投入和努力。未来,至少以下几个方面的工作是必要的。

1. 最高决策层继续高度重视并积极推进对接工作

上述案例已经充分表明,一国发展战略的制定与实施,与其他国家发展战略的对接,最大、最直接也是最有效的动力,来自该国的最高决策层。可以肯定地说,最高决策层的战略视野、战略意志、战略决断能力、对国内各种资源的整合能力、与外部各种力量特别是他国最高领导层的沟通能力,对实现国家发展战略对接至关重要。未来应当进一步丰富首脑外交的内容,创新首脑外交的形式,以强化国家最高决策层的共识,夯实对接的最重要观念基础,稳固其最重要的动力源。

2. 将双边对接与地区合作机制建设更好地结合起来

国际机制的重要作用,在于降低国际合作的成本、增强参与合作的国家的稳定预期,形成并维持国际秩序。① 国际机制可以是多边的(全球或地区的),也可以是双边的。国家发展战略对接是基于双

---

① 参见〔美〕彼得·卡赞斯坦、罗伯特·基欧汉、斯蒂芬·克拉斯纳编:《世界政治理论的探索与争鸣》,秦亚青等译,上海:上海世纪出版集团2006年版,第120—135页。

边机制而展开的跨国互动行为。未来,除了继续借助这样的平台,特别是深化对接国家在宏观政策协调联动、并在一定程度上倒逼相关国家国内行政体制改革外,还应当深入发掘已有地区合作机制和倡议的潜力,并积极推动以合作共赢为宗旨的新的区域、次区域和跨区域多边合作平台的建设,形成多层次的政策联动机制、多来源的发展动力机制。

3. 加强各国预警机制的合作

现代社会的空前复杂性,使得风险无处不在、无时不在;在充满复杂性、多样性并在本质上是无政府状态的国际关系中,这种情况更为严重。就国家发展战略而言,实施过程有风险,与他国对接同样存在风险。降低风险的有效手段在于及时、准确的预警,以及在此基础上的有效回应。未来,各国既要加强本国预警能力建立,又要加强与他国预警机制的合作。在此过程中,特别是要积极发挥大数据的作用,在维护国家主权和安全的前提下努力克服"数据孤岛"现象,实现信息的跨国共享。通过上述多种方式,可以最大限度减少国家发展战略对接过程中可能出现的各种不确定性,降低对接的风险,增强各国参与对接的主动性,提升对接的绩效。

4. 充分发挥企业的主动性和创造性

企业是促进国家发展的活跃行为体,当然也应该是促进国家发展战略对接的重要动力源。就国家层面而言,没有企业的积极、有效的参与,国家发展战略对接就会落空;就企业层面来说,国家发展战略对接也为企业做大做强提供了难得机遇和广阔空间。未来,政府部门应为这些市场主体创造更多机会,搭建更多平台,更为积极、更为有效地维护它们的海外利益。企业也应当更加主动地将自身发展战略与国家发展战略对接,改革内部治理机制,提升利用两种资源、两大市场的能力,在实现自身发展、惠及本国民众的同时,不断提升投资和经营活动对象国民众的福祉,并为国家间关系的健康发展奠定坚实的社会基础。

5. 大力开展公共外交,进一步巩固民心相通的基础

如前所述,民心相通是实现对接的重要社会基础。而在实现民心相通方面,公共外交大有可为。这是因为,"公共外交是一个国家在国际社会确立正当性和认同度的一项重要战略"。① 没有对本国及相关国家的正当性的认同,没有对本国及相关国家的发展战略的认同,民众是不会积极参与到国家间合作中来的。而要形成这样的认同,一是要对公共外交的对象国有全面深入细致的研究,准确把握其历史文化传统、现实发展状况以及民众的真实心态。在这方面,历史研究、国别研究、比较政治研究、比较文化研究等大有可为。二是公共外交的实施国要实现国内善治。为此,各国执政党和政府必须不断提升自身的治理能力,稳步推进行政体制、社会管理体制的改革,积极践履人类共同价值体系。

结语

作为国家战略重要组成部分的国家战略,体现着一国基本的价值取向和目标追求,是指引一定时期内该国发展方向的路线图,规制着该国内外政策的选择和基本的行为方式;国家发展战略对接是国家行为体实行对外开放、开展国际合作的新形式,也是构建新型国际关系的重要抓手。在全球化深入发展、全球问题日益凸显、信息技术广泛运用的大背景下,进行国家发展战略对接具有可能性。案例研究表明,进行国家发展战略对接,大有助于以合作共赢为核心的新型国家关系的构建。

作为新兴的发展中社会主义大国,中国实现在国家发展战略对接、构建新型国际关系方面是可以大有作为的。近年来,中国通过"一带一路"战略的实施,已经与沿线部分国家实现了国家发展战略对接,并取得初步的成绩。未来,中国应当持续推进与他国的国家发展战略对接,不断丰富对接的内涵,拓展对接的对象,创新对接的形

---

① 韩方明主编:《公共外交概论》,北京:北京大学出版社2011年版,第7页。

式,注重对接的绩效,将双边对接与国际机制建设有机结合起来,充分发挥企业等参与对接的诸行为体的作用,积极开展公共外交,从而促进国家间合作不断迈上新台阶,并实现共赢这一重要目标。

本文是作者向中国社会科学杂志社和同济大学联合举办的"中国道路的学术表达"高层研讨会(2015年5月30日)提交的论文;其核心观点也曾在吉林大学公共外交学院举办的"'一带一路'战略与中国公共外交跨学科论坛"(2015年8月1日)上发表。

附 录

当代中国外交研究：进展与问题[*]

本文的研究对象是1949年以来中国大陆学术界对中国外交研究的状况。[①] 65年来，伴随当代中国的成长特别是中国外交实践的发展，中国外交研究也在持续成长，其间虽有重大波折，但仍弦歌不辍，现已成为中国社会科学研究领域的重要分支。

---

[*] 此前已有学者对当代中国外交研究进行过综述。主要有：李琮、刘国平、谭秀英：《中国国际问题研究50年》，载《世界经济与政治》1999年第12期；牛军：《世界的中国：21世纪初的中国外交研究》，载《国际政治研究》2006年第1期；陈迎春、宋莉涛、张焰：《中国外交研究60年：进步与前瞻》，载《现代国际关系》2009年第10期；王栋、贾子方：《论中国外交研究的三大传统》，载《外交评论》2010年第4期。为避免重复，本文将在对以往研究的遗漏有所补充、着重点有所调整的基础上，突出近年来的研究成果，凸显新主题、新视角、新方法和新观点，以此与既往的研究相区别，又保持连续性。

[①] 其中所涉及的1949年以后的中国外交，专指中华人民共和国外交。

一、中国外交研究的总体状况

（一）中国外交研究的发展阶段

1. 起步与初创：1949—1966 年间的中国外交研究

1949 年 10 月中华人民共和国的成立，开启了中国新外交的实践历程，也意味中国外交研究进入新的发展阶段。在随后的 17 年间（1949—1966），中国外交研究在诸多方面均程度不同地取得进展，并与此前的中国外交研究形成鲜明对比。①

首先，新型研究机构陆续建立。1949 年 12 月，中国人民外交学会成立。翌年，中国人民大学立校，设外交系，并组建中国外交政策教研室。1955 年，外交学院成立，并设立了中国对外关系史教研室。1956 年，隶属于外交部的"中国科学院国际关系研究所"成立。②1960 年，上海社会科学院国际问题研究所、中国科学院广州分院东南亚研究所（1965 年转属暨南大学）先后成立。1961 年、1964 年，中国科学院哲学社会科学部先后成立亚非研究所③、拉丁美洲研究所和苏联东欧研究所。上述机构的建立，为中国外交研究奠定了坚实的组织基础。

其次，新的学术平台形成。1959 年之前，中国大陆的国际问题类学术期刊数量极少，更无专门的外交类学术期刊。涉及中国外交的文章，主要发表在《世界知识》《历史研究》《历史教学》等期刊和《人民日报》上。1959 年，《国际问题研究》创刊。到 1966 年为止，该刊共发表了有关中国外交研究的文章 26 篇，主题包括中日关系、中印关系、美国对中国的干涉、西藏问题、中国政府就特定议题发表的

---

① 关于 1949 年之前的中国外交研究，可见毛维准、庞中英：《民国学人的大国追求：知识建构与外交实践》，载《世界经济与政治》2011 年第 11 期。
② 1986 年，该所更名为"中国国际问题研究所"；2004 年更名为"中国国际问题研究院"。
③ 1964 年，该所被一分为二，分别为西亚非洲研究所和东南亚研究所。

官方声明及中国与社会主义国家间的关系等。①

再次,一定数量的学术论文、研究专著先后问世。其主题绝大部分是现实性问题,具有鲜明的政策取向,研究方法则以梳理和诠释为主。此外,外交学院中国对外关系史教研室编写了《近代中国外交史(1840—1949)》和《中华人民共和国对外关系史(1949—1957)》。它们是这一时期仅有的中国外交史著作,但只作为内部试用教材,并未公开出版。②

最后,积累了一定的研究资料。比如,1957—1965年间,世界知识出版社出版了10集《中华人民共和国对外关系文献集》,其中收录了中华人民共和国政府和外国政府之间签订的条约、协议,重要照会,外交方面的重要讲话,并附有中国外交大事记。此外,创办于1936年的《世界知识手册》自1958年起更名为《世界知识年鉴》,其中载有一定数量的中国对外关系方面的资料。

2. 重挫与徘徊:1966—1978年间的中国外交研究

1966年爆发的"文化大革命",使中国外交研究遭受巨大波折。其间,外交学院被解散;中国科学院哲学社会科学部下属的涉外研究机构或被停办,或被撤销;《国际问题研究》《世界知识》《东南亚研究资料》等纷纷停刊。研究环境的恶化、研究机构的急剧萎缩,直接导致研究成果乏善可陈。

3. 发展与繁荣:1979—2013年的中国外交研究

1978年年底,中国进入改革开放的历史新阶段,中国外交开启了新的征程。与之相呼应,中国外交研究也进入快速发展的新阶段。

(1)学术机构和学科建设不断取得新进展

在学术机构建设方面,自1977年以来,中国社会科学院先后成立了世界政治研究所(后与世界经济研究所合并成立世界经济与政

---

① 参见陈迎春、宋莉涛、张焰:《中国外交研究》,载王逸舟主编:《中国外交60年(1949—2009)》,北京:中国社会科学出版社2009年版,第230页。

② 参见章百家:《中共对外政策和新中国外交史研究的起步与发展》,载《当代中国史研究》2002年第5期,第89页。

治研究所)、美国研究所、日本研究所、西欧研究所(现为欧洲研究所)和亚洲太平洋研究所(现为亚太与全球战略研究院)。原隶属中共中央对外联络部的苏联东欧研究所(现为俄罗斯东欧中亚研究所)、西亚非洲研究所和拉丁美洲研究所划归中国社会科学院。此外,中国现代国际关系研究所也于1980年成立(现为中国现代国际关系研究院)。一些地方社会科学院、知名高校以及中共中央党校也先后成立了国际问题类研究机构。1999年,具有半官方色彩的中国国际问题研究基金会成立。进入21世纪以来,三略管理科学研究院、察哈尔学会、上海世界观察研究院等民间智库悄然诞生。上述学术机构均将中国外交尤其是当代中国外交列为研究重点。

在学科建设方面,自1979年起,随着国内知名高校陆续复建国际政治类专业,中国外交研究的学科建设渐次展开。1988年,国务院学位委员会决定设立外交学学科。目前,中国"大陆地区设置国际政治本科专业的高校共有49所,设置外交学本科专业的有9所,还有一些高校根据自身科研工作的需要主动设置了其他国际政治类本科专业……获得一个以上国际政治类二级学科点博士学位授予权的单位大约有20家,获得一个以上国际政治类二级学科硕士学位授权的单位有75家"。① 学科建设取得的成就,为中国外交研究的新发展提供了机制和人才保障。

(2)一大批学术期刊创刊或复刊

1979年至今的35年间,几十种与中国外交研究有关的国际问题类学术期刊先后创刊。其中20世纪70年末有三种:《世界经济与政治》《拉丁美洲研究》《阿拉伯世界》(现为《阿拉伯世界研究》);20世纪80年代有九种:《西亚非洲》《当代世界与社会主义》《苏联东欧问

---

① 《赵进军常务副会长在中国国际关系学会2010年第八届理事会第一次会议开幕式上的讲话》,兰州大学,2010年4月17日。

题》①《现代国际关系》《西欧研究》②《外交学院学报》《国际政治研究》《南亚研究季刊》《今日东欧中亚》(现为《俄罗斯研究》);90 年代有八种:《亚太研究》(现为《当代亚太》)《国际观察》《当代中国史研究》《太平洋学报》《政党与当代世界》(现为《当代世界》)《和平与发展》《国际论坛》《东北亚论坛》。进入 21 世纪以来,《国际政治科学》《公共外交季刊》《国际关系研究》《国际安全研究》相继创刊。此外,《东南亚研究资料》(现为《东南亚研究》)《国际问题研究》先后于 1979 年、1981 年复刊。举凡中国外交的重要方向,都有了相应的专业研究期刊。

(3)研究资源日益丰富

由权威机构编纂的《周恩来外交文选》《毛泽东外交文选》《邓小平外交思想学习纲要》《"三个代表"重要思想外交理论学习纲要》先后出版。《邓小平与外国首脑及记者会谈录》《毛泽东与外国首脑及记者会谈录》也先后问世。

当代中国外交档案开始解密并向公众开放,民国时期的外交档案陆续出版。2004 年 1 月、2006 年 5 月、2008 年 11 月,外交部分三次向公众开放了 1949—1965 年间的外交档案,共计 76748 件。③ 此举结束了以往中国研究者探讨中美、中俄(苏)关系时只能依靠美国或俄罗斯解密档案的历史,扩大了中国学者对重大外交史实的话语权。此外,自 1987 年起,外交部每年编写出版一卷《中国外交》。由中国第二历史档案馆编辑的《中华民国史档案资料选编(第 3 辑):外交》、《中华民国史档案资料选编(第 5 辑,第 1—3 编):外交》,为民国外交研究提供了极大的便利。

一些外交当事人的回忆录出版。其中最为引人注目的,当属钱

---

① 1992 年更名为《东欧中亚研究》,2000 年更名为《俄罗斯中亚东欧研究》,2013 年更名为《俄罗斯东欧中亚研究》。
② 1993 年更名为《欧洲》,2003 年更名为《欧洲研究》。
③ 葛军:《中国外交档案解密始末》,载《世界知识》2004 年第 17 期,第 55 页;刘守华:《外交部第二批解密档案向社会开放》,载《中国档案》2006 年第 6 期,第 9 页;李东晟:《外交部第三批解密档案向公众开放》,载《中国档案报》2008 年 11 月 20 日第 1 版。

其琛的《外交十记》、唐家璇的《劲雨煦风》和李肇星的《说不尽的外交》。

官修的中华人民共和国外交史问世。1988年，韩念龙主编的《当代中国外交》面世，"这是第一本由官方编纂的外交史，它为中华人民共和国时期的中外关系研究提供了基本线索和框架"。① 之后，由外交部外交史编辑室编写的《中华人民共和国外交史》第1—3卷陆续出版。由于这部外交史的主编裴坚章(第1卷)、王泰平(第2、3卷)为中国外交史研究专家，另有资深外交官参与其事，加之使用外交档案的便利，因此，它的权威性受到广泛肯定。

(4) 学术交流日益活跃

2000年成立的中国国际关系学会(其前身为1980年成立的中国国际关系史研究会)、2003年成立的全国高校国际政治研究会每年均举行年会。外交学科建设年会迄今(2014年4月)已举办了12届。由清华大学发起的"政治学与国际关系学术共同体"自2008年起每年举行一次。在上述学会团体举办的活动中，中国外交都是重要议题之一。其他全国或地方性的研究机构举办的与中国外交研究有关的学术活动更是不计其数。

在国内学术交流日益活跃的同时，中外学术交流不断扩大。中国研究者不断走出国门，或进修，或攻读学位，或访(讲)学，或参加学术会议。国外中国外交研究者也不断被请进来，举办专题讲座和参加学术会议；他们的相关研究成果被译成中文发表或出版。中外合作研究也不断取得新成果。②《世界经济与政治》《外交评论》《国际政治科学》等主流期刊的学术委员会或编辑委员会中均有数量不等

---

① 章百家：《中共对外政策和新中国外交史研究的起步与发展》，载《当代中国史研究》2002年第5期，第91页。

② 比如，王逸舟主编的《磨合中的建构——中国与国际组织关系的多视角透视》(北京：中国发展出版社2003年版)，就同时受到中国社会科学院和美国福特基金会的资助。中共中央党校国际战略研究中心与美国哈佛大学费正清东亚研究中心合作，探讨冷战时期的中美关系，其最终成果可见姜长斌、罗伯特·罗斯主编：《从对峙走向缓和》，北京：世界知识出版社2000年版。

的外籍专家。

上述状况的直接后果,就是中国外交研究的学术队伍不断扩大;学术成果的数量大幅增加,研究主题更加丰富;学术成果的影响力不断增强。

(二) 当前中国外交研究的学术队伍

目前,中国外交研究者主要分布在高校和智库两类机构中。

在中国高校中,北京大学、清华大学、中国人民大学、外交学院、复旦大学是中国外交综合研究的重镇。吉林大学的东北亚研究、云南大学和四川大学的南亚研究、西北大学和上海外国语大学的中东研究、厦门大学和暨南大学的东南亚研究、浙江师范大学的非洲研究,也因特色鲜明而在学界享有盛誉。

中国国际问题类(内部均有中国外交研究的机构或人员)智库有官方和民间之分,其中官方智库在数量、研究能力及影响力等方面均占压倒优势。在官方智库中,中国社会科学院国际片、现代国际关系研究院、中国国际问题研究院实力最强,影响也最大。民间智库数量有限,但已有不俗的表现。比如,专司公共外交研究的察哈尔学会,在学界乃至政策部门的影响力都在不断上升;上海大观研究院发起的"中国外交系列对话",也已引起学界的关注。

从学科归属看,中国外交研究横跨政治学、历史学两大一级学科。由于国务院学位办于2013年进行了学科目录调整,在政治学一级学科下仅保留了国际政治一个二级学科,因此目前从事中国外交研究的学者大多厕身其中。

由于所服务的机构和所在学科的差异,学者们在研究主题、重心、方法等方面有着明显的不同。一般来说,智库内研究者更偏重于现状或对策研究①;高校研究者更偏重于历史、理论或者战略研究。

---

① 中国社会科学院世界经济与政治研究所是一个例外的情况。该机构的一部分研究人员在国际关系理论研究方面有重要的贡献。

（三）中国外交研究的基本类型

一是历史研究。由于中国外交史研究在研究对象和研究方法等方面更偏向于历史学科,因此它主要是由历史学者完成的。鉴于此前已有学者对这方面的研究状况进行过较为系统和权威的综述,故本文不再涉及。①

二是现状研究。这类研究既涉及双边外交,也涉及多边外交;涵盖政治、经济、文化、科技、社会等多个领域。

三是对策研究。一般是指在对现状分析的基础,对"中国外交如何做"提出看法。它既可能涉及非常宏观的战略问题,也可能是非常具体的政策问题。

四是外交理论(思想)研究。包括两种类型:一是对中国最高领导人、主要外交官员、知名理论家或思想家关于中国外交的思想、观点的综述和分析;二是对中国外交的本质、特点和规律等基本问题的探讨。

由于研究习惯等原因,中国外交研究者在很多时候把上述几种类型的研究置于同一篇(部)著述中,对策研究往往与现状研究相结合。这也增加了在学术史研究中对相关作品进行分类的难度。

二、中国外交研究的主题与基本观点

（一）中国与外部世界的互动研究

中国与外部世界的互动状况,是制定中国外交战略与政策的基础。因此,这一主题历来为研究者们所高度关注。从学术角度看,相关研究涉及中国与国际体系、国际机制、国际规范、国际秩序等多个方面。

---

① 关于当代中国外交史 2010 年的研究状况,参见章百家:《中共对外政策和新中国外交史研究的起步与发展》,载《当代中国史研究》2002 年第 5 期;牛军:《中华人民共和国对外关系史概论(1949—2000)"导论""结语 2"》,北京:北京大学出版社 2010 年版,第 28—31 页、第 359—368 页。

1. 中国与国际体系的互动

关于中国与国际体系互动的历史,涉及三个主题:一是古代中国与东亚国际体系的关系。杨军认为,基于特殊的人文地理与政治地理概念,华夏先民确立的古代东亚国际体系的基本框架是:将与周边民族或地区的关系视为国内各地区间关系的延伸,用解决国内问题的思路和办法处理和其他地区间的关系;试图将方国、郡县、羁縻等国内的地方统治模式推广到整个东亚地区,至明清最终形成了宗藩关系。① 二是近代中国与国际体系的互动状况。代兵等将19世纪中叶国际体系形成以来中国与国际体系的关系划分为三个阶段,并对各阶段的特点进行了概括。② 计秋枫等认为,以中国为中心的东亚传统国际体系与起源于西欧的近代国际体系迥异。在近代国际体系向东亚扩展的过程,两个体系之间的激烈冲突不可避免。中国经过惨淡抗争之后,逐渐从被动接纳转向主动加入近代国际体系。③ 三是当代中国与国际体系的互动。陈启懋认为,新中国与国际体系的关系经历了从反对到积极参与并在其中发挥负责任大国作用的历史性变化。这是中国实行改革开放政策的需要,也是中国调整国际理念和外交政策的结果,对中国拓展对外关系有重大意义。④

有学者引入新的视角和方法研究中国与国际体系的互动历程。朱立群认为,西方经典国际关系理论难以解释中国与国际体系关系巨大变迁的事实。这就需要转换研究视角,将自上而下的结构性分析转换成自下而上的过程性分析,即转向社会实践的过程。中国参与国际体系是一个连续不断的实践过程,藉此形成了新的身份并反

---

① 杨军:《中国与古代东亚国际体系》,载《吉林大学社会科学学报》2004年第2期。应当补充说明的是,有学者将宗藩体系称为"朝贡体系"或"封贡体系"。
② 代兵、孙健:《论中国与国际体系的关系》,载《现代国际关系》2000年第12期。
③ 计秋枫:《中国加入近代国际体系的历程》,载《南京大学学报》(哲学·人文科学·社会科学)2001年第6期;但兴悟:《两大国际体系的冲突与近代中国的生成》,中国社会科学院博士学位论文,2005年;张峰:《国际体系与中国对外关系:历史演进与当代建构》,上海外国语大学博士学位论文,2009年。
④ 陈启懋:《国际体系与中国国际定位的历史性变化》,载《国际问题研究》2006年第6期,第35—40页。

过来影响国际体系的发展。当前中国参与国际体系仍以学习和遵约实践为主要特征,它有效地促进了中国与国际体系共有知识和共有身份的形成。① 她与合作者还采取定量方法分析中国与国际体系的互动状况。②

关于中国在当今国际体系中地位和作用,庞中英认为,中国正加速融入国际体系,但其在国际体系中的作用问题并未解决。他区分了"中国加入国际体系"和"中国在国际体系中发挥作用"的不同内涵,认为中国加入国际体系的问题基本得到解决,而在国际体系中的作用问题则尚未解决,甚至还没有引起国内学术界的足够重视。③

关于中国在国际体系中的战略选择,学者们普遍认为,为实现与国际体系的良性互动,中国应做"尽责的利益攸关者"、负责任的大国,而不能做"搭便车者"。袁鹏指出,作为国际体系变迁的重要推力,中国应把握角色转换,并适时进行战略调整。④ 李少军等认为,鉴于国际体系的多重属性,中国在处理与国际体系的关系、进行战略选择时,应以观念建构为先导和铺垫,以制度合作为过程和手段,以实力建设为保障和底线。⑤ 苏长和认为,维护国际体系的开放性是中国与国际社会的共同利益。在未来十年甚至更长时间内,以新安全观、新发展观、新利益观为中国与国际体系合作关系的观念基础,以协商谈判的和平合作方式把握国际体系转型的方向,以及扩大有利于中国与国际体系合作关系的共同利益形态,有助于中国与国际体系维持包容性的合作关系。⑥

---

① 朱立群:《中国参与国际体系的实践模式研究》,载《外交评论》2011 年第 1 期;《中国与国际体系:双向社会化的实践逻辑》,载《外交评论》2012 年第 1 期。
② 朱立群、黄超:《中国参与国际体系的评估指标及相关分析》,载《江海学刊》2009 年第 5 期;朱立群、林民旺:《奥运会与北京国际化:理解中国与国际体系的互动》,载《外交评论》2010 年第 1 期。
③ 庞中英:《中国在国际体系中的地位与作用》,载《现代国际关系》2006 年第 4 期。
④ 袁鹏:《国际体系变迁与中国的战略选择》,载《现代国际关系》2009 年第 11 期。
⑤ 李少军、徐龙第:《国际体系与中国的外交选择》,载《外交评论》2007 年第 5 期。
⑥ 苏长和:《中国与国际体系:寻求包容性的合作关系》,载《外交评论》2011 年第 1 期。

2. 中国与国际制度(机制)的互动

国际制度(机制)是国际体系的一部分,中国与国际体系互动的一个重要方面,就是与国际制度(机制)的互动。门洪华选取压力、认知和国际形象三个变量,将1949年以来中国参与国际制度的历程划分为相对孤立、消极参与、部分参与、全面参与四个阶段,并概述了每一阶段中国参与国际制度的战略。在他看来,中国尽管在融入国际社会还是闭关自守之间几经摇摆,但从未停止与国际制度接轨的脚步,中国选择全面、积极参与国际制度战略是一个历史性的结论。① 焦世新认为,在1971年恢复联合国合法席位前,中国基本上游离于国际体系之外。在对中国加入国际机制的行为进行量与质的评估后,他得出了"中国与世界关系最深刻的变化是中国已经成为国际体系的建设者"这一重要结论。②

苏长和把中国与国际制度放在国际关系与国内政治的分析框架下,探讨了中国接受国际制度会对国内政治经济和外交产生何种影响的问题,并就中国参与国际制度过程中的遵守和承诺问题提出了研究构想。③ 他认为,面对国际政治的转型以及跨国公共问题的挑战,"中国外交新思维"——主张在多边制度基础上处理全球与地区公共问题的理念——已经形成,并产生了"中国新外交"——在新思维指导下所进行的一系列外交实践。其结果是在国际关系领域出现了一个"自由中国":对主权的新理解与调整,独特的多边制度治理结构,社会性因素在外交中地位的上升,以及因参与多边制度而带来的中国在国际社会中的制度化与社会化。这将对未来东亚国际治理乃

---

① 门洪华:《压力、认知与国际形象——关于中国参与国际制度战略的历史解释》,载《世界经济与政治》2005年第4期。
② 焦世新:《中国融入国际机制的历史进程与内外动力》,载《国际关系研究》2013年第1期。
③ 苏长和:《中国与国际制度——一项研究议程》,载《世界经济与政治》2002年第10期。

至世界政治产生深远影响。①

3. 中国与国际规范(规则)的互动

国际规范(规则)是国际关系的基本事实,也是国际体系的重要内容之一。张小明认为,中国崛起与国际社会的关系之核心,在于中国如何对待国际社会的行为规范。作为非西方大国,中国面临着国际规范变迁这一主要由西方构建出来的社会事实,因此不得不选择应对国际规范变迁的政策,而这又将极大地影响未来中国与国际社会的关系。②

康晓发现,在内化国际气候合作规范的过程中,中国产生了掌握应对气候变化主动权的诉求,形成了积极的国家利益认知,做出了彻底转变经济增长方式的决定。③ 陈拯探究了中国与国际人权规范的互动问题,展现了中国政府在此过程中所表现出来的主动性和积极性。他还建议中国学者在探讨中国与国际制度规范关联性问题时,应更多地以改革开放的历史进程为中心,从国内—国际互动的视角审视中国与国际社会关系这一历史性命题。④

在探讨中国与外部世界的关系中,还有学者阐述了中国与国际社会的关系。秦亚青认为,中国与国际社会的关系正在经历着意义深远的调整,包括对国家身份的再定义,对战略文化的再建构,对安全利益的再思考,表现出负责任的体系内大国、合作型战略文化和重视相互安全等重要特征。这些调整反映了中国外交战略的新思维,推进了中国与国际社会的良性互动。⑤

---

① 苏长和:《发现中国新外交——多边国际制度与中国外交新思维》,载《世界经济与政治》2005 年第 4 期。
② 张小明:《中国的崛起与国际规范的变迁》,载《外交评论》2011 年第 1 期。
③ 康晓:《国际规范的国内化——以中国对国际气候合作规范的内化为例》,载《世界经济与政治》2010 年第 1 期。
④ 陈拯:《内发的变革——中国与国际人权规范互动的自主性问题》,载《外交评论》2012 年第 2 期。
⑤ 秦亚青:《国家身份、战略文化和安全利益——关于中国与国际社会关系的三个假设》,载《世界经济与政治》2003 年第 1 期。

（二）中国外交的诸种观念形态研究

1. 中国的外交思想

（1）中国古代外交思想

这方面研究的代表人物是叶自成和阎学通。叶自成既系统探究并比较了春秋战国时期各流派的外交思想,①也考察了这一时期的外交思想与西方国际政治理论的异同。他试图采用当代国际政治通用的话语来阐释春秋战国时期的外交思想,以搭建一个可供传统与现代、中国与西方进行对话的平台。②阎学通等在编写《中国先秦国家间政治思想选读》基础上,出版了专著《王霸天下思想及启迪》,其中有不少内容涉及中国古代外交思想。从总体上看,中国古代外交思想研究集中于春秋战国时期,对其后至19世纪中叶的研究基本上还是空白。

（2）中国近代外交思想

中国近代外交思想是指1840年至1911年间在中国境内形成的外交思想。相关研究以个案为主。具体地说,就是研究曾国藩、李鸿章、曾纪泽、冯桂芬、郑观应、薛福成等政治家、外交家的外交思想。还有学者分析了近代中国外交思想中的均势观,认为西方均势观念的引入,适应了当时的中国应对国际时局的要求,受到了部分参与内政外交的清朝官员士人的推崇,成为中国近代外交思想的重要组成部分。③ 总体说来,中国近代外交思想的研究成果数量有限,研究者主要来自历史学科。

（3）中国现代外交思想

现代中国外交思想是指1911年中华民国成立到1949年间在中国出现和流行的外交思想。与近代外交思想研究类似,这方面的研

---

① 叶自成:《春秋战国时期的中国外交思想》,香港:香港社会科学出版社2003年版;叶自成、王日华:《春秋战国时期外交思想流派》,载《国际政治科学》2006年第2期。
② 叶自成、庞珣:《中国春秋战国时期的外交思想流派及其与西方的比较》,载《世界经济与政治》2001年第12期。
③ 王存奎:《略论中国近代外交思想中的均势观》,载《安徽史学》2003年第4期。

究仍聚焦于著名外交家与知识精英。岳谦厚系统探讨了顾维钧外交思想的主要层面及对其外交行为的影响。① 罗珍、肖刚较为细致地考查了胡适、蒋廷黻、张季鸾、王芸生以及"战国策派"等民国时期知识精英的外交思想。② 此外,熊志勇、李颖对孙中山的外交思想进行了概述。③

中国现代外交思想研究的主体依然是史学工作者,国际关系学界在这方面的贡献较为有限。此外,这一研究的重大缺失,就是对蒋介石这一民国政府主要领导人的外交思想,仅个别学者有所涉及,④尚无专门作品问世。

（3）中国当代外交思想

中国当代外交思想是指 1949 年以后中华人民共和国主要领导人的外交思想。相关研究主要涉及毛泽东、周恩来、邓小平、江泽民、胡锦涛等领袖人物的外交思想的个案研究和比较研究。⑤

毛泽东是当代中国外交的奠基人,因而他的外交思想自然受到学者们的高度关注。叶自成、宫力、刘建平、牛军等对毛泽东外交思想的内容、特点及对中国外交实践的影响作了程度不同的概括。⑥华翔等以毛泽东在中国革命和现代化建设的国内经验中存在的官僚

---

① 岳谦厚:《顾维钧外交思想研究》,北京:人民出版社 2001 年版。
② 罗珍:《中国知识精英外交思想研究——以抗战时期为考察中心》,上海:上海大学出版社 2010 年版;肖刚、刘武中:《民国时期"战国策派"的外交思想》,载《国际论坛》2011 年第 4 期。
③ 熊志勇:《孙中山的外交思想与实践》,载《外交学院学报》1988 年第 3 期;李颖:《孙中山对日外交思想发展变化述评》,载《国际政治研究》2000 年第 4 期。
④ 赵兰英:《派系与外交:民国时期对日外交思想研究》,长春:吉林大学出版社 2005 年版。
⑤ 也有一小部分学者对张闻天、王稼祥的外交思想进行了研究。但相关研究成果并没有出现在国际关系主流期刊上。
⑥ 叶自成:《新中国外交思想:从毛泽东到邓小平》,北京:北京大学出版社 2001 年版;宫力:《试论毛泽东的外交思想》,载《中共中央党校学报》1999 年第 4 期;牛军:《毛泽东革命外交战略的起源》,载《近代史研究》1992 年第 6 期;刘建平:《毛泽东的美国观与新中国"一边倒"国际战略的形成》,载《中国社会科学》1999 年第 5 期;刘建平:《"中间地带"理论与战后中日关系》上,载《当代中国史研究》1998 年第 5 期;刘建平:《"中间地带"理论与战后中日关系》下,载《当代中国史研究》1999 年第 1 期。

政治与群众运动的两难选择为线索,分析各个时期两者的关系对毛泽东的外交战略的影响。①

周恩来的外交思想也是当代中国外交思想研究的重点之一。② 裴默农将周恩来外交思想与实践的源头分为传统文化的熏陶、爱国主义与国际主义的结合、统一战线的理论与实践三个方面。③ 随新民则从外交哲学的角度阐述了周恩来的外交思想。他认为,具有很强个性化特色的周恩来外交思想以传统文化内涵的哲理、和合精神为核心,兼容并蓄了异域思想之精华,是历时性和共时性的统一。④ 詹世亮认为,周恩来有关外交工作的精辟论述,为外交学中国化奠定了坚实的基础,并是当代中国外交研究的重要理论渊源。⑤

邓小平的外交思想是20世纪90年代中期以来中国外交思想研究的重点。1996年,王泰平主编的《邓小平外交思想研究论文集》出版。1999年,中央外事工作领导小组组织编写了《邓小平外交思想学习纲要》。⑥ 2004年,适逢邓小平诞辰100周年,对邓小平外交思想的研究也迎来了一个小高潮,主流期刊发表了数量可观的论文。叶自成认为,应当根据新的形势,对邓小平的外交思想采取不同的立场和方法:对其中仍然对今天的中国外交实践具有重大和基本指导意义的必须继续坚持;对其中未能对新的形势进行分析和论述的,应当根据实践的情况加以深化和发展;对其中某些论述的特定环境已

---

① 华翔、张杰:《毛泽东外交战略的国内根源——官僚政治与群众路线的两难选择》,载《国际展望》2010年第1期。

② 关于周恩来外交思想研究的部分情况,参见徐行、薛琳:《近10年来周恩来与新中国外交研究述评》,载《当代中国史研究》2011年第1期。

③ 裴默农:《周恩来外交学》,北京:中共中央党校出版社1997年版,第33—55页。另见裴默农主编:《研究周恩来——外交思想和实践》,北京:世界知识出版社1989年版。

④ 隋新民:《理解周恩来外交思想:一种外交哲学视角》,载《外交评论》2006年第2期。

⑤ 詹世亮:《周恩来总理是外交学中国化的奠基人》,载《外交观察》2009年第1期。

⑥ 在此之前,已有学者对邓小平外交思想的基本内容做出概括,如金鑫的《邓小平外交思想科学体系的系统建构初探》(载《国际论坛》1999年第5期,第4—10页)。

经发生很大变化的,应当进行新的思考得出新的结论。① 曲星认为,邓小平关于时代特点的基本判断,为中国持续高速发展创造了基本条件;我们不应该因为局部的战争、动荡和紧张而否定全局的和平、稳定与缓和。邓小平"韬光养晦、有所作为"的外交思想不是权宜之计,而是长期战略。② 此外,刘华秋等也对邓小平外交思想的基本内容进行了概括,对其形成背景及影响进行了阐释。③

江泽民的外交思想是邓小平的外交思想在新的历史条件下的继承和发展。2004年,外交部组织编写《"三个代表"重要思想外交理论学习纲要》,对江泽民的外交思想进行了系统概括和阐释。2006年8月,上海社会科学院世界经济与政治研究院举办"江泽民外交风格"研讨会,与会学者梳理了在江泽民的领导下中国外交所取得的成就及相关经验,并从理论、实践两个方面深入分析了有中国特色国际关系理论的未来发展。

"和谐世界"是中共十六大提出的中国外交的新理念,相关研究成果数量甚多。涉及的主题大体有:和谐世界的内涵、思想来源与基础;④和谐世界与相关理念的比较分析;⑤和谐世界与大国关系⑥和

---

① 叶自成:《在新形势下对邓小平外交思想的继承、发展和思考》,载《世界经济与政治》2004年第11期。

② 曲星:《邓小平外交思想的现实意义》,载《世界经济与政治》2004年第11期。

③ 刘华秋:《邓小平与新时期的中国外交》,载《党的文献》2004年第5期;杨成绪:《试论邓小平外交思想》,载《国际问题研究》2004年第6期;傅耀祖:《中国外交思想的又一次历史性飞跃——再学邓小平外交思想》,载《外交学院学报》2004年第3期。

④ 陈启懋:《中国政治理念的历史性转变:兼论构建和谐世界的理论依据》,载《国际观察》2006年第6期;俞正樑:《和谐世界:人道思想与世界秩序的综合》,载《吉林大学社会科学学报》2007年第6期;夏立平:《论和谐世界的内涵》,载《当代亚太》2007年第12期;任晓:《文明如何对待差异:对和谐世界之内涵的一个探析》,载《外交评论》2007年第4期;尹继武:《和谐世界秩序的可能:社会心理学的视角》,载《世界经济与政治》2009年第5期。

⑤ 李宝俊、李志永:《"和谐世界"与"霸权稳定"论:一项比较研究》,载《教学与研究》2008年第6期。

⑥ 丁原洪:《和谐世界与中美关系》,载《和平与发展》2007年第4期;傅梦孜、李丽佳:《"和谐世界"进程中的中美关系》,载《当代世界》2007年第3期。

地区秩序;①中国外交和中国国际关系研究。② 胡宗山认为,和谐世界理论与和平发展道路理论,与此前的和平外交理论共同组成以"和平外交、和平发展、和谐世界"为关键词的"和"外交理论体系。它反映了中国大国品格、古国底蕴、发展中国家诉求和社会主义国家属性,引领中国走出了一条极富特色的社会主义外交道路。③

除上述个案研究外,还有学者从整体上探讨了当代中国外交思想的发展。比如,章百家认为,新中国外交60年的发展可以被视为一个古老民族在新的历史条件下重新认识自我和世界的过程,其中最能反映成长特征的是思想观念和认识方法的变化。④ 任晓认为,改革开放30年来,中国外交理念发生了五个重要转变:从战争与革命到和平与发展的转变;从意识形态主导到经济发展优先的转变;从反国际体系到融入国际体系的转变;从阵营外交到全方位外交的转变;从双边外交到双边与多边结合并日益突出多边外交作用的转变。⑤

中国当代外交思想的研究者,既有国际关系学者,也有历史学者,但以前者为主。这方面研究存在的主要问题是,部分学者没有厘清外交思想与外交理论、国际政治思想、国际政治理论的关系。

2. 中国特色外交理论

"中国特色外交理论"这一概念缘起于周恩来在20世纪50年代初提出的"外交学中国化"这一重大命题。2011年,时任外交部长的

---

① 杨丹志:《构建和谐地区对于和谐世界构建的理论和现实意义》,载《教学与研究》2007年第11期;倪世雄、潜旭明:《新地缘政治与和谐世界》,载《清华大学学报》(哲学社会科学版)2008年第5期。

② 袁鹏:《"和谐世界"与中国"新外交"》,载《现代国际关系》2007年第4期;孙学峰:《和谐世界理念与中国国际关系理论研究》,载《教学与研究》2007年第11期;杨洁勉:《和谐世界理念与中国国际战略发展》,载《国际问题研究》2009年第5期。

③ 胡宗山:《党的十六大以来中国特色社会主义外交理论析论》,载《社会主义研究》2011年第6期。

④ 章百家:《中国外交成长历程中的观念变迁——从革命的、民族的视角到发展的、全球的视角》,载《外交评论》2009年第3期。

⑤ 任晓:《经验与理念——中国对外政策思想三十年的发展及其意义》,载《复旦学报》(社会科学版)2009年第3期。

杨洁篪撰文指出,要把近年来的外交工作实践和创新及时上升到理论高度,进一步丰富和发展中国特色外交理论。①

关于构建中国特色外交理论的必要性与意义,秦亚青指出,在中国与世界的关系发生历史性变化的重要时刻,构建中国特色外交理论已是迫切需要的事情。"它的目的是解决中国在当今时代面临的重大问题,也使中国外交能够更好地为中国人民和世界人民的根本利益、为实现全人类的美好理想服务。"②王红续认为,中国特色外交理论是以中国视角,立足于中国人民和全人类的根本利益,对外交本质和运行规律进行深入研究而提出的创新理念和思想体系。它是科学解释中国的和平发展、应对"中国威胁论"的锐利武器。③

关于构建中国特色外交理论的理论和实践依据,秦亚青认为,中国特色外交理论以马克思主义、中国传统文化理念和中国特色社会主义理论体系为主要来源,以时代观、秩序观和中国在国际体系中的基本定位为重要前提。"中国改革开放以来的外交实践所表现出来的活力和所取得的成效,是构建中国特色外交理论坚实的实践基础。"④杨洁勉认为,中国特色外交理论的基础有两个:一是物质基础,主要指中国已经在经济社会发展中积累起来的物质力量;二是精神(即理论)基础,包括党的历代领导集体所总结的外交思想和理论,中国外交实践者和研究者的理论研究和探索,同时也包括改革开放以来对西方国际关系理论的介绍和引进。⑤

关于中国特色外交理论的基本内容,杨洁勉认为,经过数代领导集体在外交理论上的发展以及丰富的外交实践和艰苦的理论探索,

---

① 杨洁篪:《当前国际格局的演变和我国外交工作》,载《国际问题研究》2011年第1期。
② 秦亚青:《关于构建中国特色外交理论的若干思考》,载《外交评论》2008年第1期。
③ 王红续:《中国特色外交理论及其体系构建》,载《当代世界》2011年第6期。
④ 秦亚青:《关于构建中国特色外交理论的若干思考》,第16页。
⑤ 杨洁勉:《中国特色外交的实践自觉和理论自觉》,载《外交评论》2012年第1期,第7页。

以总体思想、战略思想和政策思想为主要内容的中国特色外交理论体系已经初步形成。① 王红续认为,中国特色外交理论要以马克思主义辩证唯物论思想路线为指导,遵循由理解客观事物的本质(本体论)到把握客观事物的运动规律(认识论)再到改造客观事物(过程论)的内在逻辑,将有关的概念、范畴、命题、原理有机地整合起来。要把宏观研究与微观、中观研究相结合,将理论阐释和实践分析紧密结合,从外交本体、外交认识和外交过程三个基本维度构建这个理论体系。②

关于构建中国特色外交理论的基本方式和途径,杨洁勉认为,中国外交理论创新具有凝聚中国特色、强化指导作用、增加世界意义三重历史使命。据此,中国外交理论创新也有三个相应的阶段。他预言,中国外交理论在"走出去"的漫长历史进程中,将不断淡化中国的"特色",不断增加世界的"共性",借鉴和融合他国的外交理论,从而达到"中国特色"和"世界意义"的整体性。③

3. 中国的外交哲学

1998年春,《战略与管理》杂志发表喻希来、吴紫辰关于世界新秩序与新兴大国的历史选择问题的文章,④旋即引出张睿壮的批评。⑤ 稍后,喻希来、吴紫辰又对张睿壮的批评作了回应。⑥ 上述文章争论的焦点有二:中国到底应该奉行现实主义还是理想主义的外交哲学?中国外交应该推崇和追逐权力和国家利益,还是应该强调

---

① 杨洁勉:《中国特色外交的实践自觉和理论自觉》,第8—11页。但在该作者的《中国外交理论创新的三重历史使命》(载《国际展望》2013年第1期)中,后两个方面的表述略有不同,分别是"战略思维"和"政策原则"。
② 王红续:《关于中国特色外交理论的若干思考》,载《当代世界》2011年第6期,第34页。
③ 杨洁勉:《中国外交理论创新的三重历史使命》,载《国际展望》2013年第1期。
④ 喻希来、吴紫辰:《世界新秩序与新兴大国的历史选择》,载《战略与管理》1998年第2期。
⑤ 张睿壮:《中国应选择什么样的外交哲学?——评"世界新秩序与新兴大国的历史选择"》,载《战略与管理》1999年第1期。
⑥ 喻希来:《外交哲学中的人类道德——答张睿壮先生》,载《战略与管理》1999年第2期。

中国固有的道德理念？2002年下半年到2003年上半年,中国思想理论界就"对日新思维"问题展开激烈论战。厕身其中的张睿壮再次强调了他一贯坚持的注重实力、以国家利益为核心的现实主义外交哲学。① 在此前后,国际关系学者对与中国外交哲学相关的一些问题展开讨论。

门洪华阐述了研究中国外交哲学的必要性与意义。他认为,要从哲学观、时代观、秩序观、格局观等方面剖析中国外交哲学的基本内容,从独立自主和平外交、多边主义与双边主义相结合等方面论述中国外交哲学的具体表现,以求深刻把握中国外交的脉搏。②

郭树勇概述了中国外交哲学的演变历程,认为中国对外关系从近代开始进入改良与自强、革命与战争年代,中国的战略文化传统随之发生历史性嬗变,"富强"成为核心目标。但中国的和平主义文化精髓始终不变,它与以主权原则为核心的现代制度一起,规定了中国在走向富强的过程中将始终奉行和平对外战略。③ 门洪华指出,在全球化和复合相互依赖加深的情势下,强调韬光养晦与有所作为并重、多边主义与双边主义相协调的中国外交哲学正在形成。④ 郭学堂则专门论述了"国际主义与中国的外交哲学"的关系,强调"和合"等传统文化价值观对于中国外交哲学的重要意义。⑤

时殷弘认为,中国的外交哲学应当是合理的和有利的,"它一方面足以在政治文化意义上构成经久扎根于全民族意识的对外传统;另一方面能够在基本政策意义上成为(或经过简易的推理便能导出)整个历史时期内的最佳大战略,据此开发、动员和运用国家政治、经

---

① 张睿壮:《"搁置历史"还是"出卖历史"——从"对日新思维"看中国的国民性和外交哲学》,载《世界经济与政治》2003年第12期。
② 门洪华:《中国外交哲学的演变》,载《教学与研究》2005年第4期,第47页。
③ 郭树勇:《近代以来中国外交哲学的变与不变》,载《毛泽东邓小平理论研究》2004年第10期。
④ 门洪华:《中国外交哲学的演变》,载《教学与研究》2005年第4期。
⑤ 郭学堂:《国际主义与中国外交的价值回归》,载《国际观察》2005年第1期。

济、军事、外交和精神资源来实现其根本的对外目的"①。他还阐述了中国应该成为"正常"国家和创新型国家两个"双重的自我认定取向",并将其与"根本性的国家目标"——必须在既定的基本环境中追求实现和保持基本安全、基本富裕,并且争取逐渐成为世界强国,和"中国的世界态势"——对西方发达国家既有防范又有斗争也有协调和顺应,而且协调和顺应总的来说应多于防范和斗争,并列为"中国在21世纪应有的外交哲学"。赵汀阳提出,中国的外交哲学应该超越西方狭隘的民族主义。他以世界作为思考单位,从理论上为中国外交哲学提供了一个新的"天下主义"视角,对未来中国外交哲学的发展方向进行了有益探索。②

4. 中国外交的价值观

对于中国外交有无价值观,学界存在不同看法。李北方认为,中国外交价值观尚不清晰,且未能很好地体现在外交实践中。由于缺乏价值观支持,中国外交只能依赖利益,因而难免被置于道德上的被动境地。③ 宋国友强调,中国外交可以拒斥西方式价值观,但作为崛起大国,无论是基于消释外界疑惑的考量,还是就扩大影响力而言,都有必要拿出令人信服的价值观,而且越早越好。④ 这等于含蓄地承认,尚不存在中国外交价值观。也有学者持相反观点。王红续、李景治等认为,独立自主、和平共处、和平发展、和谐世界等思想,构成了中国社会主义对外交往的核心价值理念。⑤

对于中国外交价值观的内涵,学术界进行了多角度的探讨。有

---

① 时殷弘:《风物长宜放眼量——论中国应有的外交哲学和世纪性大战略》,载《哈尔滨工业大学学报(社会科学版)》2001年第2期,第17页;时殷弘、宋德星:《21世纪前期中国国际态度、外交哲学和根本战略思考》,载《战略与管理》2001年第1期。
② 参见赵汀阳:《天下体系——世界制度哲学导论》,南京:江苏教育出版社2005年版。
③ 李北方:《呼唤有价值观的中国外交》,载《南风窗》2012年第2期,第33页。
④ 宋国友:《阐述中国外交的价值观》,载《东方早报》2005年10月26日,第A15版。
⑤ 王红续:《新中国外交的价值取向与战略选择》,载《国际关系学院学报》2011年第6期,第9—16页;李景治:《试析中国外交的价值取向》,载《教学与研究》2008年第10期,第37—44页。

学者试图从中国传统文化中提炼和发掘中国外交价值观。余潇枫认为,应把"和合主义"确立为中国外交伦理的价值取向。① 阎学通认为,中国应借鉴自身传统政治思想的精华,在国际社会倡导"公平、正义和文明"的价值观,并以此指导建设新型国际规范。② 有学者则试图从当代中国发展进程中概述中国外交价值观。李景治、王红续认为,曾经引导着过去和现在中国的对外战略和政策抉择的价值原则,将继续成为未来中国外交战略的决策指南。③ 郭学堂则认为,新的形势要求中国外交必须选择国际主义政策,强调合作与多赢,在弘扬传统文化的过程中实现中国外交的价值回归。④ 还有学者从执政党的政治报告中进行演绎。俞新天认为,中共十八大报告虽未直接使用"对外价值观"这一概念,但相关主张实质上属于价值观范畴,包括平等互信、包容互鉴、合作共赢、公平正义、和平发展。

在思考如何构建中国外交价值观的过程,学者们对以下三个问题提出了富有启发性的思路和观点。一是如何对待中国传统价值?石斌认为,中国外交实现价值创新的本土资源异常丰厚。我们民族的许多优秀思想文化传统,如"和为贵"、尊"王道"而反"霸道"、"天人合一"等,与人类根本需求是一致的。应当运用现代观念、现代化的表述方式和表现形式去阐释、"激活"传统。⑤ 二是如何对待西方的外交价值观乃至国际社会的价值和规则?在张小明看来,尽管中国已经融入现代国际社会,"但是,中国没有也不可能完全认同国际

---

① 余潇枫:《"和合主义":中国外交的伦理价值取向》,载《国际政治研究》2007年第3期,第23—24页。

② 阎学通:《公平正义的价值观与合作共赢的外交原则》,载《国际问题研究》2013年第1期,第6—14页。

③ 李景治:《试析中国外交的价值取向》,载《教学与研究》2008年第10期,第37—44页;王红续:《新中国外交的价值取向与战略选择》,载《国际关系学院学报》2011年第6期,第9—16页。

④ 郭学堂:《国际主义与中国外交的价值回归》,载《国际观察》2005年第1期,第35—39页。

⑤ 石斌:《重建"世界之中国"的核心价值观》,载《国际政治研究》2007年第3期,第13—14页。

社会的主流价值与行为规则,中国与国际社会的关系在今后相当长的时间里,依然会表现为积极融入又被动适应、甚至试图改变现状的矛盾过程"。① 石斌认为,"对于西方的外交价值观,特别是对中国加入国际社会所预设的条件,我们无疑只能是有选择地接受。"② 三是如何处理国内价值与国际价值的关系?学者们大多认同"国内价值应与国际价值一致"的判断。牛军认为,中国外交中的伦理与价值不可能脱离中国社会的伦理与价值,更不可能背道而驰。③ 章百家指出,近代以来的最重要经验是,中国"伦理价值的取向要与世界潮流相一致,我们尚未解决的问题是如何善待在悠久历史中形成的伦理价值遗产,并使之与现代社会的需要和世界的潮流相结合"。④ 四是如何处理国家利益和外交价值的关系?石斌认为,利益和价值并不矛盾。"物质利益与文化价值观往往交互作用,共同塑造外交政策。"⑤ 金一南进一步指出,利益判断应该成为价值判断的基础和出发点。中国外交较多关注价值判断,但对具体的国家利益判断却不甚清晰。⑥ 连玉如认为,中国外交价值与利益是可以统一的。⑦

关于如何践履中国外交价值观,张春提出了三种战略选择:一是继承既有秩序中有着先进意义但很大程度上为既有秩序主导者所放弃的道德原则。二是拓展既有国际体系中逐渐为少数行为体所把持的俱乐部性质的道德原则,使其为更多国际行为体所共享。三是围绕当前国际生活中日新月异的新发展和新挑战,与国际社会一道发

---

① 张小明:《中国与国际社会的价值和规则》,载《国际政治研究》2007年第3期,第8页。
② 石斌:《重建"世界之中国"的核心价值观》,第15页。
③ 牛军:《伦理与价值:当代中国外交的困惑》编者按,载《国际政治研究》2007年第3期,第2页。
④ 章百家:《从历史发展的角度看困惑》,载《国际政治研究》2007年第3期,第4页。
⑤ 石斌:《重建"世界之中国"的核心价值观》,第12页。
⑥ 金一南:《中国外交中的利益判断与价值判断之关系》,载《国际政治研究》2007年第3期,第31—32页。
⑦ 连玉如:《中国外交价值与利益统一刍议》,载《国际政治研究》2007年第3期,第32—34页。

展出新的、符合世界历史潮流的道德原则。① 任晓主张占据道德高地,重视和善于推销自己,使我们道义上正确的事实广为人知。②

(三) 中国外交的制度形态研究

1. 中国外交制度的整体状况

赵可金以合理性与合法性互动为主线,考察了新中国外交行为的制度基础,并试图发现中国外交制度变迁的一般规律。他还从外交价值原则的确立、外交组织体制合理性的定位、外交运行机制合理性的定位以及外交制度合法性的挑战等层面,系统考察了新中国外交制度变迁的理论逻辑与实践运动。③ 白云真认为,外交制度的合理建构有助于促进中国外交健康且持续的发展,也有利于中国公民身份和国家认同有效且理性的塑造。为此,他尝试运用国家—社会关系的视角来诠释与理解中国外交制度的创建、发展及其创新,以历史的视角回顾与审视中国外交制度建设的进程。④

2. 中国外交决策机制与影响因素

决策机制是中国外交制度研究的重点。张历历、宫力等对1949年以来中国外交决策作了详细介绍。⑤ 牛军结合冷战史的研究,探讨了中国外交的决策体制。⑥

有学者对中外外交决策机制进行了比较研究。张历历认为,要深入理解中美两国的外交政策,需要比较两国的外交决策机制。21世纪初期,中国外交决策机制内出现了决策领域扩大等变化,美国外交决策机制也进行了大幅度的机构创新。中国外交决策机制以中国

---

① 张春:《中国如何实现道德性崛起?》,载《社会观察》2013年12期,第8—9页。
② 任晓:《中国外交的道义维度》,载《国际政治研究》2007年第3期,第18页。
③ 赵可金:《中华人民共和国外交制度变迁的理论阐释》,复旦大学2005年博士学位论文。
④ 白云真:《新中国外交制度的演变与创新》,载《世界经济与政治》2009年第9期。
⑤ 张历历:《外交决策》,北京:世界知识出版社2007年版;宫力、门洪华、孙东方:《中国外交决策机制变迁研究(1949—2009年)》,载赵进军主编:《新中国外交60年》,北京:北京大学出版社2010年版。
⑥ 牛军:《冷战与中国外交决策研究》,北京:九州出版社2013年版。

共产党为领导核心,具有长期稳定、高端、保密、决策核心突出有力等特点;美国外交决策机制以总统为核心,具有庞大复杂、影响因素众多、军事和情报部门作用巨大、研究力量雄厚等特点。研究美国的外交决策机制可为中国外交决策机制完善提供借鉴。①

关于影响中国外交决策诸因素的研究大致有两类:一是整体性研究。王逸舟认为,影响当代中国外交的有结构性、器物性、体制性和个体性四类因子。② 而在郝雨凡看来,社会因素"已经成为影响中国外交决策国内因素中一个日益重要但关注不够的变量"。所谓社会因素,"指的是在最高领导层和决策层以外的各种因素","其中包括公众舆论、商业团体、智库型研究机构、媒体和学术界的专家等舆论塑造者、组织机构内部的技术官僚,以及地方政府和其他类似接触外部世界的次国家行为体(如非政府组织)等等"。③ 王存刚认为,根据影响力大小,可以将影响中国外交政策制定的行为体区分为核心、半边缘和边缘三种力量,其中核心力量包括中共中央的有关机构、隶属于国务院的外交部及有关部委、军队系统;半边缘力量包括国有大型企业、省级地方政府;边缘力量包括智库、大众媒体和普通公众。④ 二是专题性研究。具体地说,就是探讨多种分析单元对中国外交决策的影响问题。王逸舟认为,伴随市场经济发展而兴起的市民社会是推进中国外交转型的内部社会原因。⑤ 齐建华、王军、蒋昌建和沈逸、王存刚等对中国的公众舆论与外交决策(外交政策)之间关系进

---

① 张历历:《21世纪初期中美外交决策体制比较研究》,载《世界经济与政治》2009年第9期。
② 王逸舟:《中国外交影响因子探析》,载《世界经济与政治》2009年第9期。
③ 郝雨凡、林甦主编:《中国外交决策:开放与多元的社会因素分析》,北京:社会科学文献出版社2007年版,第14、15页。
④ 王存刚:《当今中国的外交政策:谁在制定?谁在影响?——基于国内行为体的视角》,载《外交评论》2012年第2期。
⑤ 王逸舟:《市民社会与中国外交》,载《中国社会科学》2000年第3期。

行了较为深入的研究。① 孙哲、陈广猛,陈志敏、苏长和则分别探讨了军队系统、智库、地方政府对中国外交决策的影响。② 赵宏、李欣则分析了利益集团对中国外交政策的影响。③

关于中国外交决策研究的理论与方法,牛军认为,中国对外政策分析的发展有赖于多学科的相互交流,需要采用多种方法和视角,其中历史研究不可或缺。④ 李少军认为,分析中国对外政策,需要考察中国的对外关系哲学、国家利益、国力以及国际环境等因素,分析每一因素所涉及的基本问题以及相互关系。⑤ 秦亚青认为,自20世纪80年代以来,中国与世界的关系发生了历史性的变化,出现了国内国际的大互动。这就使得中国外交决策必须考虑不同行为体之间的认知差异。⑥ 张清敏认为,中国对外政策研究需要纳入到国际比较外交政策研究之中。无论是建设对外政策分析理论,还是发展中国外交政策的研究,两者的结合都是必要的、有益的。⑦

---

① 齐建华:《影响中国外交的五大因素》,北京:中央编译出版社2010年版,第五章"大众传媒与民意因素";王军:《试析当代中国的网络民族主义》,载《世界经济与政治》2006年第2期;蒋昌建、沈逸:《大众传媒与中国外交政策》,载《国际观察》2007年第1期;王存刚:《公众参与及其对中国外交的影响——基于2003年的三个案例的研究》,载《外交评论》2010年第3期。

② 孙哲:《中国外交思想库:参与决策的角色分析》,载《复旦学报》(社会科学版)2004年第4期;陈广猛:《论思想库对中国外交政策的影响》,载《外交评论》2010年第1期;陈志敏:《沿海省份与中国对外政策》,载郝雨凡、林甦主编:《中国对外政策:开放与多元的社会因素分析》;苏长和:《中国地方的国际化》,载王逸舟主编:《中国对外关系转型30年:1978—2008》,北京:社会科学文献出版社2008年版。

③ 赵宏:《中国的利益集团与贸易政策》,载《中国经济研究》2008年第3期;李欣:《中国外交新的参与者:国有石油企业的角色与"组织化利益"》,载《国际论坛》2012年第3期。另外,有关中国外交决策问题的传统研究及"社会性转向"风潮的探讨,可参见李欣:《中国外交决策研究:利益集团的视角》,载李东燕、袁正清编:《国际关系研究:议题与进展》,北京:社会科学文献出版社2011年版。

④ 牛军:《中国对外政策分析中的历史坐标》,载《外交评论》2010年第4期。

⑤ 李少军:《中国对外政策分析的几个要素》,载《外交评论》2010年第4期。

⑥ 秦亚青:《主体间认知差异与中国的外交决策》,载《外交评论》2010年第4期。

⑦ 张清敏:《对外政策分析理论与中国对外政策研究:以官僚政治模式为例》,载《外交评论》2010年第4期。

（四）中国外交的战略研究①

1. 中国外交的全球战略

直接以中国外交的全球战略为主题的著述并不多,相关成果散见于有关中国的国际战略、对外战略或者大战略等方面的作品中。

李忠杰认为,21世纪的中国应有自己的全球战略,其中心目标是:为我国社会主义现代化建设争取良好的国际环境,维护中国的国家利益,推进世界的和平、发展与进步事业。他还从12个方面构想了中国全球战略的主要内容,并说明了在制定和实施21世纪全球战略的过程中需要掌握的战略策略原则。② 庄悦群认为,确立可持续发展的意识和位势,是当代中国全球战略的基本点。③

2. 中国外交的地区战略研究

庞中英认为,中国与亚洲的关系应成为中国对外战略的首要重点,中国在该地区应奉行灵活的多边主义。④ 沈陈建议,中国应根据国力的许可,逐步增加和改善在亚洲的公共产品供给,把提供区域性公共产品看成是深化睦邻友好政策的有效方式。⑤ 肖欢容指出,未来的中国外交应当奉行亚洲地区主义战略,这是中国实现本土责任和地区大国责任、发挥全球责任的重要手段。⑥ 但在张蕴岭、唐世平

---

① 国际战略与全球战略、地区战略与外交战略是几个含义相近但确有一定差别的概念。在已有文献中,绝大部分学者将它们不加区别地混用。王巧荣在《新时期中国外交战略研究述评》（载李文主编：《国史研究中的重点难点问题研究述评：第七届国史学术年会论文集》,北京：当代中国出版社2008年版）一文中,已对2008年之前的中国外交战略做了详细的综述。唐永胜、彭云则对1995—2005年间的中国国际战略研究做了概括。参见王逸舟主编：《中国国际关系研究（1995—2005）》,北京：北京大学出版社2006年版。
② 李忠杰：《新世纪中国全球战略构想》,载《中共中央党校学报》2000年第1期。
③ 庄悦群：《可持续发展位与当代中国的全球战略选择》,载《东南亚纵横》2005年第5期。
④ 庞中英：《中国的亚洲战略：灵活的多边主义》,载《世界经济与政治》2001年第10期。
⑤ 沈陈：《区域性公共产品与中国亚洲外交的新思路》,载《国际观察》2013年第1期。
⑥ 肖欢容：《中国的大国责任与地区主义战略》,载《世界经济与政治》2003年第1期。

看来,亚洲是中国所有的国家利益(安全、经济和政治)都同时存在的唯一地区。由于同时追求安全、经济与政治利益,因此中国制定的实现地区战略目标的方式很难在其他任何地区使用。①

在探讨中国对亚洲的外交战略中,学者们还思考了中国的亚洲次区域外交战略。比如,吴冰冰认为,由于中东地区战略格局的结构性失衡只能通过战略性平衡重构来解决,中国应当顺势而为,坚持相互尊重、独立自主、和平发展、合作共赢的原则,对不同类型的中东国家采取针对性的政策措施,在突出重点的同时,平衡发展与各类中东国家的关系。与此同时,中国还应当努力建构中、美、俄在中东地区的大国合作、协调和制衡机制。② 在中国的南亚外交战略、东亚外交战略、中亚外交战略等,也都有数量不等的相关成果问世。

关于中国对欧盟的外交战略,中国现代国际关系研究院的专家建议,中国需要制定一项能够充分反映欧盟现有实力及其发展潜力的对欧长期战略,并以"联合声明"或"中国对欧关系报告"等形式公开发表,强调欧盟是中国最重要的战略伙伴,中国重视发展对欧关系并非权宜之计或打所谓"欧洲牌",而是基于对欧盟重要性的认识以及中国自身长远利益做出的重大决定。③ 陈志敏等则勾勒了中国的欧盟政策的架构与重点。④ 值得注意的是,在中国对欧战略研究中,没有关于中东欧战略的研究成果,仅有数量很少的政策建议⑤。

关于中国对非洲的外交战略,吕晓莉认为,新时期的中非关系在"中非合作论坛"机制的推进下健康发展,但也面临诸多挑战,特别是来自西方大国的挑战。正视竞争、立足共赢、理性应对西方的挑战,

---

① 张蕴岭、唐世平:《中国的地区战略》,载《世界经济与政治》2004年第6期。
② 吴冰冰:《中东战略格局失衡与中国的中东战略》,载《外交评论》2013年第6期。
③ 中国现代国际关系研究所欧盟课题组:《中国对欧盟政策研究报告》,载《现代国际关系》2001年第8期,第9页。
④ 陈志敏、戴炳然、潘忠岐、丁纯:《中国在中欧关系中的重点及战略》(罗湘衡译),载《太平洋学报》2012年第10期,第28—39页。
⑤ 中国现代国际关系研究所中东欧课题组:《中国对中东欧国家政策研究报告》,载《现代国际关系》2003年第11期。

应当成为新时期中国对非战略的重要任务。① 李安山提出,中国的非洲战略应注意以下方面:经济与政治要两手抓;加强中非战略合作,积极稳妥地支持非洲一体化;不要过于在意西方的批评而忽略自身优势;不要过于在乎大国关系却忽略其他因素;适当采取结盟方式以利于保护国家利益;不要过于在意部门利益而忽略国家利益;在加强对非援助的同时大力宣传自力更生为主、外援为辅的理念和经验。②

中国的拉丁美洲和大洋洲的外交战略的研究成果十分有限。

3. 中国外交的周边战略研究

周边对中国和平发展具有特殊重要的意义。因此,对周边外交战略的思考也是中国外交战略的重要内容。

关于中国周边外交战略的演进历程,张颖认为,新中国成立之初,"一边倒"战略确保了中国北部边界的安全及总体国家安全环境的获得;政权基本稳固后,新中国对周边国家实行睦邻外交政策;日内瓦会议前后,中国与印度、缅甸等国共同提出和平共处五项原则,以此为标志,形成了极具中国特色的周边外交战略。③

关于未来的中国周边外交战略,学者们给出不同的建议。沈丁立指出,中国在周边外交领域应奉行"双环战略"。第一环区以中国为中心,包括与中国直接相接的20个国家。中国应在保持自身稳定的同时促进主要合作伙伴及周边的稳定,实现互利共赢。第二环区由第一环外与其直接接壤的亚洲国家组成,包括伊朗等国。中国宜采取"合作与扩展(expand)"的战略。在实施周边外交战略过程中,中国既要讲利益、讲价值、讲原则,又要塑造制度、塑造机制、塑造合作。④ 钟飞腾等认为,中国需要根据自身和周边国家安全需求的层

---

① 吕晓莉:《中国对非战略:成功与挑战》,载《现代国际关系》2010年第5期。
② 李安山:《论中非合作论坛的起源——兼谈对中国非洲战略的思考》,载《外交评论》2012年第3期。
③ 张颖:《新中国周边外交战略的确立及其中国特色》,载《国际论坛》2010年第5期。
④ 沈丁立:《中国周边外交的双环战略》,载《当代亚太》2009年第1期。

次性、阶段性等具体情况，来制定周边外交战略。中国可以把本国相关发展区域作为跨国安全合作的单位，与邻近国家进行安全合作，逐步超越美国的"雁行安全模式"。① 他还细致地分析了中国周边战略建构中的环境、目标、手段和能力等问题。② 祁怀高认为，未来十年中国周边战略需要在国内与周边的统筹、海权与陆权的并重、双边与多边的结合、相互认知与反应的调适、软硬两种实力的匹配等五个方面展现新思维。③ 周方银认为，面对周边环境的复杂变化，中国需要以组合而非单一的方式运用自己的能力，在政策手段上把坚持互利共赢、保持威慑、进行适度战略安抚三个方面有效结合起来。要平衡处理中强邻关系，兼顾大国与中小国家的不同利益考虑。与此同时，还应分清不同战略方向的轻重缓急，实现政策手段的相互配合和优化组合。④

在探讨中国周边外交战略的过程中，学界还就中国亚太战略、东亚战略、中国的中亚战略、中国的南亚战略进行了广泛、深入的思考。

(五) 中国外交的形式与内容研究

1. 中国的地方外交

自改革开放以来，中国"地方外交"（"非中央外交""次中央外交"）兴起，并且"越是经济发达的地区，'地方外交'越是卓有成效"。⑤ 这种"地方外交"对于中央政府制定外交政策的影响是显而易见的。陈志敏指出，"通过将地方经济融入区域经济和全球经济的努力，沿海省份帮助中国和其他国家建立起高水平的经济相互依赖

---

① 钟飞腾、张洁：《雁型安全模式与中国周边外交的战略选择》，载《世界经济与政治》2011年第8期。
② 王俊生：《中国周边战略建构：环境·目标·手段·能力》，载《太平洋学报》2012年第4期。
③ 祁怀高：《周边战略构建需要五大新思维》，载《中国社会科学报》2011年9月20日第08版。
④ 周方银：《周边环境走向与中国的周边战略选择》，载《外交评论》2014年第1期。
⑤ 王逸舟：《中国外交影响因子探析》，载《世界经济与政治》2009年第9期，第17页。又见杨勇：《中国外交中的地方因素》，载《国际观察》2007年第4期，第42—47页。

关系。"①苏长和认为,地方外交的兴起和发展"有助于中央政府采取更为开放的国际政策"。"地方与全球之间的利益联系会对中央政府产生压力,以促使中央政府采取更多降低地方国际化交易成本的措施,也即建立统一的市场规范。"②王存刚认为,省级地方政府之所以能够影响中国外交政策的制定,除了拥有强大经济实力外,更因为其主要负责人均为中央委员或候补委员,四大直辖市和广东省的省委书记则为政治局委员,并且他们都有升任更高政治职位的可能。③

部分学者对中国地方外交进行个案研究。王子昌在研究广东的具体情况后发现,在中国现行的行政架构下,中央的战略部署决定了一个地方对外经济交往的大方向和重点,而地方的发展需要则决定了地方对外经济交往的频率。在现行的政企关系中,地方政府的领导人仍是地方对外经济交往的主体;地方对外经济交往的延续主要受到结构因素的影响,地方领导人的更替可能会影响到地方对外经济交往的成效,但不会影响地方对外经济交往的方向和重点。④

2. 中国的公共外交

公共外交是近年来中国领域外交研究的一个热点。2010年,察哈尔学会编辑出版《公共外交季刊》,并组建了一支由国内外知名公共外交学者组成的专业研究团队。2011年,该学会又推出了中国第一本公共外交教材《公共外交概论》。

钟龙彪等认为,中国政府在相当长时间内虽未正式使用"公共外交"这一概念,但有相关实践。在经过了宣传新中国与支持世界革命、促进改革开放与维护世界和平、介绍说明中国与倡导和平发展三

---

① 陈志敏:《沿海省份与中国对外政策》,载郝雨凡、林甦主编:《中国对外决策:开放与多元的社会因素分析》,第266页。
② 苏长和:《中国地方的国际化》,载王逸舟主编:《中国对外关系转型30年:1978—2008》,北京:社会科学文献出版社2008年版,第256—257页。
③ 王存刚:《当今中国的外交政策:谁在制定?谁在影响?——基于国内行为体的视角》,载《外交评论》2012年第2期,第12页。
④ 王子昌:《地方外交的结构性分析:以广东与印度尼西亚经贸为例》,载《东南亚研究》2009年第2期。

个阶段之后,中国公共外交日渐摆脱传统的"宣传"观念的影响,愈来愈接近现代公共外交理念。① 曲星认为,内外并重、追求共赢是新时期中国公共外交的两大特色。②

唐小松指出,中国公共外交存在"合作"与"竞争"两条战线。目前中国在竞争性公共外交战线处于被动局面,在合作性公共外交战线则成效显著。未来中国必须针对竞争性公共外交对象进行设计;提升公共外交的战略地位,对其增加投入;淡化政府身份,多以非政府形式操作;不纠缠话语信息的是非曲直,以行动服人;与对手建立民间利益共生体。③ 曹玮等认为,应将增强政府合法性作为中国公共外交的首要追求目标。④ 檀有志认为,中国公共外交应着眼于提升中国的国际话语权,进行精巧的顶层设计。⑤ 黄忠等认为,中国应主动设置可持续发展的公共外交话语权,倡导包容性可持续发展等概念,阐明中国发展的世界意义。⑥ 李志永认为,中国在重视政府公共外交的同时,急需拓展涵盖政府、企业和社会的立体公共外交局面,尤其是拓展企业公共外交,以弥补政府公共外交的不足。⑦ 此外,还有学者探讨了孔子学院、上海世博会、华人华侨等对中国公共外交的意义;檀有志、周厚虎则从提升软实力角度论述了中国公共外交体系的构建。⑧

---

① 钟龙彪、王俊:《中国公共外交的演进:内容与形式》,载《外交评论》2006 年第 3 期。
② 曲星:《公共外交的经典含义与中国特色》,载《国际问题研究》2010 年第 6 期。
③ 唐小松:《中国公共外交的两条线》,载《现代国际关系》2008 年第 7 期。
④ 曹玮、赵可金:《合法性塑造及中国公共外交》,载《国际政治科学》2013 年第 2 期。
⑤ 檀有志:《国际话语权竞争:中国公共外交的顶层设计》,载《教学与研究》2013 年第 4 期。
⑥ 黄忠、唐小松:《论可持续发展与中国公共外交话语权的构建》,载《教学与研究》2013 年第 11 期。
⑦ 李志永:《企业公共外交的价值、路径与限度——有关中国进一步和平发展的战略思考》,载《世界经济与政治》2012 年第 12 期。
⑧ 檀有志:《软实力战略视角下中国公共外交体系的构建》,载《太平洋学报》2011 年第 3 期;周厚虎:《公共外交与中美软实力战略》,载《国际展望》2012 年第 1 期。

学者们还探讨了中国公共外交中存在的问题及解决之道。郑华认为,当下的中国公共外交出现了一些令人困惑的议题,如以何种方式整合公共外交的研究选题?在公共外交中,"精英路线"和"平民浪潮"二者何为先?在"垂直化"和"网络化"并行的二元实施结构中,外交官应扮演怎样的角色?为解决上述问题,应建立"政府—非政府组织—学术研究团体"三位一体的组织架构,"精英为首要、平民为基础"的目标群体双轨并行模式,加大外交官在公共外交领域的培训力度。① 莫盛凯也认为,如何既充分发挥各种非国家行为体的参与热情,又保持公共外交的公共本性,将是中国公共外交研究的重要方向。②

3. 中国的经济外交

进入21世纪以来,经济外交研究受到中国学者越来越多的关注。清华大学、外交学院、武汉大学先后成立经济外交研究中心。外交学院主办了首届经济外交论坛演讲会。清华大学、外交学院分别发布中国经济外交年度报告。多本经济外交教科书先后出版。③

何中顺探讨了新中国经济外交的理论与实践。④ 薛磊概括了入世后中国经济外交的新特点,认为中国通过推动多边经济谈判进程、推行自由贸易区战略、应对国际经济摩擦、开展能源外交及实施"走出去"战略等方式积极开展经济外交,寻求在现行国际经济体系框架下影响国际经济规则。⑤ 吴白乙等认为,近年来中国更加强调外交工作"服务于国内经济建设的大局",出现了观念更新、制度改进、决

---

① 郑华:《中国公共外交发展进程中的困惑及其应对》,载《国际观察》2012年第2期。
② 莫盛凯:《中国公共外交之理论与实践刍议》,载《外交评论》2013年第4期。
③ 张学斌:《经济外交》,北京:北京大学出版社2003年版;周永生:《经济外交》,北京:中国青年出版社2004年版;何茂春:《经济外交学教程》,北京:世界知识出版社2010年版。
④ 何中顺:《新时期中国经济外交理论与实践》,北京:时事出版社2007年版。
⑤ 薛磊:《入世后中国经济外交的战略转型与政策调整》,载《国际展望》2009年第1期。

策多元和形式多样化等显著转变。① 此外,王树春探讨了经济外交对中俄关系的影响。②

江瑞平认为,当前中国经济外交所面临的机遇主要是:全球化受挫增大经济外交需求、多极化演进扩展经济外交空间、区域化发展拓宽经济外交平台、开放度提高凸现经济外交地位、影响力增强提升经济外交能力。面临的挑战主要是:全球经济风险逐渐增大、对外贸易摩擦频繁爆发、国际金融失衡日趋严重、能源资源瓶颈再度凸显、气候环保压力空前强化。如何抓住机遇、直面挑战,对于确保战略机遇期中国经济社会的平稳发展和多层面战略目标的顺利实现至关重要。③ 薛磊认为,在后金融危机时代,中国的经济外交需要兼顾海外直接投资与金融资产的全球配置,从原先侧重于贸易、投资等局部性、领域性问题向体系层面的建构和协调发展,立足东亚贸易自由化以及金融协同化进程,推动多边贸易体系、国际金融体系朝向更为公平、稳定、平衡的方向发展。④

4. 中国的文化外交

缪开金在总结中国文化外交的历史演变状况的基础上,探讨了文化外交作为中国国际战略选择的具体运用及其对中国对外文化关系的影响。他认为,文化外交作为一种战略手段,肩负着塑造新时期中国国际形象、培育有利的国际舆论环境、增强国家认同感的重要使命。⑤ 张清敏认为,后冷战时期中国文化外交的内容包括:对内巩固传统文化,丰富中国文化;对外参与和利用国际多边机制,推动文化保护、交流与合作;并在国际上主张文化多样性,开展文化外交。

---

① 吴白乙、李欣:《中国经济外交:与外部接轨的持续转变》,载《外交评论》2008年第3期。
② 王树春:《经济外交与中俄关系》,北京:世界知识出版社2007年版。
③ 江瑞平:《当前中国经济外交面临的机遇与挑战》,载《外交评论》2009年第5期。
④ 薛磊:《入世后中国经济外交的战略转型与政策调整》,载《国际展望》2009年第1期。
⑤ 缪开金:《中国文化外交研究》,中共中央党校2006年博士学位论文,第128—167页。

文化外交正丰富和充实着中国的总体外交,并赋予其更多的中国特色。①

张志洲认为,中国文化外交与文化"走出去"面临两方面的问题:一是我们在文化与软实力关系上存在认识误区,简单化地将文化"走出去"等同于赢得软实力;二是相比于西方,当今中国文化处于结构性弱势地位,"博大精深"的中国文化本身存在多元价值冲突,因而在如何选择中国的文化价值观进行外交上存在困境。要化解存在的问题,一要争取国际话语权;二要重构中国社会核心价值观,在文化现代化、国际化与保持中国传统文化之间寻求最佳的平衡。②

5. 中国的军事外交

按照郭新宁的理解,军事外交主要是指主权国家的国防部门及武装力量旨在增进和实现国家利益和国家安全,尤其是国防安全目标,与其他国家、国家集团或国际组织进行的交往、交涉和活动。它具有六大功能:国家利益实现过程的保障功能、谋局布势的塑造功能、纾解"安全困境"的增信功能、遏制现实和潜在对手战争企图的威慑功能、促进国防建设和军队建设发展的服务功能及辅助战略决策的情报功能。③

关友飞、赵景芳等对新中国军事外交的历史、特点和经验进行了回顾和总结。④ 韩献栋等将军事外交分为普遍性、交流性和合作性三种类型,认为中国在后冷战时期强化了普遍性军事外交和交流性军事外交。⑤ 何奇松认为,冷战结束以来中国军事外交呈现全方位、宽领域、多层次的态势,增加了军事透明度,起到了增信释疑作用,拓

---

① 张清敏:《全球化环境下的中国文化外交》,载《外交评论》2006年第1期。
② 张志洲:《文化外交与中国文化"走出去"的动因、问题与对策》,载《当代世界与社会主义》2012年第3期。
③ 郭新宁:《军事外交的概念、定位和功能》,载《外交评论》2009年第3期。
④ 关友飞:《新中国军事外交的回顾与思考》,载赵进军主编:《新中国外交60年》,北京:北京大学出版社2010年版;赵景芳、朱涛:《新中国军事外交60年:历程、特点与经验》,载《世界经济与政治》2009年第9期。
⑤ 韩献栋、〔韩〕金淳洙:《中国军事外交与新安全观》,载《现代国际关系》2008年第2期。

展了军队职能,增加了军事软实力,配合了中国软实力发展,有助于中国树立负责任大国的形象。在对外军事交往中,中国军队增强了执行多种任务的能力。为更好地消除"中国军事威胁"论,中国军队在许多方面仍需继续努力,包括建立军事发言人制度、创建中国特色的军事外交理论等。①

肖刚等比较了西方国家的军事外交和中国的军事外交。他们认为,前者的核心内涵是"强制",表现为"强制外交";后者则突出"交往",加强互信、促进真正的和平是其根本目的。前者建立在人性恶和权力政治两大基础之上,具有很强的胁迫性;后者则是建立在"善"、和平共处五项原则和"互信、互利、平等、协作"的新安全观等基础上,具有多样性、平等性、互利性、合作性和预防性等特点。前者试图通过军事交往达到了解并最终控制对手的目的;后者则试图通过交流和合作,谋求国际社会的共同合作和共同发展。②

6. 中国的多边外交

当代中国虽有开展多边外交的实践,但使用"多边外交"这一概念只有十年左右的历史。庞森认为,中国自 1978 年以来强化了多边外交的意识和实践。③ 王建伟认为,中国的多边外交经历了一个从疑虑、抵触,到回应、采纳和加入乃至倡导的学习过程。中国日益表现出建立以普遍化的行为规范与准则为基础的国际秩序的意愿。④ 王明进从认知变化的角度阐释中国对多边外交认识的变化。⑤

学者们还对中国多边外交的特点进行了概括。汤炜认为,拓展多边外交的渐进性、多边外交政策的不稳定性、参与多边外交的有限

---

① 何奇松:《中国军事外交析论》,载《现代国际关系》2008 年第 1 期。
② 肖刚、何广华:《强制外交:西方国家军事外交的核心内涵——兼论中国军事外交不同于西方强制外交的哲学基础》,载《国际论坛》2009 年第 6 期。
③ 庞森:《改革开放与中国的多边外交政策》,载《世界经济与政治》2008 年第 11 期。
④ 王建伟:《中国多边外交理论与实践的演变》,载潘忠歧主编:《多边治理与国际秩序》,上海:上海人民出版社 2006 年版。
⑤ 王明进:《中国对多边外交的认识及参与》,载《教学与研究》2004 年第 5 期。

性和多边外交对双边外交的依赖性,是1949—1989年间中国多边外交的基本特点。① 张清敏认为,在规模和程度上具有全面但明显的不平衡性,在原则上体现了中国独立自主的国家特点和发展中国家的定位和身份,是冷战后中国多边外交的新特点。②

刘宏松通过对国际机制的理论探讨,结合中国的国家角色和国家利益,推导出中国多边外交具有盛誉、责任和公正三种需求。他认为,追求公正的多边外交,需要从原则议定、决策程序和议程设置三个方面维护国际机制的公正性。③

在关于中国外交的形式和内容的研究中,除了上述研究主题外,还有学者涉及中国的民间外交、援助外交、环境外交、科技外交、体育外交等。

（六）中国外交的调整（转型）

1. 中国外交调整（转型）的必要性与历程

王逸舟认为,改革开放以来,中国外交处于持续而重大的转型之中。中国外交转型是一种由简单到复杂、由低级到高级、由线性思维到多维度观念、由传统的斗争哲学到新时期的"以两手对两手""和而不同"等复杂战略的转换过程,是中国从国际体制外的自我封闭者甚至对抗者到进入国际体制内和大国关系结构中的重大利益攸关方的提升过程。④ 赵可金认为,中国先后经历了两次外交转型。第一次转型发生在20世纪50年代,其核心是从屈辱外交向革命外交转型,目的是在世界舞台上赢得国家主权独立和尊严。第二次转型始于20世纪80年代,其核心是从革命外交向发展外交转型,目的是为中国现代化赢得良好的国际环境和周边环境。当下的中国外交需要

---

① 汤炜:《1949—1989年中国多边外交的实践及其特点》,载《国际政治研究》1998年第1期。
② 张清敏:《冷战后中国参与多边外交的特点分析》,载《国际论坛》2006年第2期。
③ 刘宏松:《声誉、责任与公正:中国多边外交的三种需求》,载《国际论坛》2004年第4期。
④ 王逸舟:《论中国外交转型》,载《学习与探索》2008年第5期。

启动第三次转型,其核心是从发展外交向领导外交转型。①

刘胜湘通过考察1919年以来中国90年的外交历程发现,中国外交调整具有周期性,每隔30年左右为一个周期。这种周期性变化与中国实力地位的提升、中国国内事务与国际事务的联动以及中国领导人的更迭均有密切的关联。②王存刚认为,由于经济因素对于政治和社会生活的基础性作用以及内政对于一国外交的优先地位,因此应当从观察国内经济活动的变化和影响入手,解释中国外交调整的根本动因,思考中国外交调整的方向、目标等具体内容。中国经济发展方式转变的紧迫性,使得外交调整的必要性进一步凸显。③

2. 中国外交调整(转型)的方向、内容和目标

中国外交调整(转型)是一个巨大、复杂的系统工程,其间涉及中国外交方略、外交原则等重要问题。

对于是否继续坚持"韬光养晦、有所作为"外交方略问题,国内学术界的争论从未间断,并于2008年国际金融危机发生后显著升温。一部分学者明确主张淡化甚至放弃韬光养晦,侧重有所作为或谋求更大作为。比如,叶自成就认为,"韬光养晦,有所作为"是邓小平针对特定历史环境提出来的,不能作为长期指导中国外交政策的战略思想。④邢悦等也认为,进入21世纪后,中国以"韬光养晦"的外交战略作为建构国家形象的战略基础有其局限性,很可能招致更多误解。⑤与上述学者相反,曲星坚持认为,"韬光养晦、有所作为"方针并没有过时。应当韬"意识形态之光",养"实现四个现代化"之晦。⑥

---

① 赵可金:《建设性领导与中国外交转型》,载《世界经济与政治》2012年第5期。
② 刘胜湘:《中国外交周期与外交转型》,载《现代国际关系》2010年第1期。
③ 王存刚:《论中国外交调整——基于经济发展方式转变的视角》,载《世界经济与政治》2012年第11期。
④ 叶自成:《关于韬光养晦和有所作为——再谈中国的大国外交心态》,载《太平洋学报》2002年第1期。
⑤ 邢悦、张冀兵:《"韬光养晦"战略再思考——兼论如何树立中国的国际形象》,载《国际观察》2006年第6期。
⑥ 曲星:《坚持"韬光养晦、有所作为"的外交战略》,载《中国人民大学学报》2001年第5期。

王缉思指出,坚持"韬光养晦"的战略思想,并不意味着墨守成规。应当准确把握中国在国际事务中的地位与"韬光养晦"战略思想的关系,重新思考"韬光养晦"的概念和提法,与时俱进地发展"韬光养晦",使其精神实质得以延续。①

关于是否需要改变"不结盟"外交原则问题,学术界同样存在争论。阎学通认为,固守不结盟原则对于中国发展与周边国家的睦邻友好关系构成障碍。② 他明确主张,中国应建立尽可能多的全天候战略伙伴。③ 张文木认为,考虑中俄结盟的目的不是反美,而是为了捍卫基于雅尔塔体制的远东和平。④ 与上述两位学者的主张相反,张惠东认为,总结历史经验,结盟对中国得不偿失。中国应当继续坚持不结盟战略,以更加自主和自由的姿态在国际舞台上处理问题。⑤ 姜毅坦言,幻想中俄在反制美国等西方国家的遏制、挤压方面"整齐划一""步调一致"完全不现实;中俄走向联合"反美"的企图对于两国维护自身核心利益甚至可能是危险的。⑥

不干涉内政,是当代中国外交恪守的基本原则之一。近年来,随着中国海外利益的不断扩展,一些国家内部所发生的变化直接或间接地影响到中国的国家利益。如何有效保护中国的国家利益,成为中国外交面临的重大课题。在此背景下,王逸舟提出"创造性介入"这一崭新概念。其要旨有三:一是判定世界总体的和平与发展的趋势没有变,中国持续壮大和加深对外依存的趋势没有变;二是特别强调中国外交的引导性、主动性和建设性,把塑造于中国有利、多数认可的国际规则和话语观念,力争在和平、合作和共赢的方式下解决纠

---

① 王缉思:《中国的国际定位问题与"韬光养晦、有所作为"的战略思想》,载《国际问题研究》2011年第2期。
② 阎学通:《当前国际形势与中国外交的调整》,载《广东外语外贸大学学报》2010年第2期,第12页。
③ 阎学通:《中国或可考虑改变"不结盟"战略》,载《国防时报》2011年6月8日第011版。
④ 张文木:《中俄结盟的限度、目标和意义》,载《社会观察》2012年第3期。
⑤ 张惠东:《放弃"不结盟"非明智之举》,载《世界报》2011年12月7日第002版。
⑥ 姜毅:《不靠谱的"中俄结盟"说》,载《世界知识》2012年第5期,第52—53页。

纷,视为夯实"有所作为"方针的中心点;三是拒绝成为习惯思想和做法的囚徒。这些既是对"韬光养晦"姿态及做法的扬弃,又绝非西式的干涉主义和强权政治,是符合中国新的大国位置、国情国力和文化传统的新选择。① 王逸舟的上述观点得到学界的积极回应。有学者还据此提出了中国解决相关问题的新思路。②

王存刚认为,为因应经济发展方式综合性、系统性和战略性的转变,中国外交应继续坚持"韬光养晦、有所作为"的战略方针,坚持"不结盟"的外交原则,并在此基础上进行如下调整:将更多外交资源应用于新的国际制度、国际规则的构建;适当降低对发达国家的外交投入,进一步加大对新兴市场国家和周边国家的外交投入,努力构建新的外交格局;更加积极地开展与经济发展方式转变密切相关的领域外交,不断丰富其内涵,创新其形式;大力培养、大胆使用谙熟低位政治、善于经济外交的新型外交官,不断丰富外交官的来源和出口;努力规范外交参与者的行为,改革和完善外交决策机制、参与机制和协调机制。③

三、当代中国外交研究的主要成就与缺失

(一) 当代中国外交研究的主要成就

1. 研究成果的数量日益丰硕,质量总体上不断提升

研究成果数量的日益丰硕可以从统计数据上很直观地看出来。比如,以"中国外交"为主题词在中国期刊网上检索:1979—1999 年间为 1283 条;1999—2013 年间为 7454 条。从某种意义上说,中国外交研究已经成为当今中国社会科学研究领域的一门显学。

---

① 参见王逸舟:《创造性介入——中国外交新取向》,北京:北京大学出版社 2011 年版;《创造性介入——中国之全球角色的生成》,北京:北京大学出版社 2013 年版。
② 何光强、宋秀琚:《创造性介入:中国参与北极地区事务的条件与路径探索》,载《太平洋学报》2013 年第 3 期。
③ 王存刚:《论中国外交调整——基于经济发展方式转变的视角》,载《世界经济与政治》2012 年第 11 期。

在数量大幅增长的同时,研究成果的质量也在不断上升。仅就学术规范而言,20世纪90年代中期以前,绝大部分研究中国外交的学术论文缺少起码的文献综述,没有研究方法的介绍,注释数量及资料来源均十分有限。而翻阅近年来国内国际问题类主流期刊,不难发现,这种状况已有根本改观。

2. 研究主题、视角、路径和方法日益多样化

关于研究主题的多样化,前文已有非常直观的体现。可以说,从宏观到微观,从历史到现实,从理论到实践,举凡中国外交涉及的层次和领域,均有学者涉及,只是研究的深度和广度存在差别而已。

研究视角和路径日益多样化,也是学者们的普遍感受。白云真曾将中国外交研究概括为结构中心、国家中心和社会中心三种分析视角;①王栋等则将其概括为外交史研究、外交学与外交政策分析以及地区与问题研究三大知识传统。② 尽管这些概括不无可议之处,但都反映出中国外交研究视角和路径的丰富性。

就研究方法而言,除了常见并被广泛使用的历史研究、文本诠释等人文主义方法以外,一部分中国学者开始尝试采用科学主义方法研究中国外交。案例方法已经得到广泛使用;定量方法逐步受到重视;形式模式方法也被一些学者采用。还有学者尝试将形式模式与定量研究两种方法结合起来使用。③

研究主题、视角、路径和方法的丰富性,与多种因素的综合作用有关。首先,国外中国外交研究的学术成果被大量引进,并逐渐为国内研究者们所熟知和仿效。其次,主流学术期刊的大力推动。比如,自2005年起,《国际政治研究》曾举办三次中国外交研讨会,主题分别为:社会变迁与中国外交,中国外交中的价值与伦理,中国国家安

---

① 白云真:《中国外交研究的三种视角:国际结构、国家、社会》,载《哈尔滨工业大学学报》(社会科学版)2010年第2期。
② 王栋、贾子方:《论中国外交研究的三大传统》,载《外交评论》2010年第4期。
③ 李少军:《"冲突—合作模型"与中美关系的量化分析》,载《世界经济与政治》2002年第4期。

全战略的历史与理论;《外交评论》也曾举办主题为"中国对外政策分析的理论、历史与前景"的研讨会。会议主题的重要性、与会者的学术影响力,使得上述研讨会的内容受到学界的广泛关注。① 最后,有关研究机构和学者的积极努力。以研究方法为例,清华大学国际关系系、中国社会科学院世界经济与政治研究所均多次举办研究方法讲习班。中国人民大学国际关系学院、复旦大学国际关系与公共事务学院,先后邀请美国杜克大学教授牛铭实等国外知名专家举办方法论讲习班。阎学通、李少军等学者撰写的研究方法教材,被国内多所高校的国际关系类专业采用。

3. 研究成果的影响力不断增强

首先是学术影响力不断增强。国外知名学者在有关中国外交的著述中大量引用中国学者的研究成果,并予以积极、正面的评价;一些作品还被列入高层次研究班的阅读书目。国外研究机构对中国外交研究状况的关注度也在提高。美国福特基金会曾资助哈佛大学教授江忆恩、北京大学教授王缉思分别撰写中国国际问题研究的评估报告,两份报告的很大一部分内容是中国外交研究。此外,王缉思、秦亚青、贾庆国、阎学通等知名学者还被聘为国外著名的中国外交研究类期刊的编委。

其次是中国外交实践的影响力不断增强。当下中国外交倡导的不少新理念,如国家利益观、新安全观、开放地区主义、和平发展道路等,都是首先由学者们提出或加以讨论的。张宇燕、秦亚青等知名学者走进中南海,向中国最高决策层阐述对与中国外交有关的重大问题的看法。主要领导人有时候甚至会主动就中国外交的重大问题咨询相关研究者。比如,1997年江泽民出访美国前夕,曾与专家们一起认真讨论了中美之间的战略共同利益,在此基础上提出了中美双

---

① 与会者的发言,参见牛军主编:《中国对外政策分析:理论、历史与前景》,北京:世界知识出版社2013年版。

方应共同致力于建立面向 21 世纪的建设性战略伙伴关系的倡议。①

(二) 当代中国外交研究的主要缺失

1. 研究主题很不平衡

首先是理论研究与现状研究、对策研究很不平衡。具体地说,就是理论研究的比重甚小,而现状研究、对策研究的比重过大。在理论研究中,一些难点问题没有系统、深入的研究成果,比如中国外交伦理和价值的研究就是如此。大部分对策研究要么缺乏坚实的理论支撑,要么没有强烈的现实关怀,因而显得大而化之、无的放矢。

其次是历史研究与现状研究、对策研究不平衡。具体地说,就是历史研究偏少,而现状研究、对策研究偏多。在国内知名的中国外交研究机构中,专门从事中国外交史研究的专业人员数量有限,有不少学者对历史不熟悉,对历史研究成果不关注。

再次是现状研究中存在诸多不平衡。比如,在双边关系研究,中美关系研究与其他双边关系研究严重不平衡。笔者以"中美关系""中日关系""中俄关系"为主题词,在中国知网上搜索,结果是:中美关系为 13879 条;中日关系为 9009 条;中俄关系为 2645 条。② 显而易见,中美关系研究的论著数量占绝对优势,事实上存在着"美国重心"的倾向。而中国与诸多中小国家关系的研究,要么成果数量少得可怜,要么干脆付诸阙无。即使是南非、巴西、墨西哥、印尼这样的新兴大国,我们也并没有多少深入的研究。

2. 使用规范的研究方法的能力仍有待提高,研究视角和路径有待进一步拓展

正如前文提及的那样,最近十多年来,中国外交研究者的学术规范意识整体上有所提高,使用规范的研究方法的能力整体上也有所增强,一些年轻学人已经能够熟练地使用科学主义方法。但总体而

---

① 参见苏宁整理:《高瞻远瞩与时俱进——江泽民外交风格研讨会发言精华》,载《国际展望》2006 年第 20 期,第 13 页。

② 上网时间:2014 年 4 月 12 日。应当说明,这些文献中有一部分并不是学术作品,但这并不影响基本判断。

言,无论是秉持人文主义的方法,还是使用科学主义的方法,抑或是采取跨学科研究方法,中国外交研究者的能力均有待提升。此外,一些学者并非出于学术目的,不恰当地抬高或者贬低科学方法的价值和地位的言论,对年轻学人构成了一定的困扰。

3. 理论研究十分薄弱

与大量的现状和对策研究以及数量可观的历史研究相比,真正意义上的中国外交理论研究——对中国外交的本质、特点和规律等基本问题的研究——数量极为有限,原创性尤为匮乏。由此导致相关研究或缺乏坚实的理论支撑而形同新闻报道,或虽使用理论(主要是源自欧美国家的理论)、探讨理论问题但存在生吞活剥、生搬硬套的现象。造成这种状况确有历史和政治层面的原因。十余年前,资中筠就曾写道:"我国当代相当长的时期内,'国际'问题的研究往往与对外政策不可分,被认为只是有关政府部门的事,而'理论'这样的大事只能由党的领导,甚至是唯一的领袖提出,专业工作者(其中也包括学者)的任务是提供资料于先,撰文诠释于后,谈不到独立思考。"改革开放以后,随着真理标准的讨论,并由于对外部世界的了解大大加强,逐步有了一些突破,但"理论上的开放比实践要滞后得多","在实践中显而易见的事实,一旦从理论上加以概括就会触及诸多禁忌"。① 但学界并不能因此规避自身的问题。两位年轻学人就曾尖锐地指出,"学界思想上的惰性以及治学理念的相对陈旧,甚至理论创新能力低下以及意识的滞后",也是阻碍中国国际问题研究——当然包括中国外交研究——理论创造的主观原因。②

中国外交理论基础薄弱的问题已经引起外交实践者的忧虑。钱其琛曾写道:"1949年中华人民共和国成立以来,新中国的外交是走了一条新路。特别是改革开放之后,中国外交有了很多的创新。外

---

① 资中筠主编:《国际政治理论探索在中国》,上海:上海人民出版社1998年版,序言,第4—6页。
② 参见王军、但兴悟:《中国国际关系研究四十年》,北京:中央编译出版社2008年版,第44页。

交实践往前走了,外交理论往往滞后。理论源于实践,研究外交案例,便于我们总结提高,上升为理论。这样,会有利于逐渐改变中国外交理论远远落后于外交实践的局面。"① 这段话非常值得中国外交研究者深思。

4. 中国外交研究者的海外学术影响力仍有待提高

衡量中国大陆学者的中国外交研究成果的海外学术影响力的一个重要指标,是他们在外文期刊特别是重要期刊的发表能力。从笔者掌握的资料看,除王缉思、秦亚青、阎学通、吴心伯、唐世平、苏长和等少数学者外,绝大部分中国外交研究者还没有这方面的记录。这方面的缺憾,既与研究者的语言能力有关,更是研究者的研究能力所致。

四、关于中国外交研究未来发展的思考

随着中国外交进入新阶段,特别是新型大国外交实践的逐步展开,加之研究队伍的不断扩大,预计未来中国外交研究会有较大发展。在此过程中,以下几个方面可能是比较重要并应努力做好的。

1. 强化对中国外交研究现实性的认识,切实把相关事实搞清楚

中国外交研究虽然具有很强的政策性、敏感性,但首先是具有高度的现实性。只有把相关事实搞清楚,准确、系统、深入三者兼备,才能做出有价值的研究。而要搞清楚相关事实,既要提高现状研究的质量,更要高质量地做好历史研究。为此应当扎实做好调研工作,包括文本调研和田野调查。在文本调研中,既要加强对外交档案的重视和利用,进一步提高档案使用能力,也要强化对当下中国外交官方文本的使用意识,透辟地理解其中的意涵与逻辑。在田野调研中,既要做好国内调研,更要做好国外调研;既要做静态、基础性的调研,更要做动态、前瞻性的调研;既要注意与官方、智库和大学的相关研究人员打交道,还要特别关注和接触基层民众。只有这样,才能掌握丰富、鲜活的第一手资料,为高质量研究打下坚实的基础。

---

① 钱其琛序,载吴建民:《外交案例》,北京:中国人民大学出版社2007年版。

2. 发掘新的研究路径,进一步提高使用规范的研究方法的能力

通观学术史,研究视角的转换往往会引致研究水平上的跃升。为此,应当在继续借鉴国外中国外交研究成果合理成分的基础上,[①]进一步强化创新意识,大幅度提升创新能力。要打破学科壁垒,纠正学术偏见,积极推进实现中国外交研究与国际关系研究[②]、历史研究、中国国史研究等多个学科领域的互动,大力加强跨学科研究。这里要特别强调的是,随着大数据的兴起和广泛应用,中国外交研究的方法肯定会有较大变化。过去认为不可能进行的研究,今后可能会比较容易展开。为此,中国外交研究者应当提高使用大数据的能力。

3. 在扎实的具体问题研究基础上,稳步推进中国外交理论研究

毫无疑问,作为一个有着独特历史、悠久文明的社会主义国家,中国应该有自己的外交理论。但也应当承认,由于多方面因素的影响,构建结构完整、内容丰富、形式规范的中国外交理论尚需时日。为此,应当强化理论自觉和理论自信,并切实提高理论思维能力。在外交理论方面短期内不可能有大的突破的情况下,可以进行扎实的具体问题研究,并注意其间的逻辑关联,以期在持续的量的积累的基础上实现质的突破。在具体问题研究中,应当切实注意主题的平衡和资源的合理使用,特别是要适应中国外交调整的需要,加强对中国与中小国家关系的研究。应当切实增强研究的针对性、前瞻性,提升研究成果对决策的影响力。

本文为中国社会科学院世界经济与政治研究所"当代中国国际政治学"项目最终成果的一部分。收入本书时文字上做了修改。

[①] 参见宋伟:《中国外交政策研究:西方理论与方法的局限性》,载《外交评论》2010年第4期。

[②] 参见江忆恩:《中国外交政策研究:理论趋势及方法辨析》(郎平译),载《世界经济与政治》2006年第8期。

后 记

匆匆忙忙之间,已届知天命之年,从事国际关系与中国外交的专业研究也已逾十载。

十余年来,围绕"当代中国外交思想与实践"这一宏大主题,我在《世界经济与政治》《外交评论》等国内重要学术期刊上,发表了近20篇长长短短、深浅不一的文章,有些文章还被译成英文在海外出版;收入本书的就是其中的主要部分。写作过程并没有一个明确、整体的计划,但梳理之后发现,这些年的相关研究还是潜含一定逻辑结构的。对于书中的这些文字,我并没有太多奢望,如果读者能够从中大体了解当代中国外交中一些重要理论和实践问题的来龙去脉,发现些许尚有价值的个人见解,那我就心满意足了。

感谢中国社会科学院世界经济与政治研究所的李少军研究员。没有李老师的引领和支持,我的学术之路肯定会走得更加曲折和艰难;没有他的提点和鞭策,我也不可能有今天这样的方法意识和研究能力。李老师提携后进的长者之风、勤奋严谨的学者之范,永远值得我效仿。

感谢发表拙作的诸种学术期(集)刊,特别是数位责任编辑。没有他们高水准的编校工作,收入本书的论文肯定会在主题、逻辑、文字及技术等方面存在更多缺陷;没有他们的耐心和宽容,部分论文甚至不可能问世。与他们愉快的合作、深入的沟通,是我并不顺利的人生旅程特别是磕磕绊绊的学术生涯中舒畅的经历。

感谢北京大学出版社编辑部主任耿协峰先生和本书责任编辑胡利国先生。在久负盛名、广受赞誉的北京大学出版社出版自己的研究成果,是我长久以来的愿望。能与两位资深出版人顺利完成此次合作,也是我的一大幸运。他们的宽厚为人,让我十分感动;他们的专业水准和细致作风,也让我十分钦佩。

最后,我要感谢我的妻儿。没有他们的支持、宽容和忍耐,我不可能有更多的时间和精力从事自己所深爱的专业研究工作,甚至能否在这方面坚持到今天也未可知。这些年,我亏欠他们太多了。

王存刚
2016 年 6 月 9 日于津门寓所